高等职业教育·铁道运输类专业教材

铁路技术管理规程应用

李一龙　杨　辉　肖龙文　**主　编**
徐　伟　田长海　刘功利　**主　审**

人民交通出版社
北　京

内 容 提 要

本书为高等职业教育铁道运输类专业教材,由铁道运输专业教学指导委员会组织编写,经铁路行业专家审定。本书系统地介绍了高速铁路、普速铁路行车技术管理的基础知识、基本理论和基本方法,主要内容包括行车组织基础、编组列车、调车工作、行车闭塞、列车运行、调度指挥、高速铁路灾害天气行车、高速铁路设备故障行车、异常情况行车和施工维修10个项目48项工作任务。

本书为高等职业教育高速铁路交通运营管理专业教材,也可作为高等教育交通运输专业教材和铁路运输企业员工培训教材,并可供铁路运输管理人员、专业技术人员参考使用。

* 为方便教学,本书配有多媒体课件,读者可通过加入"职教铁路教学研讨群"(教师专用 QQ 群:211163250)获取。

图书在版编目(CIP)数据

铁路技术管理规程应用 / 李一龙,杨辉,肖龙文主编. — 北京 : 人民交通出版社股份有限公司, 2024.10

ISBN 978-7-114-18298-3

Ⅰ.①铁… Ⅱ.①李…②杨…③肖… Ⅲ.①高速铁路—铁路行车技术管理 Ⅳ.①U292

中国版本图书馆 CIP 数据核字(2022)第 196312 号

高等职业教育·铁道运输类专业教材
Tielu Jishu Guanli Guicheng Yingyong

书 名:	**铁路技术管理规程应用**
著 作 者:	李一龙 杨 辉 肖龙文
责任编辑:	于 涛 袁 方
责任校对:	赵媛媛
责任印制:	刘高彤
出版发行:	人民交通出版社
地 址:	(100011)北京市朝阳区安定门外外馆斜街 3 号
网 址:	http://www.ccpcl.com.cn
销售电话:	(010)85285911
总 经 销:	人民交通出版社发行部
经 销:	各地新华书店
印 刷:	北京虎彩文化传播有限公司
开 本:	787×1092 1/16
印 张:	18
字 数:	435 千
版 次:	2024 年 10 月 第 1 版
印 次:	2024 年 10 月 第 1 次印刷
书 号:	ISBN 978-7-114-18298-3
定 价:	55.00 元

(有印刷、装订质量问题的图书,由本社负责调换)

前言

PREFACE

铁路作为国家战略性、先导性、关键性重大基础设施,是国民经济大动脉、重大民生工程和综合交通运输体系骨干,在经济社会发展中的地位和作用至关重要。铁路运输具有高度集中的特点,各工作环节必须紧密联系、协同配合。为确保铁路安全正点、方便快捷、高速高效,必须依法依规加强铁路行车技术管理。铁路法律体系一般分为三个层次:一是由国家的专门立法机关制定的法律,如全国人民代表大会常务委员会制定的《中华人民共和国铁路法》等;二是由国家的最高行政机关制定的行政法规,如国务院颁布的《铁路安全管理条例》等;三是由国务院铁路主管部门发布的规章。依法就是严格遵守法律、法规和规章,依规就是要执行铁路运输相关国家标准、行业标准和技术规范(技术管理的规范性文件)。铁路运输企业应根据有关法律、法规、规章和技术规范等规定,建立企业规章制度体系,不断提升铁路技术管理水平。

本教材根据教育部制定的高等职业学校高速铁路运营管理专业标准编写,在编写过程中,广泛征求了铁路运输行业企业和相关基层站段专业技术人员的意见和建议。教材根据职业要求组织教学内容,体现工学结合,对传统教学内容进行重构,采用任务驱动的模式编写,突出实践技能。

本教材共分为10个项目48项工作任务。项目一行车组织基础,主要介绍行车组织基本要求、车站技术管理、货物列车编组计划、列车运行图等4项工作任务;项目二编组列车,主要介绍编组列车基本要求,货物列车中车辆的编挂,旅客列车中车辆的编挂,列车尾部安全防护装置的作用及使用要求,列车中机车的编挂与单机挂车,列车制动限速及其编组要求,列车中车辆连挂、检查及修理等7项工作任务;项目三调车工作,主要介绍调车作业基本要求、调车作业计划及准备、调车工作制度、调车作业、机车车辆停留与防溜、调车作业基础技能等6项工作任务;项目四行车闭塞,主要介绍行车闭塞法、自动闭塞、自动站间闭塞、半自动闭塞、电话闭塞和普速铁路车站一切电话中断时的行车、行车凭证填写方法等7项工作任务;项目五列车运行,主要介绍列车运行基本要求、接发列车、接发列车与调车、列车区间运行、接发列车作业基础技能等5项工作任务;项目六调度指挥,主要介绍运输调度机构、调度工作计划、调度命令、调度指挥方法等4项工作任务;项目七高速铁路灾害天气行车,主要介绍高速铁路大风天气行车、雨水天气行车、冰雪天气行车、地震监测报警时行车、天气恶劣难以辨认信号时行车等5项工作任务;项目八高速铁路设备故障行车,主要介绍高速铁路信号通信设备故障行车、牵引供电设备故障行车、机车车辆设备故障行车等3项工作任务;项目九异常情况行车,主要介绍站内异常情况行车、区间异常情况行车、列车运行遇特殊情况的应急处置等3项工作任务;项目十施工维修,主要介绍施工维修基本要求、施工行车组织、固定行车设备检修及故障处理、铁路救援等4项工作任务。

本教材的编写特色有:一是,在教学内容上,将高速、普速铁路技术"双向融通",满足职业教育及职教本科教学需求;二是,在教材结构上,将专业理论、技术技能、典型案例"三位一体",方便学生充分理解铁路相关规程的应用;三是,在编审团队组织上,将校、企、政、研"四方合作",更好地体现了"产教融合",确保教材内容的先进性和权威性。

本教材由铁道运输专业教学指导委员会组织编写。湖南铁道职业技术学院李一龙、湖南铁路科技职业技术学院杨辉、中南大学肖龙文担任主编,中国国家铁路集团有限公司徐伟、中国铁道科学研究院田长海、国家铁路局刘功利担任主审。具体编写工作分工如下:李一龙编写项目一,吉林铁道职业技术学院于伯良编写项目二,肖龙文编写项目三,新疆铁道职业技术学院刘志强编写项目四,杨辉编写项目五,湖南铁道职业技术学院陈春晓编写项目六,西安铁路职业技术学院刘新强编写项目七,南京铁道职业技术学院程谦编写项目八,湖南铁道职业技术学院李捷编写项目九,武汉铁路监督管理局张玉彪编写项目十(任务一、任务二),广州铁路监督管理局石东编写项目十(任务三、任务四)。本教材的出版,还得到了国家铁路局、中国国家铁路集团有限公司等单位的帮助和大力支持,在此表示衷心的感谢。本教材在编写中,坚持以国家现行有关法律法规、行业标准、《铁路技术管理规程》(以下简称《技规》)等为依据,突出了规章及作业标准介绍,力求在强化岗位操作技能训练的同时,加强对规章的理解和作业标准的训练。读者通过学习,可以全面系统地了解和掌握高速铁路、普速铁路行车技术管理的基础知识、基本理论和基本方法。

由于编者水平有限,书中难免有疏漏之处,恳请读者和专家批评指正。

编　者
2024年9月

项目一	行车组织基础	1
任务一	行车组织基本要求	1
任务二	车站技术管理	13
任务三	货物列车编组计划	27
任务四	列车运行图	32
复习思考题		40
项目二	编组列车	42
任务一	编组列车基本要求	42
任务二	货物列车中车辆的编挂	50
任务三	旅客列车中车辆的编挂	55
任务四	列车尾部安全防护装置的作用及使用要求	57
任务五	列车中机车的编挂与单机挂车	58
任务六	列车制动限速及其编组要求	60
任务七	列车中车辆连挂、检查及修理	69
案例分析		79
复习思考题		80
项目三	调车工作	82
任务一	调车作业基本要求	82
任务二	调车作业计划及准备	98
任务三	调车工作制度	102
任务四	调车作业	105
任务五	机车车辆停留与防溜	110
任务六	调车作业基础技能	112
案例分析		126
复习思考题		128

项目四　行车闭塞 129
　　任务一　行车闭塞法 129
　　任务二　自动闭塞 132
　　任务三　自动站间闭塞 139
　　任务四　半自动闭塞 142
　　任务五　电话闭塞 144
　　任务六　普速铁路车站一切电话中断时的行车 148
　　任务七　行车凭证填写方法 151
　　案例分析 157
　　复习思考题 158

项目五　列车运行 159
　　任务一　列车运行基本要求 159
　　任务二　接发列车 164
　　任务三　接发列车与调车 171
　　任务四　列车区间运行 175
　　任务五　接发列车作业基础技能 180
　　案例分析 190
　　复习思考题 192

项目六　调度指挥 193
　　任务一　运输调度机构 193
　　任务二　调度工作计划 197
　　任务三　调度命令 199
　　任务四　调度指挥方法 206
　　案例分析 216
　　复习思考题 217

项目七　高速铁路灾害天气行车 218
　　任务一　大风天气行车 218
　　任务二　雨水天气行车 220
　　任务三　冰雪天气行车 222
　　任务四　地震监测报警时行车 224
　　任务五　天气恶劣难以辨认信号时行车 224
　　案例分析 225
　　复习思考题 226

项目八 高速铁路设备故障行车 ··· 227
 任务一 信号通信设备故障行车 ·· 227
 任务二 牵引供电设备故障行车 ·· 235
 任务三 机车车辆设备故障行车 ·· 238
 案例分析 ·· 240
 复习思考题 ··· 241

项目九 异常情况行车 ·· 243
 任务一 站内异常情况行车 ·· 243
 任务二 区间异常情况行车 ·· 249
 任务三 列车运行遇特殊情况的应急处置 ··· 253
 案例分析 ·· 257
 复习思考题 ··· 258

项目十 施工维修 ·· 259
 任务一 施工维修基本要求 ·· 259
 任务二 施工行车组织 ··· 266
 任务三 固定行车设备检修及故障处理 ·· 271
 任务四 铁路救援 ··· 273
 案例分析 ·· 277
 复习思考题 ··· 278

参考文献 ··· 280

项目一

行车组织基础

项目内容

本项目主要介绍铁路行车组织基本要求、车站技术管理、货物列车编组计划和列车运行图等内容。

教学目标

◎ **能力目标**

了解铁路行车组织基本要求；了解货物列车编组计划、列车运行图在铁路运输工作中的地位作用。

◎ **知识目标**

了解货物列车编组计划、列车运行图的编制方法；掌握执行要求。

◎ **素质目标**

重视基础管理，树立安全意识。

任务一　行车组织基本要求

铁路行车组织是铁路运输工作的重要组成部分，是指综合运用铁路各种技术设备，合理组织列车运行，以实现旅客和货物运输过程的生产计划与组织工作。

一、铁路运输技术规章管理

规章是国家机关、社会团体、企事业单位等制定的有关行政管理、生产操作、学习和生产等方面的各种法规、章程、规范和细则的总称,是国家法律、法令、政策的具体化,是人民行动的准则和依据。由于规章具有严谨性、权威性、约束性、实用性、科学性和稳定性等特点,因此,规章在保证国家法律、法令、政策有效落实,保证决策层管理思想、管理意图得到贯彻执行,保证企业安全、高效运转,保障员工合法权益和人民生命财产安全等方面起到重要作用。

铁路运输技术规章是指铁路技术设备(固定设备和移动设备)完成施工或制造且交付运营后,涉及行车组织、客运组织、货运组织和铁路技术设备的运用、管理、维修等方面的规章制度。铁路运输技术规章不包括以下内容:铁路建设的勘察、设计、施工、调试、验收等规定,铁路产品的设计、制造、准入等要求;铁路机构设置和人员资质、考核、培训等办法;铁路交通事故及突发事件的应急预案、调查处理规则等;企业标准(包括标准性技术文件)、作业指导书以及行政管理类的规章制度等。

中国国家铁路集团有限公司(以下简称国铁集团)铁路运输技术规章可分为基本技术规章、系统技术规章和单项技术规章。其中,基本技术规章是铁路运输技术规章体系的核心,是铁路技术管理的基本要求;系统技术规章是专业技术规章范围内比较综合的技术规章;单项技术规章是专业技术规章范围内比较单一的技术规章。

国铁集团铁路运输技术规章按层级可分为国铁集团运输技术规章、铁路局集团公司运输技术规章、站段运输技术规章。国铁集团铁路运输技术规章体系示意图如图1-1所示。

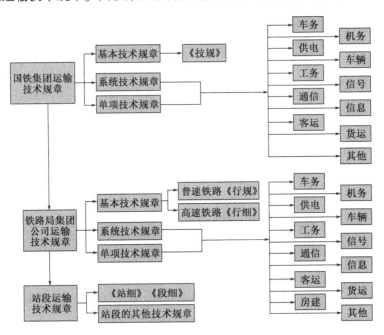

图1-1 国铁集团铁路运输技术规章体系示意图

1. 国铁集团运输技术规章

国家铁路技术规章管理的基本要求及需要在国家铁路范围内统一的技术规章管理要求，由国铁集团规定。

《铁路技术管理规程》（以下简称《技规》）是国家铁路的基本技术规章。国家铁路行车组织、客运组织、货运组织和技术设备管理应以《技规》为基本遵循，客运组织还应遵守《铁路旅客运输规程》的规定，货运组织还应遵守《铁路货物运输规程》的规定。

系统技术规章和单项技术规章按专业分为车务、客运、货运、机务、车辆、供电、工务、信号、通信、信息专业，未列出的均归入其他。

2. 铁路局集团公司运输技术规章

国铁集团未作规定且需要在铁路局集团公司范围内统一的技术规章管理要求，根据技术设备和运输组织等具体情况，由铁路局集团公司进行细化与补充；涉及跨铁路局集团公司（以下简称跨局）作业组织等内容的应与相关铁路局集团公司进行协调。

铁路局集团公司基本技术规章是指《普速铁路行车组织规则》（以下简称《行规》）和《高速铁路行车组织细则》（以下简称《行细》）及其修改、补充规定。

系统技术规章和单项技术规章按专业分类，在国铁集团专业分类的基础上，可根据需要调整。例如，××铁路局集团公司在国铁集团专业分类的基础上增加了房建专业，系统技术规章和单项技术规章按专业分为车务、客运、货运、机务、车辆、供电、工务、信号、通信、信息、房建专业，未列出的均列入其他。

3. 站段运输技术规章

铁路局集团公司未做具体实施规定且需要站段根据实际情况细化与补充的，由站段规定。

站段运输技术规章由《车站行车工作细则》（以下简称《站细》）或《段行车工作细则》（以下简称《段细》）以及相关行车组织、客运组织、货运组织、技术设备用管修办法等组成。站段运输技术规章主要是将上级技术规章转化为本单位具体操作的规章制度，以及根据本单位运输生产实际情况制定的规章制度。

站段运输技术规章不分基本技术规章、系统技术规章、单项技术规章，但可按专业分类；站段不得要求车间（含站、车队等）对技术规章再次细化。

二、《技规》

《技规》依据《中华人民共和国铁路法》《铁路安全管理条例》等有关法律、法规、规章和技术标准等制定，是国家铁路运输技术管理的基本规章，各部门、各单位制定的技术管理文件等都必须符合《技规》的规定。《技规》包括高速铁路和普速铁路两部分。高速铁路部分适用于200km/h 及以上的铁路和 200km/h 以下仅运行动车组列车的铁路；普速铁路部分适用于200km/h 以下的铁路（仅运行动车组列车的铁路除外），200km/h 客货共线铁路有关货运技术设备的要求参照普速铁路部分执行。

《技规》的章节结构主要包括以下内容：

(1)总则：铁路的性质和地位，《技规》编制的依据、适用范围，执行《技规》的要求。

(2)技术设备：规定了国家铁路的基本建设、产品制造及其验收交接、设备使用管理及保养维修方面的基本要求。

(3)行车组织：规定了各单位(部门)、各工种在从事铁路运输生产时，必须遵循的基本原则、责任范围、工作方法、作业程序和相互关系。

(4)信号显示：规定了信号的显示方式和执行要求。

(5)附图：铁路建筑限界和机车车辆限界。

(6)附件：行车凭证和表簿的格式。

(7)缩写词对照表、计量单位、词语释义。

三、《行规》《行细》

《行规》《行细》是铁路局集团公司基本技术规章，对规范铁路局集团公司行车组织工作具有重要作用。铁路局集团公司各单位(部门)、个人均不得违反其规定，不得制定相抵触的其他规定。

铁路局集团公司应根据《技规》规定的原则，结合具体运输生产条件，制(修)定《行规》和《行细》。

《行规》《行细》的编制范围应包括以下内容：

(1)《技规》明确要求铁路局集团公司在《行规》《行细》中规定或批准的事项。

(2)对《技规》条文的细化内容或《技规》未做统一规定，铁路局集团公司内需要细化的规定。

(3)铁路局集团公司行车组织基本要求、多专业参与的行车组织作业内容、跨局作业需要的内容、国铁集团未做统一规定又不宜由站段自行补充的规定，各铁路局集团公司经过长期实践验证较为成熟的先进经验和行之有效的行车安全措施等。

《行规》《行细》主要包括以下内容：

(1)总则：制定目的和依据，适用范围，在铁路技术规章体系中的定位，各级人员执行和制定相关规定的基本要求。

(2)技术设备：铁路局集团公司技术设备的使用管理、保养维修方面的补充规定。

(3)行车组织：铁路局集团公司各单位(部门)、各工种在从事铁路运输生产时，必须遵循的基本原则、责任范围、工作方法、作业程序等方面的补充规定。

(4)信号显示：铁路局集团公司信号显示方式和执行要求的补充规定。

(5)附则：明确实施日期、废止的前发相关文件及解释部门等。

(6)重点用语说明：为避免执行中产生歧义，各铁路局集团公司需要解释的部分重点用语。

(7)附件附表：对在《行规》《行细》正文中不宜列出，但又必须作出规定或说明的内容、重要技术设备等，可作为附件附表放在正文之后。

《行规》的行车组织部分根据作业内容又分为行车组织基本要求、编组列车、调车工作、行车闭塞、接车与发车、列车运行、调度集中区段特殊行车组织办法、CTCS-2级区段特殊行车组织办法、应急处置、施工维修和设备故障应急处理等；《行细》的行车组织部分根据作业内容及非正常行车场景又分为行车组织基本要求、编组列车、调度指挥、行车闭塞、接发列车、列车运行、限速管理、调车工作、施工维修、恶劣天气行车、设备故障行车、非正常行车组织等。

四、《站细》

《站细》是车站行车工作组织的基本规定，是车站编制日常作业计划，办理接发列车、调车作业和各项技术作业，进行日常运输生产分析总结、铁路局集团公司下达技术指标任务的主要依据。凡在车站作业的车务、客运、货运、机务、车辆、工务、电务、供电、信息、房建等部门人员必须遵照执行。

《站细》主要包括以下内容：
(1) 车站的位置、性质、等级和任务。
(2) 车站技术设备及使用和管理。
(3) 日常作业计划及生产管理制度。
(4) 接发列车、调车以及与行车有关的客运、货运、军事运输工作的组织。
(5) 各项技术作业程序和时间标准。
(6) 车站通过能力和改编能力。
(7)《站细》中应附注有坡度的车站线路平面图、进站信号机外制动距离内平纵断面图、联锁图表及电气化区段接触网高度和分相分段绝缘器位置等技术资料。

五、行车工作原则

铁路行车工作具有点多线长、多工种协同动作的特点。铁路行车工作应当贯彻安全生产的方针。运输、机务、车辆、工务、电务、供电、信息、房建等部门要发扬协作精神，主动配合、紧密联系、协同动作，组织均衡生产，不断提高效率，挖掘运输潜力，完成铁路运输任务。

为使行车各单位(部门)、各工种能够步调一致，协调动作，保证安全、迅速、准确、及时地完成运输任务，铁路行车工作必须坚持集中领导、统一指挥、逐级负责的原则，具体如下：

(1) 铁路局集团公司与铁路局集团公司间由国铁集团统一指挥，铁路局集团公司管内各区段间由铁路局集团公司统一指挥，一个调度区段内的行车工作由本区段列车调度员统一指挥。

(2) 车站行车工作由车站值班员统一指挥，线路所由线路所的车站值班员统一指挥。凡划分车场的车站，各车场由该车场的车站值班员统一指挥；车场间接发列车进路互有关联的行车事项，由指定的车站值班员统一指挥。

(3) 列车和单机由司机负责指挥。列车或者单机在车站时，所有乘务人员应按车站值班员的指挥进行工作。

(4) 在调度集中区段，调度集中控制车站有关行车工作由该区段列车调度员直接指挥，但当调度集中设备转为车站控制时，由车站值班员统一指挥。

六、行车时刻

全国铁路行车时刻均以北京时间为标准,从零时起计算,实行24h制。

铁路行车房舍内和办理行车工作的有关人员均应备有钟表。钟表的时刻应与调度所的时钟校对。调度所时钟及各系统时钟应定期校准。

铁路局集团公司应规定钟表的配置、校对、检查、修理及时钟校准办法。

七、列车

列车是指编成的车列并挂有机车及规定的列车标志。动车组列车为自走行固定编组列车。单机、大型养路机械及重型轨道车,虽未完全具备列车条件,亦应按列车办理。

1. 列车分类

为满足旅客和货物运输的需要,列车按运输性质主要分为以下几种。

（1）旅客列车

旅客列车是以动车组运送旅客或以客车编成的为运送旅客及行李、包裹、邮件的列车。根据旅客列车的车底、运行速度及旅行速度等,旅客列车可分为动车组列车、特快旅客列车、快速旅客列车、普通旅客列车等。

①动车组列车

动车组列车是由自带动力装置的动车和不带动力装置的拖车编成的机车车辆一体化列车。

②特快旅客列车

特快旅客列车一般运行于大城市之间,停站少且旅行速度快,最高运行速度达到160km/h。

③快速旅客列车

快速旅客列车一般运行于大城市和中城市之间,停站较少且旅行速度较快,最高运行速度为120~160km/h。

④普通旅客列车

普通旅客列车一般运行于城乡之间,停站较多,方便各地群众乘降,最高运行速度不超过120km/h。

（2）特快货物班列

特快货物班列是使用行李车或邮政车等客车车辆,根据需要编组,整列装载行李、包裹和邮件等的列车。特快货物班列按特快旅客列车运行标尺运行。

（3）军用列车

军用列车是按规定条件整列运送军队和军用物资并冠以军用列车车次的列车。

（4）货物列车

货物列车是以货车(含回送机车、空客车等)编成,为运送货物和排送空货车开行的列车。货物列车可分为快速货物班列、快运货物列车、重载列车、直达列车、直通列车、冷藏货物列车、自备车列车、区段列车、摘挂列车、超限列车及小运转列车等。

①快速货物班列

快速货物班列是最高运行速度达到120km/h，使用专用货车(如P65型铁路行包快运货车等)或通用棚车编组，固定发站和到站、固定车次和运行线、明确开行周期、运行时刻的货物列车。

②快运货物列车

快运货物列车是采用运行速度120km/h的专用车辆，以高附加值货物为重要运输对象的快速列车。

③重载列车

重载列车是在装车站或技术站(组合站)组织，由单机或多机牵引，满足重载条件的列车。重载列车按组织形式可分为整列式重载列车、组合式重载列车和单元式重载列车。

a.整列式重载列车：在装车站或技术站组织的整列重载列车。

b.组合式重载列车：在技术站或组合站由两列及以上同一到站或同一去向列车组合的重载列车。

c.单元式重载列车：固定车辆，固定发站和到站，固定运行线，运输单一品种货物，在装、卸站间往返循环运行，中途不拆散，不进行改编作业的重载列车。

④直达列车

直达列车是在装车站(卸车站)或技术站编组，通过一个及以上编组站不进行改编作业的列车；或整列在同一车站装(卸)车，到达同一车站卸(装)车，途中不通过编组站的列车。

a.始发直达列车：在一个车站或在同一区段(相邻区段)的几个车站装车后组成的直达列车。始发直达列车按组织形式分为基地始发直达和阶梯始发直达。始发直达列车按货物品类分为煤炭直达列车、矿石直达列车和石油直达列车等。其中，煤炭直达列车是整列煤炭或以煤炭为基本组的始发直达列车，矿石直达列车是整列矿石或以矿石为基本组的始发直达列车，石油直达列车是整列石油或以石油为基本组的始发直达列车。

b.空车直达列车：在一个或数个卸车站，或者在技术站由空车编组而成的直达列车。

c.技术直达列车：在技术站以中转车及货物作业车等编成的直达列车。

⑤直通列车

直通列车是在技术站编组，通过一个及以上区段站不进行改编作业的列车。

⑥冷藏货物列车

冷藏货物列车是使用机械冷藏车、冷藏集装箱编组，整列装载鲜活、易腐等需要保持特定温度货物的列车。

⑦自备车列车

自备车列车是使用自备车辆开行的直达列车。

⑧区段列车

区段列车是在技术站编组，到达相邻技术站，在区段内不进行摘挂作业的列车。

⑨摘挂列车

摘挂列车是在技术站编组，在相邻区段内的中间站进行摘挂作业的列车。只在指定的几个中间站进行摘挂作业的列车为重点摘挂列车。

⑩超限列车

超限列车是挂有装载超限货物的车辆并冠以超限列车车次的列车。

⑪小运转列车

在技术站和邻接区段规定范围内的几个车站间开行的列车称为区段小运转列车。在枢纽内各站间开行的列车称为枢纽小运转列车。二者统称为小运转列车。

(5)路用列车

路用列车是不以营业为目的,专为完成铁路本身任务而开行的列车。例如,试验列车,运送铁路器材、路料的列车,因施工、检修需要开行的轨道车、接触网作业车、大型养路机械车组等。

除上述几种列车以外,还有为执行任务而开行的特殊用途列车,如专运列车等。

2. 列车运行方向

(1)上行和下行

在行车工作中,为便于管理、指挥、办理作业和运用统计,必须规定列车运行方向。确定列车运行方向的基本原则是,以开往北京方向的列车为上行列车;反之,则为下行列车。

枢纽地区一般有若干条支线、联络线和环线且枢纽地区的线路与车流情况各不相同,因此,列车运行方向较为复杂。列车运行方向由铁路局集团公司根据实际情况规定。为区别列车种类、性质和运行方向,对每一列车必须编定车次,上行列车编为双数,下行列车编为单数。当同一列车运行径路中有不同的运行方向时,为便于掌握,在与整个方向不符的个别区间,准许不改变车次,仍使用原车次。

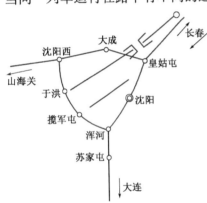

图 1-2 行车方向示意图

如图 1-2 所示,于洪—揽军屯既是山海关经于洪、揽军屯至沈阳的下行方向,又是长春经于洪、揽军屯、浑河至大连的上行方向。因此,山海关经沈阳西至沈阳、苏家屯站为下行,车次应为单数;沈阳西向苏家屯站为上行,车次应为双数;沈阳西向沈阳站为下行,车次为单数;长春至苏家屯站为上行,车次为双数。在沈阳西—于洪—揽军屯站间,向同一方向运行的列车,既有下行列车,又有上行列车,车次既有单数,也有双数,为便于掌握、利于指挥,上述各方向的列车不在于洪、揽军屯站改变车次。

(2)正方向和反方向

我国铁路规定在双线区间按左侧单方向行车,这个运行方向称为正方向。相应的闭塞设备、列车信号机等行车设备也是按此规定设置的,这样在行车安全上有着可靠的保证。同时,根据我国铁路成对行车的特点,列车在各自的线路上运行时,应互不干扰,能够保证最大通过能力,发挥最大的效益。

在双线区间列车反方向运行时,需改变线路原正常运行方向,对运输安全和效率都有不利影响,所以只限于整理列车运行时才准采用反方向运行。

为了保证旅客列车运行安全,对旅客列车反方向运行应严加限制,不允许将旅客列车反方向运行作为整理列车运行的措施。因此,我国普速铁路规定旅客列车仅在正方向区间的线路封锁施工、发生自然灾害或因事故中断行车等特殊情况下,经调度所值班主任准许,方可反方向运行。由于高速铁路一般只运行旅客列车,为减少对旅客出行及旅客列车运行秩序的影响,允许高速铁路在正方向设备故障严重影响列车运行秩序,并且反方向自动站间闭塞设备良好的特殊情况下,经调度所值班主任(值班副主任)准许,方可反方向运行。

3. 列车车次编定

列车必须按规定编定车次,上行列车编为双数,下行列车编为单数。在个别区间,使用直通车次时,可与规定方向不符。列车车次编定见表1-1。

列车车次编定 表1-1

列车种类		车次范围	说明	列车种类		车次范围	说明
1.高速动车组旅客列车		G1~G9998	"G"读"高"	其中	直通	T1~T3998	T3001~T3998 为临客预留
其中	直通	G1~G4998	G4001~G4998 为临客预留		管内	T4001~T9998	T4001~T4998 为临客预留
	管内	G5001~G9998	G9001~G9998 为临客预留	6.快速旅客列车(120km/h)		K1~K9998	"K"读"快"
				其中	直通	K1~K4998	K4001~K4998 为临客预留
2.城际动车组旅客列车		C1~C9998	"C"读"城" C9001~C9998 为临客预留		管内	K5001~K9998	K9001~K9998 为临客预留
				7.普通旅客列车(120km/h)		1001~7598	
3.动车组旅客列车		D1~D9998	"D"读"动"	(1)普通旅客快车		1001~5998	
其中	直通	D1~D4998	D4001~D4998 为临客预留	其中	直通	1001~3998	3001~3998 为临客预留
					管内	4001~5998	
	管内	D5001~D9998	D9001~D9998 为临客预留	(2)普通旅客慢车		6001~7598	
				其中	直通	6001~6198	
4.直达特快旅客列车(160km/h)		Z1~Z9998	"Z"读"直"		管内	6201~7598	
				8.通勤列车		7601~8998	
其中	直通	Z1~Z4998	Z4001~Z4998 为临客预留	9.临时旅客列车(100km/h)		L1~L9998	"L"读"临"
				其中	直通	L1~L6998	
	管内	Z5001~Z9998	Z9001~Z9998 为临客预留		管内	L7001~L9998	
				10.旅游列车(120km/h)		Y1~Y998	"Y"读"游"
5.特快旅客列车(140km/h)		T1~T9998	"T"读"特"	其中	直通	Y1~Y498	
					管内	Y501~Y998	
二、特快货物班列							
特快货物班列(160km/h)		X1~X198	"X"读"行"				

续上表

三、货物列车

列车种类	车次范围	列车种类	车次范围	列车种类	车次范围
1. 快运货物列车		武汉局	X2601～X2630	西安局	X2631～X2660
（1）快速货物班列（120km/h）	X201～X398	济南局	X2661～X2690	上海局	X2691～X2740
		南昌局	X2741～X2770	广州局	X2771～X2810
（2）货物快运列车（120km/h）	X2401～X2998 X401～X998	南宁局	X2811～X2840	成都局	X2841～X2890
		昆明局	X2891～X2920	兰州局	X2921～X2950
①直通	X2401～X2998	乌鲁木齐局	X2951～X2970	3. 石油直达列车	85001～85998
哈尔滨局	X2401～X2430	沈阳局	X2431～X2480		
北京局	X2481～X2510	太原局	X2511～X2540	4. 始发直达列车	86001～86998
呼和浩特局	X2541～X2570	郑州局	X2571～X2600		
呼和浩特局	X541～X570	成都局	X841～X890	5. 空车直达列车	87001～87998
武汉局	X601～X630	兰州局	X921～X950		
济南局	X661～X690	青藏公司	X971～X990	6. 技术直达列车	10001～19998
南昌局	X741～X770	青藏公司	X2971～X2990	7. 直通货物列车	20001～29998
南宁局	X811～X840	②管内	X401～X998	8. 区段货物列车	30001～39998
昆明局	X891～X920	哈尔滨局	X401～X430		
		北京局	X481～X510	9. 摘挂列车	40001～44998
乌鲁木齐局	X951～X970	（3）中欧、中亚集装箱班列，铁水联运班列	X8001～X9998	10. 小运转列车	45001～49998
沈阳局	X431～X480			11. 重载货物列车	71001～77998
太原局	X511～X540			12. 自备车列车	60001～69998
郑州局	X571～X600	中欧、中亚集装箱班列（120km/h）	X8001～X8998		
西安局	X631～X660			13. 超限货物列车	70001～70998
上海局	X691～X740	中亚集装箱	X9001～X9500	14. 冷藏列车	78001～78998
		水铁联运班列	X9501～X9998		
广州局	X771～X810	（4）普快货物班列	80001～81998		
		2. 煤炭直达列车	82001～84998		

各铁路局的零散货物车辆，可挂入直达、直通、区段货物列车中。挂有装运跨局零散货物快运车辆的列车，在基本车次前加字母"X"，如 X28002 次

四、单机和路用列车

列车种类	车次范围	说明	列车种类	车次范围	说明
1. 单机			管内	DJ7001～DJ8998	
客车单机	50001～50998		4. 试运转列车	55001～55998	
货车单机	51001～51998		普通客、货列车	55001～55300	
小运转单机	52001～52998		300km/h 以上动车组	55301～G55500	
2. 补机	53001～54998		250km/h 动车组	55501～D55998	
3. 动车组检测、确认列车	DJ1～DJ8998	"DJ"读"动检"	5. 轻油动车、轨道车	56001～56998	
			6. 路用列车	57001～57998	
（1）动车组检测列车	DJ1～DJ8998		7. 救援列车	58101～58998	
300km/h 检测列车	DJ1～DJ998		8. 回送客车底列车	"00"均为数字	
直通	DJ1～DJ400		有火回送动车组车底	001～00100	
管内	DJ401～DJ998		无火回送动车组车底	00101～00298	
250km/h 检测列车	DJ1001～DJ1998		无火回送普速车底	00301～00498	
直通	DJ1001～DJ1400		回送图定客车底：图定车次前冠以数字"0"		
管内	DJ1401～DJ1998				
（2）动车组确认列车	DJ5001～DJ8998		因故折返旅客列车：原车次前冠以"F"（读"返"）		
直通	DJ5001～DJ6998				

为确保列车车次统一性及有关行车设备和信息系统正常运行,列车车次编排仅限于使用大写汉语拼音字母和阿拉伯数字。列车编用车次,旅客列车在国铁集团、货物列车在铁路局集团公司管内不得重复,旅客列车车次由国铁集团确定。各铁路局集团公司不得超出上述车次规定范围擅自编造、自造使用车次。各铁路局集团公司管内划分的车次范围不足时,需向国铁集团申请车次,不得自行确定。季节性、特定时间段开行的动车组、临时旅客列车,可使用相应等级图定车次。

八、区间和闭塞分区的划分

《技规》规定"列车运行是以车站、线路所所划分的区间及自动闭塞区间的通过信号机所划分的闭塞分区作间隔",即将铁路正线分别用车站、线路所和自动闭塞区间的通过信号机(三者统称为分界点)划分为站间区间、所间区间和闭塞分区,作为列车运行的间隔。

1. 站间区间

站间区间是指车站与车站间的线段。站间区间可分为单线间站区间和双线站间区间或多线站间区间。

(1)单线站间区间,以进站信号机柱中心线为车站与区间的分界线,如图1-3所示。

图1-3 单线区段站间区间界限示意图

(2)双线或多线站间区间:分别以各该线的进站信号机柱或站界标的中心线为车站与区间的分界线,如图1-4所示。

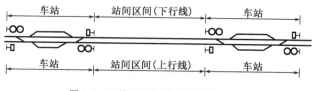

图1-4 双线区段站间区间界限示意图

2. 所间区间

所间区间是指两线路所间或线路所与车站间的线段。所间区间可分为单线所间区间和双线所间区间。

(1)单线所间区间

单线所间区间,以该线上的线路所通过信号机柱的中心线为所间区间的分界线。设有进站信号机的线路所,所间区间的分界方法与站间区间相同。

①线路所只设有通过信号机,无管辖地段的,如图1-5a)所示。

②线路所设有进、出站信号机,并有管辖地段的,如图1-5b)所示。

（2）双线所间区间

双线所间区间的划分方法与单线所间区间相同。

①线路所只设有通过信号机，无管辖地段的，如图1-5c)所示。

②线路所设有进、出站信号机，并有管辖地段的，如图1-5d)所示。

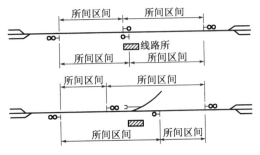
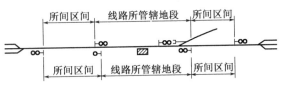

a) 单线区间只设有通过信号机的所间区间界限示意图　　b) 单线区间设有进、出站信号机的所间区间界限示意图

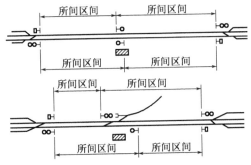
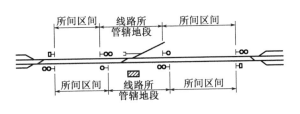

c) 双线区间只设有通过信号机的所间区间界限示意图　　d) 双线区间设有进、出站信号机的所间区间界限示意图

图1-5　所间区间界限示意图

3. 闭塞分区

闭塞分区是指自动闭塞区间同方向相邻的两架通过色灯信号机间或进站信号机与通过色灯信号机间的线段。

自动闭塞区间的闭塞分区，以该线上同方向相邻的两架通过色灯信号机柱的中心线为分界线。

（1）单线区间闭塞分区分界线，如图1-6a)所示。

（2）双线区间闭塞分区分界线，如图1-6b)所示。

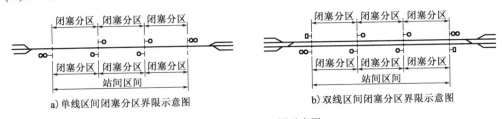

a) 单线区间闭塞分区界限示意图　　b) 双线区间闭塞分区界限示意图

图1-6　闭塞分区界限示意图

九、对行车有关人员的要求

对行车有关人员的要求如下：

(1) 行车有关人员在任职、提职、改职前，必须按照铁路职业技能培训规范要求，进行拟任岗位资格培训，并经职业技能鉴定和考试考核，取得相应职业资格证书和岗位培训合格证书后，方可任职。

(2) 行车有关人员在任职期间，必须按照铁路职业技能培训规范要求，定期参加岗位适应性培训和业务考试，考试不合格的，不得继续履职。

(3) 行车有关人员在任职前必须经过职业健康检查，不符合任职岗位职务要求的，不得上岗作业。

(4) 行车有关人员在任职期间，应定期进行职业健康检查，不符合任职岗位要求的，应调整工作岗位。

(5) 对行车有关人员，应进行日常安全生产知识和劳动纪律的教育、考核，并有计划地组织好在职人员的日常政治和技术业务学习。

(6) 驾驶机车、动车组、大型养路机械、轨道作业车的人员，必须持有国家铁路局颁发相应类型的驾驶证。变更驾驶机(车)型前，必须经过相应的技术培训并考试合格。

(7) 实习和学习驾驶机车、动车组、自轮运转特种设备和操纵信号或重要机械、设备及办理行车作业的人员，必须在正式值乘、值班人员的指导下，方准操作。

(8) 行车有关人员在执行职务时，必须坚守岗位，穿着规定的服装，佩戴易于识别的证章或携带相应证件，讲普通话。

(9) 行车有关人员在接班前须充分休息，严禁饮酒，如有违反，立即停止其所承担的任务。

任务二　车站技术管理

车站是办理列车接发和会让以及客货运业务的分界点，一般设有配线。车站在铁路运输生产过程中起着重要的作用，应根据需要设置相关技术设备，并配备有关工作人员。

一、车站的分类

根据车站在路网上所处的地位和所承担的任务，对所有车站均可按业务性质、技术作业、调度集中基本操作方式和等级进行分类。

1. 按业务性质分类

车站按业务性质可分为营业站和非营业站。

（1）营业站

办理客运、货运业务的车站称为营业站。其中，营业站根据办理的业务又分为客运站、货运站和客货运站。

①客运站

客运站是指设于具有特殊意义的城市（如首都、省会、旅游地等）和客流量较大的城市，专门办理旅客运输业务的车站。

②货运站

货运站是指设于大城市的工业中心、港口、矿区或有大量货物装卸、中转作业的地点，专门办理货物运输业务的车站。

③客货运站

客货运站是指既办理旅客运输业务又办理货物运输业务的车站。

（2）非营业站

既不办理客运业务也不办理货运任务的车站称为非营业站。

2. 按技术作业分类

车站按技术作业可分为中间站、区段站和编组站。区段站和编组站统称为技术站。

（1）中间站

在线路的每一区段内设有若干个中间站，中间站包括单线区段的会让站和双线区段的越行站。中间站主要办理列车的会让、越行、停站、通过以及摘挂列车摘挂车辆等作业。个别中间站也进行编组列车和机车整备作业，以及补机摘挂、列车技术检查等作业。

中间站的设备根据车站作业内容和工作量的大小而定，一般有以下几种：

①站线：包括列车到发线和货物装卸线。调车作业量较大的中间站，还有调车线和牵出线。

②客运设备：包括旅客站舍（售票房、候车室、行包房）、旅客站台。旅客到发较多的中间站，还有雨棚和跨越设备（天桥、地道）等。

③货运设备：包括货物仓库、站台和货运室等。

④其他设备：包括信号、联锁、闭塞、通信、照明设备和装卸机具等；电气化铁路的中间站还有牵引供电设备。

单线或双线铁路中间站的布置图，如图1-7、图1-8所示。

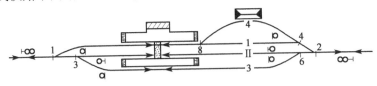

图1-7 单线铁路中间站布置图

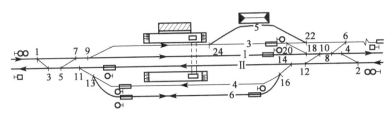

图1-8 双线铁路中间站布置图

(2)区段站

区段站设置于机车牵引区段两端,一般为机务段(折返点)所在站。区段站主要办理无调车作业中转列车的技术作业,机车的更换或整备,乘务组的换班,区段列车和摘挂列车的解体、编组作业,以及直达列车、直通列车的补减轴作业,也办理部分列车的解体、编组作业。始发、终到旅客列车较多的客运站、客货运站,进行大量机车换挂等技术作业,也属于区段站。

区段站除根据需要配备中间站已配备的有关设备外,还配备以下主要技术设备:

①运转设备:包括列车到发场、调车场、牵出线或简易(半自动化、自动化)驼峰。

②机务设备:包括机务段或折返段内的机车检修与整备设备、站内的机车走行线和机待线等。

③车辆设备:包括车辆段或列车检修所、站修线和制动检修设备。

单线横列式区段站布置图,如图 1-9 所示。

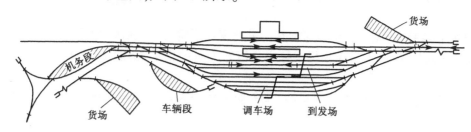

图 1-9　单线横列式区段站布置图

(3)编组站

编组站设置于大量车流集散,港口、矿山附近或若干铁路线路衔接的地点。编组站的主要作业是解体和编组各种货物列车。

编组站拥有比区段站数量更多、规模更大的列车到发车场(包括到达场、出发场和到发场),具有线路更多的调车场,采用驼峰调车(包括机械化驼峰、半自动化或自动化驼峰)。一般都设有机务段和车辆段。

双线二级四场编组站布置图,如图 1-10 所示。

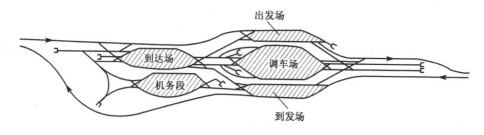

图 1-10　双线二级四场编组站布置图

3. 按调度集中基本操作方式分类

根据车站的基本操作方式对应行车指挥人员的不同,将高速铁路车站分为集控站和非集控站。按调度集中基本操作方式,由列车调度员直接办理接发列车作业的车站(线路所)为集控站,其他车站(线路所)为非集控站。集控站应按以下作业要求办理业务:

(1)集控站设车务应急值守人员,由车务具有车站值班员职名的人员担任。

(2)车务应急值守人员在车站行车室(设置有调度集中车站控制终端的处所)值守。具体值守工作制度执行铁路局集团公司的规定。

(3)在正常情况下,车务应急值守人员不参与行车工作。

(4)在设备故障、施工维修、非正常行车等情况下,根据列车调度员指示,车务应急值守人员负责办理以下行车作业:

①向司机等相关人员递交书面调度命令。

②组织相关人员现场准备进路。

③组织相关人员对故障设备进行检查、确认。

④按规定对站内到发线停留车辆的防溜措施进行检查、确认。

⑤在特殊情况下与司机办理故障车、事故车有关随车运输票据和回送单据的交接、保管工作。

⑥组织应急救援,完成信息传递和其他需要现场了解、检查确认的工作。

(5)电务人员、工务人员应根据车务应急值守人员的指示,协助办理(4)中②③⑥项行车作业。

(6)采用车站调车操作方式的车站,车务应急值守人员还应担当调车领导人并负责办理调车进路。

普速铁路调度集中区段由于设备、条件、运输组织、人员配置等差异性较大,由各铁路局集团公司根据实际情况规定。

4. 按车站等级分类

车站按等级可分为特等站、一等站、二等站、三等站、四等站、五等站。

此外,车站还可以按其他一些特征加以区分。例如,位于两铁路局集团公司管辖分界处的车站,称为分界站;位于海、河、港、湾地区的车站,称为港口站等。

二、车场分类

编组站、区段站和其他较大的车站线路较多,为便于管理和减少各种作业间的互相干扰,实行平行作业,可根据线路的配置情况及用途按线群划分车场。车场一般分为下列六种。

1. 到达场

到达场主要办理接入到达解体列车作业的车场。

2. 出发场

出发场主要办理编组始发列车作业的车场。

3. 到发场

到发场兼办列车到达与出发作业的车场。到发场还可分为货物列车到发场和旅客列车到发场。

4. 直通场

直通场主要办理无调车作业的中转列车的车场。

5. 调车场

调车场主要办理列车的解体与编组作业的车场。

6. 编发场

编发场兼办列车编解与出发列车作业的车场。

三、铁路线路

1. 铁路线路种类

铁路线路按用途分为正线、站线、段管线、岔线、安全线及避难线。

（1）正线

正线是指连接车站并贯穿或直股伸入车站的线路。正线又可分为区间正线及站内正线。连接车站的正线称为区间正线，贯穿或直股伸入车站的部分称为站内正线。

（2）站线

车站内除设有正线外，还根据业务性质、运量大小及技术作业的需求，分别铺设其他配线，这些配线统称为站线。站线包括到发线、调车线、牵出线、货物线及站内指定用途的其他线路等。

①到发线是指供列车到达、出发使用的线路。

②调车线是指进行列车编组与解体作业使用的线路。

③牵出线是指设在调车场的一端，并与到发线连接，专供车列解体、编组及转线等牵出作业使用的线路。

④货物线是指专供办理货物装卸作业的线路。

⑤站内指定用途的其他线路包括站内救援列车停留线、机车走行线、机车等待线、车辆站修线、轨道衡线、加冰线、换装线、货车洗刷线、驼峰迂回线等。

（3）段管线

段管线是指由机务、车辆、供电、工务、电务等段专用，以及动车段（所）专用，并由其管理的线路。

（4）岔线

岔线是指在区间或站内接轨，通往路内外单位（包括厂矿企业、砂石场、港湾、码头及货物仓库等）的专用线路。

（5）安全线

安全线是为防止列车或机车车辆从一进路进入另一列车或机车车辆占用的进路而发生冲突的一种安全隔开设备，为特殊用途线。

（6）避难线

避难线是指在长大下坡道上能使失控列车安全进入的线路，为特殊用途线。避难线是为防止长大下坡道上失去控制的列车发生冲突或颠覆而设置的。

2. 线间距

线间距是指区间及站内两相邻线路中心线之间的距离。线间距应能保证行车和车站工作人员工作时的安全,满足设置各项设备的需要。线间距通常由机车车辆限界、建筑限界、线间设备计算宽度和线间办理作业性质需要的安全余量等因素确定。线间距的大小应根据《技规》的有关规定确定。普速铁路直线地段线间距见表1-2,高速铁路直线地段线间距见表1-3。

普速铁路直线地段线间距　　　　　　　　　　　表1-2

序号	名称			线间最小距离(mm)
1	区间双线	$v \leqslant 120$km/h		4000
		120km/h$< v \leqslant$160km/h		4200
		160km/h$< v \leqslant$200km/h		4400
2	三线及四线区间的第二线与第三线			5300
3	站内正线			5000
4	站内正线与相邻到发线	无列检作业		5000
		有列检作业或上水作业	$v \leqslant$120km/h 一般	5500
			$v \leqslant$120km/h 改建特别困难	5000
			120km/h$< v \leqslant$160km/h 一般	6000
			120km/h$< v \leqslant$160km/h 改建特别困难	5500
			160km/h$< v \leqslant$200km/h 一般	6500
			160km/h$< v \leqslant$200km/h 改建特别困难	5500
5	到发线间或到发线与其他线			5000
6	站内线间设有高柱信号机时,相邻两线(含正线)均需通行超限货物列车			5300
7	站内线间设有高柱信号机时,相邻两线(含正线)只有一条通行超限货物列车			5000
8	牵出线与其相邻线	调车作业繁忙车站		6500
		改建困难或仅办理摘挂取送作业		5000

高速铁路直线地段线间距　　　　　　　　　　　表1-3

序号	名称		线间最小距离(mm)
1	区间双线	$v =$160km/h	4200
		160km/h$< v \leqslant$200km/h	4400
		200km/h$< v \leqslant$250km/h	4600
		250km/h$< v \leqslant$300km/h	4800
		300km/h$< v \leqslant$350km/h	5000
2	三线及四线区间的第二线与第三线		5300
3	站内正线	$v \leqslant$250km/h	4600
		250km/h$< v \leqslant$300km/h	4800
		300km/h$< v \leqslant$350km/h	5000
4	站内正线与相邻到发线		5000
5	到发线与相邻到发线		5000
6	安全线与其他线路		5000

3. 股道

（1）股道编号

为便于车站生产指挥作业的联系和设备维修管理，应对站内股道进行统一编号。同一车站或车场内的股道不得有相同的编号。

①单线铁路的车站，从靠近站舍（信号楼）的线路起，向远离站舍（信号楼）方向顺序编号（包括正线在内）；位于站舍（信号楼）左右或后方的股道，在站舍（信号楼）前的股道编完后，再由正线一侧向外顺序编号。编号时为区别正线和站线，在示意图上正线用罗马数字填记，站线用阿拉伯数字填记，如图1-11所示。

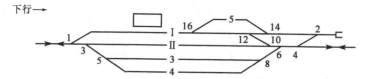

图1-11　单线区段车站线路（道岔）编号示意图

②双线铁路的车站，从正线起按列车运行方向分别向外顺序编号，上行为双号，下行为单号，如图1-12所示。

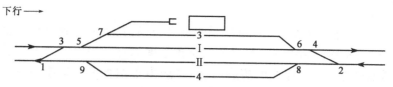

图1-12　双线区段车站线路编号示意图

③尽头式车站，当站舍（信号楼）位于线路终点处时，股道号码应向终点方向由左侧开始顺序编号，如图1-13所示；当站舍（信号楼）位于线路一侧时，从靠近站舍（信号楼）的线路起，向远离站舍（信号楼）方向顺序编号，如图1-14所示。

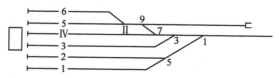

图1-13　尽头式车站线路（道岔）编号示意图

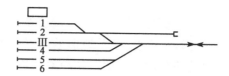

图1-14　尽头式车站线路编号示意图

④为便于客运组织，高速铁路特大、大型客运车站，股道编号以主站房基本站台为准，从靠近主站房的线路起，向远离主站房方向顺序编号；在划分多个车场时，各车场股道应按顺序连续编号，不按车场别单独编号。

（2）股道有效长度

股道有效长度是指在线路全长范围内可以停留机车车辆而不妨碍信号显示、道岔转换、邻线行车的线路最长利用部分。我国铁路采用的货物列车到发线有效长度在Ⅰ、Ⅱ级铁路上一般为 1050m、850m、750m、650m；在Ⅲ级铁路上一般为 850m、750m、650m、550m，在开行重载列车为主的铁路可采用大于 1050m 的到发线有效长度。

股道有效长度的起止范围由下列因素确定：

①警冲标。警冲标是信号标志的一种，设在两会合线线间距为 4m 的中间，用来指示机车车辆的停留位置，防止机车车辆的侧面冲撞。

②道岔的尖轨尖端（无轨道电路时）或道岔基本轨接头处的钢轨绝缘（有轨道电路时）。对于逆向道岔来说，要保证机车车辆在道岔前的停留位置不影响道岔的自由转换。

③站信号机（调车信号机）。出站信号机是用来指示列车可否进入区间的信号装置。牵引列车的机车应停于出站信号机的内方，以方便司机瞭望信号，保证停留的列车不影响信号的显示。对于顺向道岔来说，出站信号机应设于警冲标内方适当的位置；对于逆向道岔来说，出站信号机可设于道岔尖轨尖端或道岔基本轨接头的钢轨绝缘处或稍后一些的位置。

④车挡。车挡的位置表明为线路的尽头。

四、道岔管理

道岔是车站主要行车设备之一。道岔开通是否正确，直接关系到行车安全，因此，必须明确道岔的使用、管理责任。站内道岔均由车站负责管理和使用，车站与其他单位管理线路相衔接的道岔（包括衔接处起隔开作用的防护道岔）也应由车站管理。其他部门不得擅自更改道岔编号；设备管理部门未经车站同意，不得操纵道岔。站线衔接道岔示意图如图 1-15 所示。

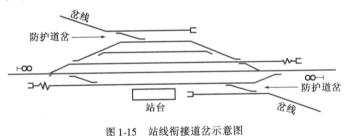

图 1-15 站线衔接道岔示意图

1. 道岔管理分工

（1）道岔组由值班扳道员负责。道岔组由站场同一端的邻近几个道岔组成。每组的道岔数目，应根据道岔间的距离，作业的繁忙程度，以及地形条件等来决定。每一个道岔组只能由值班扳道员一人负责。未设扳道员的车站及个别道岔距离扳道员作业区较远，也可由车站指定的人员负责。

（2）道岔区由扳道长负责。在站场同一端有数个道岔组时，为保证各有关道岔组作业上的协调一致，应将数个道岔组组成道岔区，由扳道长统一领导道岔区的工作。

（3）车站集中操纵的道岔由车站值班员负责。集中联锁设备的车站（车场）、信号楼（行车室）所管的信号和道岔，应由车站值班员负责指挥使用；在较大车站，部分车场信号楼（行车室）未设车站值班员时，可由操纵人员负责管理使用。

（4）在设有驼峰信号设备的车站，驼峰集中操纵的道岔应由驼峰值班员负责。

2.《站细》相关规定

（1）应根据实际划分非集中联锁的道岔组、道岔区范围，明确道岔的管理分工。

（2）在无联锁（包括联锁失效）线路上接发列车时，进路有些道岔需要加锁；接发特殊列车（如专运列车、军运列车）时，有时也需要将道岔加锁。道岔加锁直接关系着行车安全，应在《站细》中明确加锁钥匙的使用管理办法。

（3）当使用电动转辙机手摇把摇动道岔时，信号楼（行车室）既不能集中操纵道岔，也不能用设备保证道岔与信号联锁，存在不安全因素。为了防止手摇把随意使用和保证使用时的行车安全，应制定电动转辙机手摇把管理办法。

3. 道岔定位

（1）道岔应规定经常保持向某一线路开通的位置，这个位置称为道岔定位；道岔向另一线开通的位置称为道岔反位。道岔定位是道岔管理的重要环节，是正确准备进路的辅助措施。道岔使用完了后，应及时恢复定位，避免因错扳或忘扳而造成事故，以保证行车安全。

（2）道岔定位的原则。

①单线车站正线进站道岔定位为由车站两端向不同线路开通的位置，如图1-16所示。

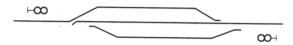

图1-16　单线车站正线进站道岔定位示意图

②双线车站正线进站道岔定位为各该正线开通的位置，如图1-17所示。

图1-17　双线车站正线进站道岔定位示意图

③区间内及站内正线上的其他道岔（引向安全线、避难线的道岔除外）定位为正线开通的位置，如图1-18所示。

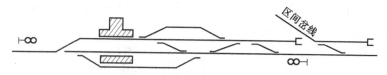

图1-18　区间内、站内正线上的其他道岔定位示意图

④引向安全线和避难线的道岔定位为开通安全线、避难线的位置，如图1-19、图1-20所示。

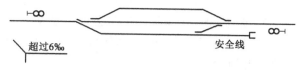

图1-19　安全线道岔定位示意图

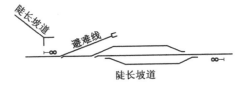

图 1-20　避难线道岔定位示意图

⑤到发线主要用于接发列车,为减少扳动次数和确保接发列车安全,规定到发线上的中岔为到发线开通的位置。到发线上的中岔是指在一条到发线有效长范围内设置的通往其他线路的道岔。两条纵向衔接在一起的到发线的中间道岔不属于中岔。

除此以外,其他由车站负责管理的道岔,由车站根据具体情况规定道岔定位。

(3)道岔定位是车站技术管理工作的重要内容之一,应在《站细》中明确规定,便于有关人员了解掌握。

(4)集中操纵的道岔,可不保持定位。不办理接发列车的非集中操纵的道岔,主要用于调车作业,可不保持定位,以减轻作业人员的劳动强度和减少在站场内的走行。但对引向安全线、避难线的道岔以及到发线上的中岔,应在使用完毕后恢复定位。

集中操纵的道岔,虽规定可不保持定位,但应在《站细》中明确具体道岔定位的位置,以便停电或联锁失效时使用。

(5)段管线的道岔定位,由各段根据具体情况,按照既有利于安全,又便于使用和管理的原则自行规定。

4. 道岔编号

(1)道岔编号按上、下行咽喉分别统一顺序编号。由上行列车到达方向起,顺序编为双号;由下行列车到达方向起,顺序编为单号,如图 1-11 所示。

(2)尽头站向线路终点方向顺序编号,上行列车到达方向编为双号(图 1-13),下行列车到达方向编为单号。

(3)每一道岔应有单独的号码。渡线道岔(图 1-11 中 2/4 号,10/12 号道岔),以及同一连接线上的数个道岔(图 1-11 中 3/5 号,6/8 号道岔)均应连续编号。交分道岔每组应根据电动转辙机的安装,将两组尖轨和两组可动心轨分别编 4 个号码,编号顺序根据动作关系按渡线道岔的办法连续编号,如图 1-21 所示。

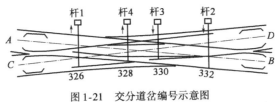

图 1-21　交分道岔编号示意图

(4)当一个车站有几个车场时,每一个车场的道岔必须单独编号。为区别车场,道岔号码使用 3 位及以上数字。第一位数表示车场号码,后面的数字表示道岔编号。遇两个车场共用一个咽喉区时,可根据作业情况划分。

(5)联锁区内的道岔号码应连续编排,在联锁道岔编完后,适当地预留一些号码,再编非联锁道岔。

五、技术站行车组织系统

技术站日常运输生产实行集中统一指挥制。某技术站行车组织系统示意图如图 1-22 所示。值班站长是车站一个班工作的组织者和领导者,负责组织全班职工完成规定的生产任务;车站调度员是车站调车工作的领导人,负责组织和指挥车站的调车活动;车站值班员是车站接发列车工作的统一指挥者。车站的货运工作由货运值班员指挥、客运工作由客运值班员指挥,并组织有关人员完成。

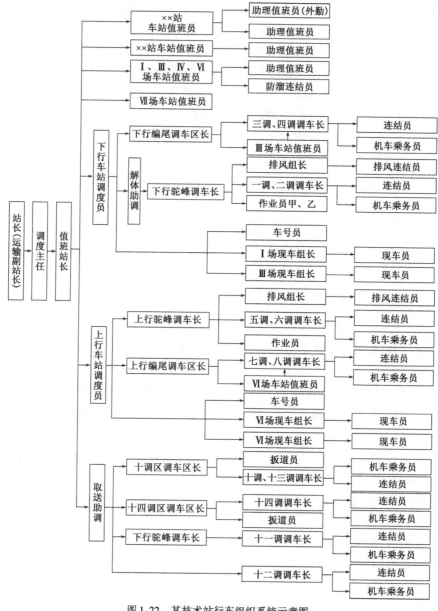

图 1-22　某技术站行车组织系统示意图

六、《站细》编制

1.《站细》编制的资料

编制《站细》时,有关单位(部门)需要提供相关资料。

(1)工务部门

①车站平、纵断面图(含路产及代维修非路产岔线)。

a. 车站线路平面图中应包括车站中心里程、各股道编号、线路有效长度、线间距、信号机中心里程、道岔编号、道岔辙叉号、道岔侧向过岔速度、路产与非路产岔线、段管线分界点、曲线半径等。其中,道岔辙叉号、道岔侧向过岔速度和曲线半径可采用表格形式提供。

b. 车站纵断面图应包括站内正线、站线、岔线、有效长度范围内标有起止点的实际逐段坡度、驼峰纵断坡度。其中,正线、站线、岔线股道坡度可采用表格形式提供。

②股道表、道岔表(含路产及代维修非路产岔线)。

③进站信号机外最大制动距离内实际逐段坡度和曲线数据。

④站线、岔线、段管线限制速度,使用机车类型及其地点、限制条件资料。

⑤工务设备建筑限界,对侵限设备应注明具体侵限部位及侵限数据。

(2)电务部门

①信号设备平面布置图(含信号机中心里程)、联锁图表、特殊信号显示说明、特殊联锁关系、闭塞设备的类型、控制台及其他控制设备盘面图、设备基本性能和使用方法。

②列车调度指挥系统(TDCS)、无线调车机车信号和监控系统(STP)设备基本性能和使用方法。CTCS-2/3级区段,设有列控信息的股道和进路。

③自动化驼峰最短分路道岔轨道电路长度。

④与行车有关的通信、信号设备的技术资料和使用方法。

⑤电务通信、信号设备建筑限界,对侵限设备应注明具体侵限部位及侵限数据。

(3)房建部门

①候车室、仓库、行车房舍使用面积,站台、风雨棚、天桥的长度、宽度和高度。

②水塔、水栓等设备的数量、位置、能力,给水来源及方式(非房建部门管理的,由实际管理部门提供)。

③房建设备建筑限界,对侵限设备应注明具体侵限部位及侵限数据。

(4)供电部门

①接触网高度、分相分段绝缘器位置、供电分段平面示意图、隔离开关、接触网终点标位置及使用办法,线路部分挂网时的挂网长度。

②照明灯桥、灯塔等设备的数量、位置、能力(容量),供电来源与方式。

③供电设备建筑限界,对侵限设备应注明具体侵限部位及侵限数据。

(5)信息部门

车站与行车有关的信息系统的设备及其使用维护办法。

(6)机务部门

站内机车整备设备规模、整备地点及供应能力。

(7)车辆部门

①固定脱轨器设置地点,距离出站(发车进路)信号机距离。

②换长❶1.6 及以上的四轴货车车辆类型及其二、三轴间的距离。

③吸污设备、站内试风装置、地面电源的数量及位置。

④车辆地面固定设备的具体侵限部位及侵限数据。

(8)货运部门

①超偏载检测装置及轨道衡设置情况;装卸机械设备情况,各种装卸机械设备的设置地点、起重能力等。

②货运量(发送吨、装车数、卸车数)等货运技术指标完成情况。

③货运设备设施、安装在线路两侧或上空侵入限界的装卸机具限界尺寸、货位及装卸作业能力、尽头式站台设置的车钩缓冲装置等。

④经过轨道衡、特殊线路(如油库线、危险货物仓库线、洗刷线等)作业要求及限制条件。

⑤货场内线路用途分工。

⑥办理鲜活货物运输作业和货车洗刷消毒作业的项目、作业地点、设施及其作业条件。

⑦固定防护信号牌(灯)的安设位置。

⑧危险货物装卸、保管的办法和安全防范措施。

(9)车站新建、改建工程施工单位和设备接收管理单位

①车站新建、改建工程竣工前30天,施工单位须将竣工图技术资料提供给车站。

②车站新建、改建工程竣工开通后15天内,设备接收管理单位须对施工单位提供的竣工图技术资料,及时进行修改并提供给车站。

(10)其他

相关单位应在提供的技术资料上加盖单位公章,与车务站段进行签字交接。

2.《站细》的编制、审批与执行

(1)《站细》的编制要坚持"安全第一"的方针,贯彻"统一指挥、逐级负责"的原则,充分发挥现有设备的运用效能,合理组织好路内单位在车站作业,做到各项作业的连续性、均衡性,最大限度地组织平行作业,减少各种等待、干扰时间,加速机车车辆周转,实现安全、正点、高效、畅通。

(2)《站细》由车站站长组织有关单位,依据《技规》、《行规》、《行细》、《铁路运输调度规则》(以下简称《调规》)、货物列车编组计划、列车运行图以及其他有关规章要求,结合车站运输条件及设备情况,做好编制和修订工作。三等及以下车站的《站细》由站长亲自编制、修订。

对《技规》《行规》《行细》及其他上级技术规章制度没有明确规定的,需要在《站细》中规定时,应与相关单位协商一致(可采用协议、会议记录、纪要或会签等形式)后,纳入《站细》。

---

❶换长是车辆换算长度的简称。换长是铁路车辆两端钩舌内侧的距离与标准车辆长度(11m)的比值。例如,换长1.6表示铁路车辆实际长度为17.6m,即11m×1.6。

（3）机务、车辆、工务、电务、供电、信息、房建等有关单位必须积极配合车站《站细》的编制和修订工作，及时向车站提供编制《站细》所需的技术资料。当技术资料发生变化时，应及时提供变化内容。

注有坡度的车站线路平面图、进站信号机外制动距离内平纵断面图、联锁图表及电气化区段接触网高度和分相分段绝缘器位置等技术资料可不与《站细》装订在一起，单独存放。

（4）遇《技规》、《行规》、《行细》、货物列车编组计划、列车运行图等重新颁布，以及车站新设备（包括改造后的设备）投入使用，使车站的运输组织方式、作业组织方法发生改变时，车站应在设备投入使用、新运输组织作业方法施行前完成《站细》的编制或修订工作，按规定程序审核报批，抄送有关单位并取得签收回执（公文系统的签收记录）。因特殊情况车站不能及时完成《站细》的编制或修订工作时，必须制定临时规定并抄送有关单位。新增加的在站作业单位，应及时向车站索取《站细》或临时规定，确保有关作业顺利进行。

收到《站细》或临时规定的单位（部门）要立即认真核对与本单位（部门）有关内容，发现问题后及时反馈。

（5）《车站行车工作细则编制规则》中条文目录不得增减。车站可结合技术设备和作业的具体情况，对条文内容适当增减。仅编组站及铁路局集团公司指定的区段站编制《站细》第二、三篇内容。有关军事运输内容，应与驻局军代处根据管内实际情况确定。

（6）《站细》应采用国家、国铁集团统一规定的术语、符号、计量单位，做到结构严谨、层次分明、逻辑清晰、内容简练、用语规范、简明易懂。书面正本应采用活页式 A4 纸张，封面"车站行车工作细则"为黑体 48 号字，站名为幼圆体小初号字，落款"××局集团有限公司"为隶书体小初号字，篇标题为宋黑 2 号字，章标题为宋黑 3 号字，节为宋黑 4 号字，条为黑体 5 号字，正文为宋体 5 号字，表格内文字为宋体 10 磅字，正文字间距为标准，行距为单倍行间距。

（7）《站细》原则上不宜抄录《技规》《行规》《行细》《铁路接发列车作业》《铁路调车作业》等基本技术规章和作业标准的具体条款内容，但应注明执行的规章名称及条款编号或作业标准的名称及编号。

《站细》中的主要技术指标要认真查定、分析、定标，做到平均先进、切实可行。《站细》编制中的主要技术指标低于上一年完成的实绩时，应加以分析。当通过能力利用率达到 85%、改编能力利用率达到 90% 时，应按阶段或小时计算能力并做图解分析，采取加强能力的措施。

（8）《站细》的制修订应经本单位技术委员会研究审议，站段领导班子研究审批，报铁路局集团公司审核发布。

《站细》纸质正本在站段技术科、车站值班员室各留存一份；铁路局集团公司《站细》归口管理部门留存一份（三等站及其以下车站《站细》可留存电子版）；特等站、一等站《站细》电子版报国铁集团备案。报国铁集团的《站细》电子版中的车站示意图应采用 JPG 或 PDF 格式。较小车站使用 A4 纸横向版式，较大车站可根据需要采用 A3 纸或由 A4 纸多张拼接的版式。

（9）《站细》由铁路局集团公司、车务站段主管部门归口管理，其他任何部门及人员不得擅自增加或修改《站细》内容，各级部门发文要求将有关规定或安全措施纳入《站细》时，必须征得同级《站细》归口管理部门同意。各级技术管理人员应加强对《站细》编制、执行情况的检查，不断提高《站细》编制质量。

(10)线路所需单独编制《线路所行车工作细则》时,应按照《车站行车工作细则编制规则》规定编制。高速铁路车站、普速铁路采用调度集中系统(CTC)的区段车站是否编制《站细》,执行铁路局集团公司规定。

(11)《站细》应逐步实现网络化管理,做到信息共享、远程审批,实行动态管理。

(12)为便于学习、掌握和执行《站细》,车站应将《站细》或其有关内容摘录,分发有关处所和单位(部门)。各级专业管理人员应经常检查执行情况。所有参与车站作业的车务、客运、货运、机务、车辆、工务、电务、供电、信息、房建等部门的有关人员都应认真执行《站细》的各项规定,安全、准确、迅速、协调地进行生产活动,更好地为运输生产服务。

任务三　货物列车编组计划

货物列车编组计划(以下简称列车编组计划)是全路的车流组织计划。列车编组计划统一安排全路的车流组织方案,规定编组货物列车的要求、方法和内容;列车编组计划是编制列车运行图、月度运输生产经营计划、日班计划及改善站场布局的依据,是加强货运营销工作的重要手段。列车编组计划是各级运输生产人员必须严格遵守的基本作业规则。

一、列车编组计划的作用及任务

铁路运输完成的货物"位移",是通过列车实现的。但是,全路各站设备条件不同、能力不同,各技术站编组列车的种类和方法也不同。列车编组计划所要研究和解决的主要问题就是怎样编组列车、编组哪些列车和在哪些车站编组列车等。

在解决上述问题的同时,还要考虑到加速车辆解编、减少车站改编作业、合理运用调车设备等问题,加速货物的送达和机车车辆的周转。

怎样把车辆变成列车呢?有两种极端的做法:一种做法是不分车辆的去向和远近,不加组织地一律编入摘挂列车或区段列车。这样势必造成远距离的车辆逐段或逐站作业,延误了货物的送达,延缓了机车车辆的周转,增加了各站的作业。另一种做法是不管每个去向的车流多少,一律在装车站集结,编入直达列车。这样固然由于中途不进行改编作业而节省了一些时间,但车辆要等待集结成列,就大大延长了车辆在站停留时间,同样不能达到快速运送货物、加速机车车辆周转的目的。

最优的车流组织方法应该是根据车流的大小和性质,结合设备条件,采取不同的组织形式。在装车量较大、流向集中的地点或将邻近的几个装车站联合起来,组织装车地直达列车;对装车地直达列车以外的车流,通过对车流各种组合方案,确定出既在编车站集结时间短,又在途中运行快的列车编组方法,按车辆去向的远近,由技术站分别编组技术直达列车、直通列车、区段列车;对到达中间站的车辆或中间站挂出的车辆,则一般编入摘挂列车。

1. 列车编组计划的作用

列车编组计划是全路的车流组织计划,它统一安排全路的车流组织方案,具体规定货运站、编组站、区段站等编组货物列车的要求、方法和内容。列车编组计划的作用如下:

(1)把全路复杂的重、空车流,分别按到站和去向的不同,组织到不同种类的列车中,有序地组织运输生产。

(2)规定了各站的作业任务、作业方法和使用车站技术设备的办法,对车站工作组织起着决定性作用。

(3)规定了各站间的相互关系和联合动作,是全路车站分工的战略部署。

(4)列车编组计划是铁路与国民经济其他部门紧密联系的一个重要环节。

(5)列车编组计划与列车运行图有密切的联系。列车编组计划是编制列车运行图的基础。没有列车编组计划的行车量和列车分类,列车运行图则难以铺画。同时,列车编组计划又有赖于列车运行图来体现。两者密切结合,成为行车组织工作的基本技术文件。

2. 列车编组计划的任务

根据货流、车流特点和车流径路、货物运输市场需求以及站场、线路设备能力情况,充分发挥既有设备潜力,科学、合理地组织货流、车流,积极组织直达运输,加速货物运送和机车车辆周转,节约运输成本,提高运输效率和经济效益,创造良好的运输秩序。列车编组计划的任务包括如下:

(1)在装车站最大限度地组织直达列车和成组装车,以减少技术站的改编作业量。

(2)根据车流特点、设备条件和作业能力,正确规定装车站和技术站编组列车的办法,最大限度地减少车辆的改编作业次数、加速车辆周转。

(3)合理分配技术站的调车工作任务,尽量将调车作业集中到技术设备先进、解编能力大、作业效率高的路网性编组站上进行,以便充分发挥设备能力、减少人力消耗、降低运输成本。

(4)在具有平行径路的铁路方向上,按照运输里程及区段通过能力的使用情况,规定合理的车流径路,以平衡各铁路线路的任务,减轻主要铁路方向的负担。

(5)合理地组织管内零散车流,加速管内车流的输送。

(6)根据国民经济发展计划中对铁路运输的要求,预见车流将来可能发生的变化,有计划、有准备地调整某些站场的分工,必要时从合理组织车流的实际出发,提出新建或扩建站场的计划,这也是列车编组计划的一项重要任务。

二、列车编组计划的主要内容

甲站列车编组计划(示例)见表1-4。

甲站列车编组计划(示例)　　　　　　　表1-4

发站	到站	编组内容	列车种类	定期车次	附注
甲站	丁站	丁站及其以远	直达	—	—
甲站	丙站	1. 丙站及其以远(不包括丁及其以远) 2. 空棚车	直通	—	—
甲站	乙站	乙站及其以远(不包括丙及其以远)	区段	—	—
甲站	乙站	1. A-D 间按站顺 2. 乙站及其以远	摘挂	—	按组顺编组

由表 1-4 中得知,列车编组计划主要有以下内容:
(1)发站,指列车编组始发的车站。
(2)到站,指列车的解体终到的车站。
(3)编组内容,规定了该列车用哪些车流编组及车辆的编挂方法。
(4)列车种类,表示该列车的种类。
(5)定期车次,若该列车为装(卸)车地组织的直达列车,则表示该列车开行期间的固定车次。
(6)附注,对编组内容栏加以补充说明,常见的说明如按站顺编组、按组顺编组、规定基本组重量、开行列数等。

表 1-4 中"编组内容"栏规定列车中车辆的编挂方法,通常有以下几种:
(1)单组混编,即该列车到达站及其以远的车辆,不分到站、不分先后混合编挂。
(2)分组选编,即一个列车中分为两个及其以上的车组,属于同一组的车辆必须编挂在一起。对车组的排列,无特殊要求者,可以不按组顺编挂。
(3)到站成组,即在列车中同一到站的车辆必须编挂在一起。
(4)按站顺编组,即在列车中除同一到站必须挂在一起外,还要求按车辆到站的先后顺序进行编挂。

以上各种列车编组方法,是根据各有关车站的能力、所需列车的性质分别确定的,能达到加速车辆周转和货物送达的目的。

三、列车编组计划的编制原则

列车编组计划的编制原则如下:
(1)坚持全局观点,局部服从整体,管内服从跨局。
(2)根据货流调查、车流规律和车流径路,合理采用多种车流组织方式,最大限度地组织成组、直达运输,发展快速运输,适应运输市场需求。
(3)统筹安排各技术站任务,减少车辆中转,提高车站作业效率。

四、列车编组计划的编制资料

编制列车编组计划是一项细致、复杂的工作。它通常分为三个阶段进行,即准备资料阶段、编制阶段和实行前的准备阶段。列车编组计划的编制质量在很大程度上取决于编制资料的准备工作。只有充分掌握可靠的编制资料,才能编制出经济有利、切实可行的列车编组计划。

列车编组计划的编制资料主要包括如下:

(1)列车编组计划实行期间的日均计划车流。计划车流是编制列车编组计划的主要依据,其准确与否对列车编组计划的质量有直接影响。如果计划车流确定过大,在制订计划时必须规定多开列车,这样在日常执行中则会因实际车流较小使货车平均集结时间增大;反之,如果计划车流确定过小,则某些可以编组直达列车的车流没有被吸收,从而增加技术站的改编作业。在实际工作中,一般是根据国民经济计划对铁路运输的要求,分析实际车流规律,经过经济调查和各局集团公司互相核对,综合平衡,最后确定列车编组计划实行期间的日均计划车流。

(2)各线的列车重量标准和换算长度。

(3)主要装卸站的技术设备、装卸能力,包括主要专用线长度、股道数、容车数、日均装卸车数、批数和时间等。

(4)技术站的有关技术资料,如车场分工、股道数量、有效长度、调车机车台数、改编能力以及按到站别的列车平均编成辆数、集结系数等。

(5)现行列车编组计划执行情况等。

五、列车编组计划的编制步骤和程序

1. 列车编组计划的编制步骤

编制阶段的工作分为两个步骤进行:

第一步,在国铁集团的领导下,各铁路局集团公司共同编制跨局的列车编组计划;

第二步,在跨局列车编组计划的基础上,各铁路局集团公司自行编制本局管内的列车编组计划。

2. 列车编组计划的编制程序

列车编组计划的编制程序如下:

(1)确定日均计划重车车流量。在审批各铁路局集团公司提出的品类别、发到站别运输计划后,编制计划重车车流表。

(2)编制装车地直达列车编组计划。

(3)编制空车列车编组计划。计算较大的装卸站或区段不同车种空车的余缺,遵循合理调整空车的原则,分配空车并编制计划空车车流表,确定空车直达列车编组计划。

(4)编制快运货物列车编组计划。

(5)编制技术站列车编组计划。

(6) 检查装车地直达列车编组计划同技术站列车编组计划的配合情况,并修正不配合的装车地直达列车编组计划。

(7) 规定直达列车补轴、减轴的办法。

(8) 确定列车编组计划,计算各项指标。

六、列车编组计划的执行

为了正确执行列车编组计划,各铁路局集团公司在编制和调整实施列车编组计划前,必须制定保证实现列车编组计划的措施;各技术站应安排好车场分工、固定线路用途、调整劳动组织等准备工作,提前组织有关人员认真学习。

各铁路局集团公司应经常对职工进行运输纪律的教育,各级调度人员应组织车站严格按列车编组计划规定编车,当发现违反列车编组计划时,应及时督促车站纠正。

车站调度员、车站值班员、调车区长等有关人员,应严格执行列车编组计划,不得违反。发现违反列车编组计划时,应查明原因,立即纠正。

列车编组计划管理人员应经常深入现场开展调查研究,对车流动态、货源货流变化、直达列车开行、技术站作业、能力使用、设备变化及列车编组计划执行等情况进行分析和总结,不断交流经验,及时提出改进意见。

列车编组计划的执行主要包括以下几个方面:

(1) 列车编组计划不得随意变更。因车流或技术设备发生变化必须对列车编组计划进行局部调整时,要有计划、有准备地进行,并及时向有关单位布置。

(2) 列车编组列车应按列车运行图规定的列车牵引质量或换长满轴编组,尾数波动执行有关规定。对于运行区段牵引定数不一致的直达列车,由列车编组计划指定列车牵引质量、换长时,按列车编组计划指定的牵引质量、换长编组。摘挂列车、小运转列车允许欠轴开行。

(3) 分组列车不受车组号顺位的限制(单独指定编挂位置者除外)。临时排送的空车,应单独选编成组(摘挂、小运转列车除外)。按回送单据向指定到站回送的空车(有特殊规定者除外),按该到站的重车办理。

(4) 摘挂列车的始发站,应将到达途中各站的车流按到站成组挂运,为区间留轴后尚有余轴时,可加挂指定车流。限速的机车、车辆,虽属直达、直通或区段车流,也可利用摘挂列车挂运。

(5) 列车的补轴(包括超轴)除另有规定外,应利用与该列车相同到站的车流补轴,相同车组应连挂在一起。当没有相同到站的车流补轴时,可用符合列车编组计划规定、不超过该列车到达站的最远到站车组补轴。

(6) 车辆应按规定径路运行,对需要加油的冷藏车,可视作前方加油站的重车办理(有特殊规定者除外)。

(7) 需要加速到达中间站(包括中间站挂出)的鲜活易腐货物,可优先用直达、直通、区段列车挂运。如特殊需要,铁路局集团公司可在列车编组计划中指定车次,利用直达、直通、区段列车甩挂中间站车辆。

(8) 凡有下列情况之一者(另有规定除外)均为违反列车编组计划:

①直达列车的车流,编入直通、区段、摘挂和小运转列车;直通列车的车流编入区段、摘挂和小运转列车;区段列车的车流编入摘挂和小运转列车。

②直通、区段、摘挂和小运转列车的车流,编入直达列车;区段、摘挂和小运转列车的车流编入直通列车;摘挂和小运转列车的车流编入区段列车。

③未按规定选分车组或未执行指定的编挂顺序(由于执行隔离限制,确实难以兼顾时除外)。

④未按补轴、超轴规定编组列车。

⑤违反规定的车流径路,将车辆编入异方向列车。

⑥未达到列车运行图或列车编组计划规定的列车(基本组)牵引质量、换长(摘挂列车、小运转列车除外)。

⑦其他未按列车编组计划规定编组的列车。

(9)在特殊情况下,必须承认违反列车编组计划时,跨局列车由国铁集团调度、局管内列车由铁路局集团公司调度下达调度命令。对违反列车编组计划的列车,应记录车次、原因、责任者,以便核查。

(10)铁路局集团公司、各编组站应建立健全列车编组计划分析考核制度,按月对列车编组计划执行情况进行分析考核,并提出月度分析报告。对于违反列车编组计划的情况应进行重点分析,对于组织的高质量直达列车要及时加以总结,促进各编组站认真执行列车编组计划。各铁路局集团公司每季度应将列车编组计划执行情况报国铁集团运输部。

任务四　列车运行图

列车运行图是运用坐标原理对列车运行时间、空间关系的图解表示。在列车运行图上,对列车运行时空过程的图解有两种不同的图形表示形式:一是以横坐标表示时间,纵坐标表示距离。这时,列车运行图上的水平线表示分界点的中心线,水平线间的间距表示分界点间的距离;垂直线表示时间;斜线表示列车运行线。二是以横坐标表示距离,纵坐标表示时间。这时,列车运行图上的水平线表示时间;垂直线表示分界点中心线,垂直线间的间距表示分界点间的距离;斜线表示列车运行线。目前,我国铁路列车运行图采用第一种图形表示形式。

列车运行图(图1-23),是列车运行时刻的图解,是列车在铁路区间运行及在车站到发或通过时刻的技术文件,是全路组织列车运行的基础,是铁路运输综合性计划。全路所有运输生产部门都必须严格围绕列车运行图展开工作。列车运行图也是列车调度员指挥列车运行的基本依据和手段。它规定各次列车占用区间的顺序,列车在每个车站的到达和出发(通过)时刻,列车在区间的运行时间,列车在车站的停站时间以及机车交路、列车重量和长度等。

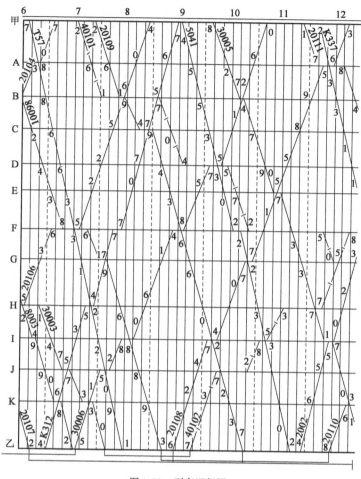

图 1-23 列车运行图

一、列车运行图的分类

按时间线间隔的大小、线路的技术设备（如单线、双线）、列车运行速度、上下行方向的列车数量、列车的运行方式等条件分类，列车运行图可以分为多种类型，具体如下。

1. 按时间线间隔的大小分类

按时间线间隔的大小分类，列车运行图可分为二分格列车运行图、十分格列车运行图和小时格列车运行图。时间线以 2min 为单位的运行图，称为二分格列车运行图，如图 1-24a）所示；时间线以 10min 为单位的运行图，称为十分格列车运行图，如图 1-24b）所示；时间线以小时（60min）为单位的运行图，称为小时格列车运行图，如图 1-24c）所示。

二分格列车运行图主要供编制列车运行图时使用，十分格列车运行图主要供列车调度员在日常调度指挥工作中编制调度列车运行调整计划和绘制实际运行图时使用，小时格列车运行图主要在编制旅客列车方案图和机车周转图时使用。

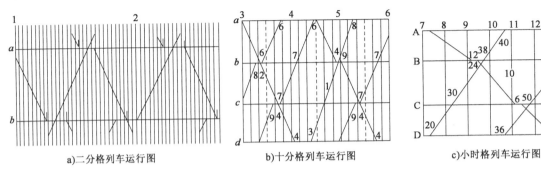

图 1-24 列车运行图按时间线间隔的大小划分

2. 按照区间正线数目分类

按区间正线数目分类,列车运行图可分为单线运行图、双线运行图和单双线运行图。

（1）单线运行图

在单线区段采用的运行图称为单线运行图。在单线区段,上、下行方向列车都在同一正线上运行,列车的交会、越行只能在车站上进行。单线成对平行运行图,如图 1-25 所示。

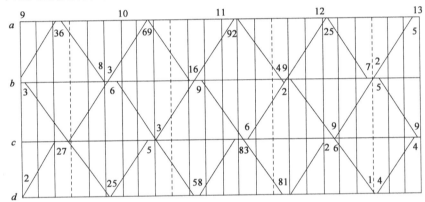

图 1-25 单线成对平行运行图

（2）双线运行图

在双线区段采用的运行图称为双线运行图。在双线区段,列车的交会可在区间内或车站上进行,但列车的越行必须在车站上进行。双线成对平行运行图,如图 1-26 所示。

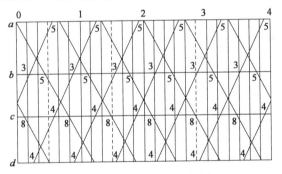

图 1-26 双线成对平行运行图

（3）单双线运行图

在一个区段兼有单线运行图和双线运行图的列车运行图称为单双线运行图,如图1-27所示。

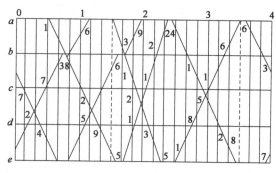

图1-27 单双线运行图

3. 按照列车运行速度分类

按列车区间运行速度分类,列车运行图分为平行运行图和非平行运行图。在全区段上,同一区间内同方向列车运行线相互平行的运行图称为平行运行图(图1-25、图1-26)。在全区段上,同一区间内同方向列车运行线不相平行的运行图称为非平行运行图。单线非平行运行图,如图1-28所示。

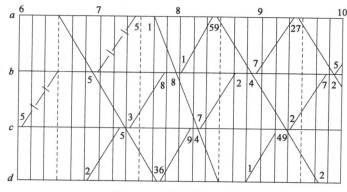

图1-28 单线非平行运行图

4. 按照上下行方向列车数目分类

按上下行列车数目分类,列车运行图分为成对运行图和不成对运行图。在同一区段内,上、下行方向列车数目相等的列车运行图,称为成对运行图(图1-25、图1-26)。在同一区段内,上、下行方向列车数目不相等的列车运行图,称为不成对运行图。单线非追踪不成对运行图,如图1-29所示。

5. 按照同方向列车运行方式分类

按同方向列车运行方式分类,列车运行图分为追踪运行图和非追踪运行图。

在装有自动闭塞的单线区段或双线区段上,全部或部分同方向运行的列车以闭塞分区为间隔的运行图称为追踪运行图。双线追踪非平行运行图,如图1-30所示。

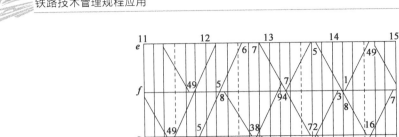

图 1-29 单线非追踪不成对运行图

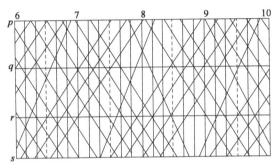

图 1-30 双线追踪非平行运行图

在非自动闭塞区段上,同方向列车的运行以站间或所间区间为间隔的运行图称为非追踪运行图。

上述分类都是针对列车运行图的某一特点而加以区别的。实际上,每张列车运行图都具有多方面的特点。例如,某一区段的列车运行图(图 1-30),它既是双线的、非平行的,又是追踪的。

二、列车运行图的要素

列车运行图虽有各种不同的类型,但它是由一些基本要素组成的。因此,在编制列车运行图之前,首先必须确定组成列车运行图的各项要素。

列车运行图的要素包括:列车区间运行时分,列车在中间站的停站时间,机车在基本段和折返点所在站的停留时间标准,列车在技术站、客运站和货运站的技术作业过程及其主要作业时间标准,车站间隔时间,追踪列车间隔时间,等等。

三、列车运行图的编制

列车运行图是列车运行时刻的图解,它规定列车运行的各项要求,包括:各次列车占用区间的顺序,列车在区间的运行时分,列车在各个车站的到达、出发(通过)时刻,列车的会让、越行,列车的重量和长度标准、机车交路等。因此,与列车运行有关的各单位(部门)必须按照列车运行图规定的要求安排好各自的工作。例如,车站应根据列车运行图所规定的列车到达和出发时刻,安排车站的接发列车、调车工作和全站的运输工作计划;机务部门应根据列车运行图的要求,确定每天需要派出的机车台数、派出的时刻,以及安排机车的整备和乘务员的作息计划;工电等部门应按列车运行图的要求组织施工及维修工作等。

总之,科学、合理地编制列车运行图,对保证列车行车安全,适应市场需求,提高运输能力、效率和效益,都具有重要意义。

1. 列车运行图编制的基本原则

列车运行图分为基本运行图(以下简称基本图)和分号运行图(以下简称分号图)。基本图是指根据列车开行方案确定的列车种类及行车量,适当考虑行车量的一定波动所编制的列车运行图。分号图是指为适应运量的较大波动或线路施工的需要,按照抽换基本图中的某些运行线或不同行车量而编制的列车运行图。

(1)铁路应根据铁路运输市场需求、铁路技术装备或运输组织方式发生的变化及时编制列车运行图。

(2)列车运行图编制实行两级管理,跨局列车由国铁集团组织铁路局集团公司编制,局管内列车由铁路局集团公司负责编制。

(3)基本图的编制、调整和分号图的编制原则上以会议的方式进行。列车运行图编制、调整及确定的相关事项,以国铁集团或铁路局集团公司的正式文电公布实行。

2. 列车运行图编制的基本要求

列车运行图应根据客货运量、区段通过能力等因素,确定列车对数,并符合下列要求:

(1)列车运行、车站间隔、技术作业等时间标准。列车区间运行时分、列车追踪间隔时间标准、车站间隔时间标准、列车技术检查作业时间标准、机车换挂时间标准等,是保证列车运行安全、进行技术作业所需的最小间隔时间标准,必须符合标准规定的要求。

(2)迅速、便利地运输旅客和货物。确定旅客列车行车量及列车性质时,必须根据客流,遵循长短分工、快慢分工的原则。在铺画旅客列车运行线时,应合理规定停站次数和时间。在安排货物列车运行线时,要突出重点、兼顾一般、加速货物的输送。

(3)充分利用通过能力,经济合理地使用机车车辆和安排施工、维修天窗。合理铺画旅客列车运行线和优化货物列车铺画方案,既要充分利用通过能力、减少空费时间,又要提高列车旅行速度、加速机车车辆周转。天窗是指在列车运行图中,不铺画列车运行线或调整、抽减列车运行线,为营业线施工、维修作业预留的时间。天窗按用途分为施工天窗和维修天窗。

(4)做好列车运行线与车流的结合。车流是列车运行图的基础,铺画运行线时必须符合列车编组计划所规定的列车种类、数量和性质。

(5)保证各站、各区段的协调和均衡。区段内均衡地铺画列车运行线,可以有效地利用通过能力,保证畅通无阻。直达和直通列车运行线要做到区段间紧密衔接,干线与支线间紧密衔接,同时充分考虑编组站能力,使有改编作业与无改编作业的列车均衡交错地到达编组站,保证编组站作业均衡。

(6)合理安排乘务人员作息时间。乘务人员保持充沛精力进行工作,有利于提高劳动生产率,保证行车安全。

3. 列车运行图的表示方式

(1)列车运行线

列车运行线的表示方法见表 1-5。

列车运行线的表示方法　　　　　表 1-5

列车种类	表示方法		备注
旅客列车、动车组检测列车、动车组确认列车、回送动车组列车、试运转动车组列车	红单线	————	以车次区分
临时旅客列车、旅游列车	红单线加红双杠	—‖—‖—	以车次区分
回送客车底	红单线加红方框	—□—□—	
特快班列	蓝单线加红圈	—○—○—	
快速班列	蓝单线加蓝圈	—○—○—	
直达列车(普快班列)	蓝单线	————	
直通、自备车、区段列车	黑单线	————	以车次区分
摘挂列车、小运转列车	黑单线加"+""│"	—+—│—	以车次区分
重载货物列车	蓝断线	— — — —	以车次区分(铁路局集团公司可根据具体情况补充规定)
冷藏列车	黑单线加红圈	—○—○—	
军用列车	红断线	— — — —	
回送军用列车	红断线加红方框	—□—□—	
超限超重货物列车	黑单线加黑方框	—□—□—□—	
路用列车、试运转列车(不含动车组)	黑单线加蓝圈	—○—○—	以车次区分
单机	黑单线加黑三角	—▷—▷—	
救援、除雪列车	红单线加红"×"	—×—×—	以车次区分
重型轨道车	黑单线加黑双杠	—‖—‖—‖—	

(2)列车运行时刻的表示记号

小时格、十分格列车运行图,列车时刻的分秒均用阿拉伯数字表示,秒的字号要小于分的字号。列车始发、列车终到时刻填记在列车运行线与车站中心线相交的钝角内,列车通过车站的时刻填记在列车运行线与车站中心线相交出站一端的钝角内。列车运行时刻的表示记号如图 1-31 所示。

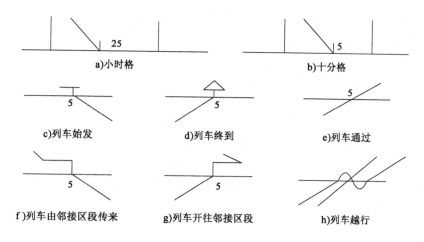

图 1-31 列车运行时刻的表示记号

4. 列车运行图编制的技术资料

铁路局集团公司各业务部门负责提出、收集、整理、核定列车运行图编制资料,做到准确、完整、及时。由铁路局集团公司科技信息部门汇总,经铁路局集团公司编图委员会审核、批准后报国铁集团。国铁集团编图委员会各有关业务部门负责审核、汇总各铁路局集团公司上报资料。铁路局集团公司上报国铁集团列车运行图编制资料包括如下:

(1) 现行列车运行图执行情况的分析总结及改善意见。

(2) 新列车运行图预计完成的主要指标及其分析比较,包括旅客列车旅行速度、货物列车平均旅行速度、货运机车日车公里等。

(3) 各线线路允许速度、车站过岔速度、线路慢行资料及封锁线路施工计划(包括工务和基建工程部门)。

(4) 客流资料、跨局旅客列车开行建议方案、动车组运用交路计划、旅客列车停车站名和站停时分。

(5) 货物班列开行建议方案、区间运行时分和停站时分。

(6) 客货列车在中间站和技术站技术检查作业时间,调整列检布局方案。

(7) 客货列车机型、机车运用方式、乘务制度、机车各项技术作业标准、客货列车牵引重量、区间运行时分、起停车附加时分、慢行附加时分标准。

(8) 各区段货物列车编制对数、列车分类、列车换长。

(9) 直通和直达货物列车在技术站的技术作业时间。

(10) 货物班列开行方案。

(11) 快运货物列车停站站名、站停时分及开行方案。

5. 列车运行图的编制步骤

(1) 国铁集团下发新图编制通知,提出本次编图的原则、任务、要求和日程安排。

(2) 各铁路局集团公司根据国铁集团要求,确定本局集团公司编图的原则、任务和要求,提出新图工程和项目,组织列车牵引实验,查定技术作业标准。

(3) 召开全路编图准备会议,审定编图技术资料,确定跨局列车开行方案、动车运用交路计划、机车交路等与编图有关的重大事项,下发新图编制纲要。

(4) 编制跨局旅客列车运行方案。

(5) 召开全路第一阶段编图会议,铺画旅客列车(先跨局后管内,先重点后一般)和货物班列运行线,编制机车周转图,预留施工天窗。

(6) 各铁路局集团公司优化管内客车运行方案,预铺货物列车运行线。

(7) 召开全路第二阶段编图会议,铺画货物列车运行线,选定货物班列、直达列车、重载列车运行线,编制完整机车周转图,完成基本列车运行图编制工作。

(8) 各铁路局集团公司计算列车运行图各项指标,整理、审核列车运行图及相关资料、文件,做好编图工作总结。

6. 列车运行图的实施

列车运行图编制后,国铁集团、铁路局集团公司应提前下发实行新图文件及相关资料,做好新图实施前各项准备工作,组织相关部门进行新图培训,召开新图实施工作会议。

(1) 实施新图,做好列车运行图新旧时刻交替和新图实施值班、总结等工作。

(2) 列车运行图在规定的有效期间内,必须严格贯彻执行,要保持列车运行图的严肃性和相对稳定。当列车运行图需要调整时,必须由铁路局集团公司以书面形式上报国铁集团并得到正式书面批复。国铁集团根据相关铁路局集团公司提报的调图范围和内容,协调、确定调整图的实行日期。

(3) 当列车运行图调整内容涉及铁路局集团公司间分界口时,由申请的铁路局集团公司于调整图拟实施前60天上报国铁集团,国铁集团同意后组织相关铁路局集团公司调整,国铁集团于实施调整图前30天、相关铁路局集团公司于实施调整图前20天将执行文件下发至各相关单位(部门)。铁路局集团公司要将调整图相关文件上报国铁集团并抄知相关铁路局集团公司。

(4) 跨局列车在铁路局集团公司管内调整时,由铁路局集团公司于调整图拟实施前30天上报国铁集团,国铁集团批复后由铁路局集团公司组织调整。调整图相关文件由铁路局集团公司于实施调整图前20天下发至各相关单位(部门),同时上报国铁集团并抄知相关铁路局集团公司。各铁路局集团公司应将调整后的列车运行图及相关指标报国铁集团有关业务部门。

复习思考题

1. 《技规》包括哪些内容?
2. 《行规》《行细》行车组织部分应包括哪些内容?
3. 什么是列车?列车如何分类?
4. 列车运行方向和车次应如何规定?
5. 区间和闭塞分区如何划分?
6. 车站如何分类?
7. 什么是站线?站线包括哪些线路?

8. 站内正线与相邻到发线直线地段线间距是如何规定的？
9. 股道如何编号？
10. 什么是股道有效长？
11. 车站道岔如何编号？
12. 货物列车编组计划包括哪些主要内容？
13. 违反货物列车编组计划情况有哪些？
14. 列车运行图如何分类？
15. 列车运行图应符合哪些要求？

项目二

编组列车

项目内容

本项目主要介绍编组列车基本要求、货物列车和旅客列车中车辆的编挂,列车尾部安全防护装置的作用及使用要求,列车中机车的编挂与单机挂车,列车制动限速及其编组要求,以及列车中车辆连挂、检查及修理等内容。

教学目标

◎ **能力目标**

了解编组列车基本要求;了解车辆编挂、车辆检修的要求。

◎ **知识目标**

了解编组列车的质量要求和机车车辆编挂条件。

◎ **素质目标**

培养安全意识、责任意识、效益意识。

任务一　编组列车基本要求

一、编组列车的依据

编组列车就是按列车种类、用途和运输性质,根据《技规》、货物列车编组计划和列车运行图所规定的编挂条件、车组、重量及长度标准,将车辆或车组选编并连挂成车列。

二、编组列车的规定与要求

（1）编组列车必须符合《技规》中关于机车车辆编入列车的技术条件、隔离和编挂限制、关门车编挂数量和位置要求，以及单机挂车等规定。

（2）编组列车必须符合货物列车编组计划规定的列车种类、去向、编组内容、车组和车辆编挂顺序的要求。动车组以外的旅客列车按旅客列车编组表编组；军用列车的编组，按有关规定办理。

（3）编组列车必须符合该区段列车运行图规定的列车重量或长度标准。

①列车重量标准是根据机车牵引力、区段内限制坡度等因素，通过计算、试运转和各种类型机车牵引重量的平衡，最后取整而定的。

②列车长度标准应根据运行区段内各站到发线的有效长，并预留 30m 的附加制动距离来确定。

如不按上述要求编组列车，不仅会因浪费牵引力而造成经济损失，而且会对列车运行安全造成威胁。

（4）列车波动尾数及处理。在编组列车时，其重量或长度应满足列车运行图规定的各区段牵引定数或计长。由于实际编成的列车重量、长度与图定重量、长度不可能完全相符，铁路规定了列车尾数波动范围：货物列车牵引重量允许上下波动 80t，列车换长允许欠 1.2。

全国主要干线直通列车规定了统一的牵引重量和长度标准。直通列车原则上不准超重、超长或欠轴。

①满轴列车：实际编成的列车重量符合列车运行图规定的区段牵引重量（包括尾数上下波动 80t 及其以下）或列车长度符合列车运行图规定的区段列车长度（包括尾数向下波动 1.2 及其以下）。

②超重列车：实际编成的列车重量超过列车运行图规定的区段牵引重量及波动重量 80t 以上。

超重列车有利于节省机车运用台数，提高区段通过能力，但由于机车性能和司机技术水平的限制，可能造成运缓、区间停车或会让不当而打乱运行秩序。为此，编组超重列车时，在编组站、区段站应商得机务（折返）段调度员的同意；在中间站应得到司机的同意，并且均须经列车调度员准许，以使其指挥行车时心中有数。

③超长列车：实际编成的列车长度超过了列车运行图规定的区段列车长度。

对于到发线有效长较短的车站，列车长度虽未超过列车运行图规定的区段列车的换长，但实际长度超过停放该列车的到发线有效长时，应按超长列车办理。在编组超长列车时，必须考虑运行区段内的具体条件，编组超长列车的最大长度不得超过区段内两股最短到发线有效长度之和，并不宜编挂超限及其他限速车辆。在开行超长列车时，必须取得列车调度员的命令准许。

④欠轴列车：实际编成的列车重量和长度均未达到列车运行图规定的区段列车重量和长度标准（考虑规定的波动尾数）。

编组欠轴列车浪费机车牵引力，一般不准开行。遇必须开行欠轴列车时，应得到列车调度员的命令准许。

（5）摘挂列车、小运转列车不受欠重或欠轴的限制，但超重或超长时，仍应按有关规定办理。

三、机车车辆重量及长度

(1)列车的重量是车辆自重与货物重量的总和。

(2)机车、车辆自重及换长应按照《技规》中有关规定确定。《技规》中未规定的其他各型货车的自重及换长和货物重量可按相关规定计算。货物重量可按《铁路货车统计规则》的规定计算。

(3)旅客列车重量按客车总重(包括旅客及行李的重量)计算,回送空客车底按自重计算。

(4)机车、车辆长度的计算,以前后两钩舌内侧面距离按 11m 为换算单位,各型机车、车辆按上述换算单位得出的比值,称为换算长度。

1. 机车、车辆、铁路救援起重机重量和长度

机车、车辆、铁路救援起重机编入列车时,其重量及换长按表 2-1 ~ 表 2-3 确定。

机车重量及换长   表 2-1

种类	机型	自重(t)	换长	备注
电力	SS1	137	1.9	
	SS3B	276	4.0	按双节计算
	SS4	184	3.0	按双节计算
	SS3、SS6、SS6B、SS7、SS7B、6K	138	2.0	
	SS7C	132	2.0	
	SS7D、SS7E、SS9	126	2.0	
	SS8	87/89	1.6	无列车供电/有列车供电
	8G、DJ1	184	3.2	按双节计算
	8K	184	3.4	按双节计算
	HXD1	200	3.2	按双节计算
	HXD2	200	3.5	按双节计算
	HXD1B、HXD2B、HXD3B	150	2.1	
	HXD1C、HXD2C	138/150	2.1	
	HXD3、HXD3C	138/150	1.9	
	HXD1D、HXD3D	126	2.1	
内燃	DF4、DF4B、DF4C、DF4D	127	1.9	
	DF5、DF7、DF7B、DF7C	130	1.7	
	DF7D	132	1.7	山区型自重127t,双司机室机车换长1.8
	DF7E	145	1.8	
	DF7G	132	1.8	
	DF8	130	2.0	
	DF8B	131	2.0	25t 轴重 DF8B 自重139t
	DF11	133	1.9	
	DF11G	133	2.0	

续上表

种类	机型	自重(t)	换长	备注
内燃	DFH2	58	1.2	
	DFH3	84	1.7	
	DFH5	81	1.4	
	BJ	84	1.5	
	ND2	114	1.6	
	ND3	122	1.7	
	ND5	126	1.8	
	NY6、NY7	124	2.1	
	HXN5	150	2.1	
	HXN3	150	2.0	
	NJ2	138	1.9	

车辆重量及换长 表2-2

1. 客车

客车种类	平均每辆总重量(t)	平均每辆换长
各种客车	按车体外部标记计算	按车体外部标记计算

2. 货车

货车种类	平均每辆自重(t)	平均每辆换长
标记载重60t四轴棚车(P62K、P63K)	24.0	1.5
标记载重58t四轴棚车(P64K)	25.4	1.5
标记载重58t四轴棚车(P64AK)	25.7	1.5
标记载重58t四轴棚车(P65)	26.0	1.5
标记载重70t四轴棚车(P70)	24.9	1.6
标记载重60t四轴敞车(CF、CFK)	22.4	1.2
标记载重60t四轴敞车(C62A、C62AK)	21.7	1.2
标记载重60t四轴敞车(C62B、C62BK)	22.3	1.2
标记载重61t四轴敞车(C63、C63A)	22.5	1.1
标记载重61t四轴敞车(C64K)	23.0	1.2
标记载重60t四轴敞车(C61)	23.0	1.1
标记载重70t四轴敞车(C70)	23.8	1.3
标记载重70t四轴敞车(C70E)	24.0	1.3
标记载重80t四轴敞车(C80、C80B)	20.0	1.1
标记载重100t六轴敞车(C100A、C100AH)	26.0	1.4
标记载重50t四轴集装箱平车(X1K)	19.8	1.3
标记载重60t四轴集装箱平车(X6A)	17.8	1.3
标记载重60t四轴集装箱平车(X6K)	18.0	1.2
标记载重70t四轴集装箱平车(X4K)	21.8	1.8

续上表

2. 货车		
货车种类	平均每辆自重(t)	平均每辆换长
标记载重70t 四轴集装箱平车(X70)	22.4	1.2
标记载重80t 四轴集装箱平车(X2K)	22.0	1.8
标记载重60t 四轴平车(N17AK)	21.0	1.3
标记载重60t 四轴平车(N17GK)	21.9	1.3
标记载重60t 四轴平车(N17K)	20.5	1.3
标记载重60t 四轴平集共用车(NX17AK)	22.9	1.3
标记载重60t 四轴平集共用车(NX17K)	22.4	1.3
标记载重60t 四轴平集共用车(NX17BK)	22.9	1.5
标记载重70t 四轴平集共用车(NX70)	23.8	1.5
标记载重70t 四轴平集共用车(NX70A)	23.8	1.3
标记载重53t 四轴罐车(G60K)	21.0	1.1
标记载重60t 四轴罐车(G70K)	20.4	1.1
标记载重70t 四轴罐车(GQ70)	23.6	1.1
标记载重70t 四轴罐车(GN70)	23.8	1.1
标记载重70t 四轴罐车(GHA70)	23.8	1.2
标记载重70t 四轴氧化铝粉罐车(GF70)	23.6	1.2
标记载重50t 四轴毒品车(W5SK)	26.5	1.5
标记载重60t 四轴毒品车(W6S)	24.6	1.5
标记载重70t 四轴毒品车(W70S)	25.2	1.6
标记载重60t 石碴车(K13K)	21.5	1.1
标记载重70t 石碴车(KZ70)	23.8	1.1
标记载重60t 煤炭漏斗车(K18K)	24.0	1.3
标记载重70t 煤炭漏斗车(KM70)	23.8	1.3
标记载重60t 散装粮食车(L17K)	23.5	1.3
标记载重60t 散装粮食车(L18)	23.8	1.3
标记载重70t 散装粮食车(L70)	24.8	1.5
标记载重60t 散装水泥车(U60)	26.0	1.2
标记载重60t 散装水泥车(U60WK)	24.5	1.1
标记载重60t 散装水泥车(U61WK)	22.3	1.1
标记载重20t 双层小汽车运输车(SQ5)	37.0	2.4
标记载重22t 双层小汽车运输车(SQ6)	36.2	2.4
标记载重40t 机械冷藏车(B10A)	41.1	2.0

注：1. 旅客列车重量按客车总重(包括旅客及行李的重量)计算，回送空客车按自重计算。
2. 列车中其他各型货车的自重及换长和货物的重量按铁路货车统计规则规定计算。
3. 机车、车辆长度的计算，以前后两钩舌内侧面距离按11m为换算单位(一辆)，各型机车、车辆按上述换算单位得出的比值，称为换算长度(简称换长)。

铁路救援起重机重量及换长　　　　　　　　　　　　　　　表2-3

型号	名称	自重(t)	换长
NS2000	200t 伸缩臂式铁路救援起重机	208.0	1.5
	吊臂平车	45.0	2.2
NS1600	160t 伸缩臂式铁路救援起重机(1600t·m)	192.0	1.4
	160t 伸缩臂式铁路救援起重机(1680t·m)	205.0	1.4
	吊臂平车	45.0	2.2
NS1601	160t 伸缩臂式铁路救援起重机	186.4	1.1
	吊臂平车	42.0	2.2
NS1602	160t 伸缩臂式铁路救援起重机	184.0	1.1
	吊臂平车	38.0	1.8
N1601	160t 固定臂式铁路救援起重机	187.0	1.1
	吊臂平车	38.0	1.9
N1602	160t 固定臂式铁路救援起重机	190.0	1.1
	吊臂平车	40.0	2.2
NS1601G	160t 伸缩臂式铁路救援起重机	186.4	1.1
	吊臂平车	38.0	1.9
NS1602G	160t 伸缩臂式铁路救援起重机	186.4	1.1
	吊臂平车	40.0	2.2
NS1251	125t 伸缩臂式铁路救援起重机	139.0	1.0
	吊臂平车	40.0	1.9
NS1252	125t 伸缩臂式铁路救援起重机	138.0	1.1
	吊臂平车	40.0	1.9
NS1001	100t 伸缩臂式铁路救援起重机	138.0	1.0
	吊臂平车	32.0	1.8
N1002	100t 固定臂式铁路救援起重机	132.0	1.0
	吊臂平车	31.4	1.8
NS100G	100t 伸缩臂式铁路救援起重机	140.0	1.0
	吊臂平车	32.0	1.8

2. 动车组换长、重量及最高运行速度

动车组换长、重量及最高运行速度按表2-4确定。

动车组长度、重量及最高运行速度　　　　　　　　　　　　表2-4

动车组类型	换长	整备重量(t)	计算重量(t)	最高运行速度(km/h)
CRH1A-200	19.4	429.7	483.1	200
CRH1A-250	19.4	432.6	483.1	250
CRH1A-A	18.6	431.0	480.0	250

续上表

动车组类型	换长	整备重量(t)	计算重量(t)	最高运行速度(km/h)
CRH1B	38.8	857.6	961.5	250
CRH1E(不锈钢车体)	38.8	887.8	942.2	250
CRH1E(铝合金车体)	37.2	910.9	987.0(按座票定员)	250
CRH2A	18.3	375.8	425.9	250
CRH2B	36.5	745.3	846.3	250
CRH2E	36.5	813.1	869.8	250
CRH2E(纵向卧铺车)	37.5	836.2	915.4	250
CRH2G	18.3	393.3	442.3	250
CRH3A	19.1	438.9	487.9	250
CRH5A	19.2	430.0	479.7	250
CRH5G	19.2	429.0	478.0	250
CRH5E	38.0	927.3	999.9	250
CRH2C 一阶段	18.3	381.8	431.9	310
CRH2C 二阶段	18.3	401.5	451.6	350
CRH3C	18.2	432.0	476.6	310/350
CRH380A	18.5	411.4	452.3	350
CRH380AL	36.6	836.5	924.4	350
CRH380B	18.5	450.8	495.3	350
CRH380BG	18.5	454.9	499.4	350
CRH380BL	36.3	893.1	977.3	350
CRH380CL	36.4	902.8	987.0	350
CRH380D	19.6	464.7	510.0	350
CR400AF	19.0	427.8	472.3	350
CR400BF	19.0	461.8	506.3	350
CRH6F	18.3	383.4	471.6	160
CRH6A	18.3	382.2	417.9	200

注：CRH3C 型动车组齿轮箱传动比为 2.7931 时，最高运行速度为 310km/h；齿轮箱传动比为 2.429 时，最高运行速度为 350km/h。

四、禁止编入列车的机车车辆

为保证行车安全,在编组列车时,对其所编挂的机车车辆,在技术条件上必须符合规定标准,凡属于下列情况之一的机车车辆,禁止编入列车。

1. 车辆技术状态不良

(1)插有扣修、倒装色票的车辆及车体倾斜超过规定限度的车辆。

货车插有"色票",表示该车辆定检到期或技术状态不良,需要进行检修。车体倾斜超过规定限度的车辆。车体倾斜指车辆一侧或一端倾斜,一般是由于车体结构松弛,弹簧衰弱或装载偏重、集重、超重等所造成。车体倾斜可能使弹簧折断或车辆热轴,在运行中车体左右摇摆,甚至可能发生脱轨,同时车体倾斜超过限度(客车超过50mm,货车超过75mm)时,也可能侵入限界,与信号设备、建筑物或邻线机车车辆刮碰。

(2)缺少车门的(检修回送车除外)车辆。

装货后,缺少车门容易造成货物窜出、坠落或丢失,不能保证货物的完整和行车安全。

(3)未关闭侧开门、底开门以及平车未关闭端、侧板的车辆(有特殊规定者除外)。

未关闭端、侧板或侧开门的车辆,在运行过程中侧板与侧开门可能掀动或摇晃,甚至超出机车车辆限界,威胁线路附近设备和人员的安全。一旦未关闭端、侧板或侧门脱落,还可能导致列车脱轨,甚至颠覆。底开门不关闭,容易刮坏道岔,甚至脱落。

2. 货物装载不符合规定要求

(1)装载货物超出机车车辆限界,无挂运命令的车辆。

装载超限货物的车辆,在运行上必须有特殊的要求,如限制运行速度,禁止通过的线路、桥梁和隧道等,列车调度员均应根据批准装运电报发布挂运命令,否则禁止编入列车。

(2)装载跨装货物(跨及两平车的汽车除外)的平车,无跨装特殊装置的车辆。

为使跨装货物的车辆能顺利地通过曲线,必须在车辆与货物之间使用特殊装置—货物转向架。同时,为了防止因车钩弹簧压缩、伸张而造成货物的窜动,在跨装货物的车辆与车辆之间还必须使用车钩缓冲停止器。若无特殊装置,列车通过曲线或坡道地段则可产生移动,从而引起不良后果。

(3)平车及敞车装载货物违反装载和加固技术条件的车辆。

货物装载和加固必须保证能经受正常调车作业及列车运行中的冲击,以保证货物在运输的全过程中,不致发生移动、滚动、倾覆、倒塌或坠落等情况。平、敞车装载的货物,必须符合货车装载加固技术条件。

(4)由于装载的货物需要停止自动制动机作用,而未停止的车辆。

列车制动时,车轮踏面与闸瓦摩擦发热(盘型制动为制动盘发热),产生高温或迸发火星。

特别是在长大下坡道上,制动时间过长,闸瓦等处于高热状态,如不停止自动制动机,对装有爆炸品或怕受高温的货物,有可能引燃或引爆,所以必须停止自动制动机的作用。

3. 未经检查确认

（1）曾经发生冲突、脱轨、火灾、爆炸或曾编入发生特别重大、重大、较大事故列车内以及在自然灾害中损坏,未经检查确认可以运行的车辆。这些车辆经过激烈冲撞,其主要部件、零件(如转向架、轮对、轴箱、车钩及车底架等)可能存在隐患,如不经列检细致检查,并确定对行车无妨碍就编入列车,将严重威胁运行安全。

（2）企业自备机车、车辆、自轮运转特种设备和城市轨道车辆、进出口机车车辆过轨时,未经铁路机车车辆人员检查确认的,禁止编入列车。

为保证铁路行车安全,企业自备的机车、车辆和自轮运转特种设备、城市轨道交通车辆、进出口机车车辆在进入铁路营业线过轨前,必须经铁路机车车辆部门检查鉴定,确定其各部分的技术状态符合铁路规章及有关规定的要求。

任务二　货物列车中车辆的编挂

一、列车编组隔离

1. 需要隔离的车辆

危险货物具有燃烧、爆炸、腐蚀、毒害、放射射线等性质,而且在运输过程中若发生意外,容易发生人身伤亡,人民财产受到毁损。易燃货物是指遇明火或受高温容易引起燃烧和造成火灾的货物。易燃普通货物品名见表2-5。因此,编组列车时,对装载危险货物、易燃货物等的车辆应按规定进行隔离。隔离的作用有两个：一是使易燃、易爆物品与火源隔离；二是万一发生意外时,能尽量减少或避免扩大损失,如爆炸品与机车、搭乘旅客的车辆实行隔离,爆炸品与放射性物品不准编入同一列车等。

易燃普通货物品名　　表2-5

序号	品名
1	《铁路危险货物品名表》规定之外的物品,如籽棉、皮棉、黄棉花、废棉、飞花、破籽花等
2	《铁路危险货物品名表》规定之外的各种麻类和麻屑
3	麻袋(包括废、破麻袋),各种破布、碎布、线屑、乱线、化学纤维

续上表

序号	品名
4	牧草、谷草、油草、蒲草、羊草、芦苇、荻苇、玉米棒(去掉玉米的)、玉蜀黍秸、豆秸、秋秸、麦秸、蒲叶、烟秸、甘蔗渣、蒲棒、蒲棒绒、芒杆、亚麻草、烤烟叶、晒烟叶、棕叶以及其他草秸类
5	葵扇(芭蕉扇)、蒲扇、草扇、棕扇、草帽辫、草席、草帘、草包、草袋、蒲包、草绳、芦席、芦苇帘子、笤帚以及其他芦苇、草秸的制品
6	干树皮、干树枝、干树条、树枝(经脱叶加工)、带叶的竹枝、薪柴(劈柴除外)、松明子、腐朽木材(喷涂化学防腐剂的除外)
7	刨花、木屑、锯末
8	纸屑、废纸、纸浆、柏油纸、油毡纸
9	炭黑、煤粉
10	粮谷壳、花生壳、笋壳
11	羊毛、驼毛、马毛、羽毛、猪鬃以及其他禽兽毛绒
12	麻黄、甘草

注：1. 使用敞、平、砂石车装运易燃普通货物时,应用篷布苫盖严密,在调车或编入列车时,应进行隔离。但对干树皮、干树枝、干树条和带叶的竹枝,由于其干湿程度、带叶多少不同,是否苫盖篷布,由发站根据气温和运输距离在确保运输安全的原则下确定。
2. 腐朽木材喷防火涂料或采取其他防火措施后,可不苫盖篷布。
3. 本表未列的品名,是否也属于易燃普通货物,由发站报铁路局集团公司确定。
4. 以易燃材料作包装、捆扎、填塞物,以竹席、芦席、棉被等苫盖的非易燃货物,以及用木箱、木桶、铁桶包装的易燃货物,均按普通货物运输。以敞车装运时,是否苫盖篷布,由发站和托运人根据货物的运输安全情况共同负责确定,并在运单托运人记事栏内注明。

2. 隔离要求

(1)装载危险货物、易燃货物的车辆在运输过程中必须采取隔离措施,其编入列车的隔离办法,按《技规》中"铁路车辆编组隔离表"规定办理。具体隔离辆数见表2-6。

铁路车辆编组隔离表   表2-6

隔离标志 货物种类 (品名代码)	最少隔离辆数 隔离对象	距牵引的内燃、电力机车,推进运行或后部补机及使用火炉的车辆	距乘坐旅客的车辆	距装载雷管及导爆索(11001,1002,11007,11008)的车辆 ⑦	距装载除雷管及导爆索以外爆炸品的车辆 ⑧	距装载易燃普通货物的敞车、平车	距装载高出车帮易窜动货物的车辆	备注
气体(含空罐车)	易燃气体；非易燃无毒气体；毒性气体	①	4	4	4	4	2	2	运输气体类危险货物重、空罐车时,每列编挂不得超过3组,每组间的隔离车不得少于10辆

续上表

隔离标志 \ 最少隔离车辆数 \ 隔离对象 \ 货物种类（品名代码）	距牵引的内燃、电力机车,推进运行或后部补机及使用火炉的车辆	距乘坐旅客的车辆	距装载雷管及导爆索(11001,11002,11007,11008)的车辆 ⑦	距装载除雷管及导爆索以外爆炸品的车辆 ⑧	距装载易燃普通货物的敞车、平车	距装载高出车帮易窜动货物的车辆	备注
一级易燃液体；一级易燃固体；一级易于自燃的物质；一级氧化性物质；有机过氧化物；一级毒性物质(剧毒品)；一级酸性腐蚀性物质；一级碱性腐蚀性物质；一级其他腐蚀性物质	△②	2	3	3	4	2	运输原油时,与机车及使用火炉的车辆可不隔离；运输硝酸铵时,与机车及使用火炉的车辆隔离不少于4辆
放射性物质(物品)(矿石、矿砂除外)	△③	2	4	×	×	2	1	×标记表示不能编入同一列车
七〇七 一级	△④	4	4	4	4	4	2	一级与二级编入同一列车时,相互隔离2辆以上,停放车站时相互隔离10m以上,严禁明火靠近
七〇七 二级	△⑤	4	4	4	4	4	2	
敞车、平车装载的易燃普通货物及敞车装载的散装硫黄	△⑥	2	2	2	2			装载未涂防火剂的腐朽木材的车辆,运行在规定的区段和季节须与牵引机车隔离10辆,如隔离有困难时,各相邻铁路局集团公司相互协商规定隔离办法
爆炸品 雷管及导爆索(11001,11002,11007,11008)	△⑦	4	4		4	2	2	
爆炸品 除雷管及导爆索以外的爆炸品	△⑧	4	4	4		2	2	

注：1. 小运转列车及调车隔离规定,由铁路局集团公司自行制定。
2. 有 △※ 标记的车辆与装载蜜蜂的车辆运输时按有关规定办理。
3. 空罐车可不隔离(气体类危险货物除外)。

(2)小运转列车的机车及调车机车运行距离较短,加之各铁路局集团公司条件差异很大,在保证安全的前提下,小运转列车及调车作业隔离由各铁路局集团公司规定。

(3)为防止装载蜜蜂的车辆,在列车中挂运位置失当造成蜜蜂死亡。在编组或改编列车时,装有蜜蜂的货车,不得与整车装运的敌敌畏、六氯环己烷(六六六)、农药(1605)、农药(1059)(标有⚠的车辆)编挂在同一列车上。因车流不足,分别挂运有困难时,在本次列车运行全程内,中途不发生折角转向的条件下,可编挂在同一列车上。但应将蜜蜂车挂在农药车的前部并隔离4辆及其以上。

(4)对装载散装石灰、粉末沥青及恶臭货物(如氨水、碳酸氢氨、六氯环己烷、干粪、兽骨、湿的毛皮等)的敞、平车辆编入列车时,其具体编挂位置由列车调度员指定。

二、编挂特种车辆的要求

1. 机械冷藏车

机械冷藏车组因有各种机械设备和管道,牢固性差,应尽量编挂于列车中部或后部。

2. 客车

(1)客车编入货物列车回送时,客车编挂辆数不得超过20辆,应挂于列车中部或后部。

因客车与货车的车辆构造、车钩强度不同,对客车编入货物列车回送时的辆数予以限制,并限挂于列车中部或后部。

(2)装有密接式车钩的客车确需附挂货物列车回送时,不得超过10辆,其后编挂的其他车辆不得超过1辆。允许密接式车钩的客车后编挂1辆其他车辆,主要考虑便于尾部加挂货车列尾装置等因素。

(3)客车与平车、平集共用车以外的货车连挂时,不得与货车有人力制动机端连挂;当客车与平车、平集共用车人力制动机端连挂时,平车、平集共用车的人力制动机不得使用,处于非工作状态。

(4)军用及其他对编挂位置有特殊要求的客车,应根据特殊编挂要求,按有关规定办理。

3. 铁路救援起重机

铁路救援起重机回送前,回送单位应做好技术检查和整备工作。

(1)必须有编挂的调度命令。

(2)凡符合运输条件的一律挂于列车后部。

考虑到铁路救援起重机自重大、制动快,规定挂于列车后部以减轻列车制动时产生的纵向冲动。

(3)回送铁路救援起重机时,必须由机务段(出厂时由承修厂)负责技术检查,填写铁路救援起重机回送状态鉴定书,向车站办理回送手续。路外单位托运起重机前,应由铁路部门鉴定,无技术鉴定书时不能办理托运。

（4）铁路救援起重机回送限制速度按照表 2-7 规定执行，其他的按设计文件要求速度回送。

铁路救援起重机回送限制速度 　　　　　　　表 2-7

型号	名称	回送速度（km/h）
NS2000	200t 伸缩臂式铁路救援起重机	120
NS2000	吊臂平车	120
NS1600	160t 伸缩臂式铁路救援起重机（1680t·m）	120
NS1600	吊臂平车	120
NS1600	160t 伸缩臂式铁路救援起重机（1600t·m）	120
NS1600	吊臂平车	120
NS1601	160t 伸缩臂式铁路救援起重机	120
NS1601	吊臂平车	120
NS1602	160t 伸缩臂式铁路救援起重机	120
NS1602	吊臂平车	120
N1601	160t 固定臂式铁路救援起重机	85
N1601	吊臂平车	85
N1602	160t 固定臂式铁路救援起重机	85
N1602	吊臂平车	85
NS1601G	160t 伸缩臂式铁路救援起重机	120
NS1601G	吊臂平车	120
NS1602G	160t 伸缩臂式铁路救援起重机	120
NS1602G	吊臂平车	120
NS1251	125t 伸缩臂式铁路救援起重机	120
NS1251	吊臂平车	120
NS1252	125t 伸缩臂式铁路救援起重机	120
NS1252	吊臂平车	120
NS1001	100t 伸缩臂式铁路救援起重机	80
NS1001	吊臂平车	80
N1002	100t 固定臂式铁路救援起重机	80
N1002	吊臂平车	80
NS100G	100t 伸缩臂式铁路救援起重机	80
NS100G	吊臂平车	80

4. 超限货物车辆

超限货物车辆系指装载货物超出机车车辆限界的车辆。由于正常的行车组织方法和货物装载都是按照机车车辆限界确定的,如超出这个限界的范围,运行所需条件不同,有的可组织绕道运行,有的则需拆除运行线路上某些建筑物或技术设备。因此,编挂装载超限货物车辆时,应按国家和国铁集团规定或临时指示办理,必须有挂运调度命令。

5. 其他特种车辆

因特种车辆种类很多,有的又不是经常挂运,而挂运时每种车辆的任务不同,所以编挂的要求也不同,事先不宜做出统一的规定。因此,遇有挂运时,根据具体情况,按国家及国铁集团临时指示办理。

任务三　旅客列车中车辆的编挂

一、动车组列车的编挂

动车组由至少两节带牵引力的车辆(简称动车)和若干节不带牵引力的车辆(简称拖车)组成,动力分散,编组固定。动车组列车编挂应遵守以下规定:

(1)单组动车组运用状态下不得解编,两组短编组同型动车组可重联运行。在救援等特殊情况下,两组不同型号的动车组可重联运行。

(2)动车组禁止加挂各型机车车辆(无动力调车时的调车机、救援机车、无动力回送时的本务机车及回送过渡车除外)。

(3)动车组禁止编入其他列车。

(4)超过检修期限的动车组禁止上线运行(经车辆部门鉴定的回送动车组除外)。

(5)动车组列车司机室与旅客乘坐席间的门应锁闭。

二、动车组以外的旅客列车中车辆的编挂

动车组以外的旅客列车按列车编组表规定的车种、辆数、编挂位置编组。编组内容主要有软卧、硬卧、餐车、软座、硬座、行李车、邮政车、发电车等。

(1)隔离车的编挂。

为了保证旅客人身安全和行车安全,动车组以外的旅客列车机车后第一位编挂一辆未搭乘旅客的车辆作为隔离车。行李车、邮政车、发电车等非乘坐旅客的车辆应分别挂于机车后第一位和列车尾部,起隔离作用;在装设集中联锁的区段,并设有列车运行监控装置时,可不挂隔离车。如隔离车在途中发生故障摘下时,无隔离车可继续运行。铁路局集团公司管内旅客列

车经铁路局集团公司总经理批准,可不隔离。

(2)端门的加锁。

为保证旅客安全,旅客列车中乘坐旅客的车辆,与机车相连接的客车端门及编挂在列车尾部的客车后端门必须加锁。为避免动车组列车司机的工作受干扰,动车组列车驾驶室与旅客乘坐席间的门须锁闭。

(3)编挂车辆的限制。

①动车组以外的旅客列车、回送客车底不准编挂货车。

旅客列车、回送客车底运行速度高,安全条件要求比较严,牵引重量比较小,且货车每辆闸瓦压力比客车小,会使全列车制动力减弱,降低规定的运行速度,在列车制动时还会引起冲动。同时,部分动车组以外的旅客列车还要在高速铁路运行,安全要求高,所以规定所有旅客列车均不准编挂货车。

②编入的客车车辆最高运行速度等级必须符合该列车规定的速度要求。

编入低于列车规定速度要求的客车车时,势必影响列车正点运行,所以规定编入的客车车辆最高运行速度等级必须符合该列车规定的速度要求。

③装有密接式车钩的客车原则上应附挂动车组以外的旅客列车回送。

由于密接式车钩的客车构造等原因,在回送时原则上应附挂旅客列车回送。

(4)超过定期检修期限的客车车辆(经车辆部门鉴定的回送客车除外)禁止编入旅客列车。

超过了定期检修期限的客车车辆,由于超期运行,其各部技术状态可能会发生变化,直接威胁行车和人身安全。

三、列车编组顺序表的交接

动车组列车不办理编组顺序表交接。动车组以外的旅客列车编组顺序表交接实施电子化传递。特殊情况下采用纸质交接时,按以下规定办理:

(1)在始发站由车站人员按列车编组顺序表核对现车,确认无误后,与司机办理交接。

(2)当中途换挂机车时,到达司机与车站间、车站与出发司机间办理交接。当仅更换机车乘务组时,机车乘务组之间办理交接。

(3)在途中摘挂车辆时,车站负责修改列车编组顺序表。

(4)列车到达终到站后,司机与车站办理交接。

(5)车站与司机的交接地点均为机车停留位置。

任务四　列车尾部安全防护装置的作用及使用要求

列车尾部安全防护装置(简称列尾装置)是铁路的重要行车安全设备,是为提高铁路运输的安全性而研制的专用运输安全装置,设备应用计算机编码、无线遥控、语音合成、计算机处理技术,保证列车运行安全而设计生产的安全防护设备。列尾装置分为旅客列车列尾装置和货物列车列尾装置。

一、列尾装置的作用

列尾装置的作用包括如下:
(1)使机车乘务员掌握列车尾部风压,确认列车完整。
(2)当列车主管因泄漏等原因风压不足时,可直接向司机报警。
(3)当车辆折角塞门被意外关闭时,司机可直接操纵列尾装置,实现尾部排风,使列车制动停车。
(4)货物列车列尾装置起到列车尾部标志的作用,为接发列车人员确认列车完整提供依据。

二、列尾装置的使用要求

列尾装置的使用要求如下:
(1)动车组以外的旅客列车应安装列尾装置。在特殊情况下,无法安装或者使用列尾装置时,铁路局集团公司应制定具体办法,保证列车运行安全。
(2)半自动闭塞区段货物列车尾部必须加挂列尾装置,其他区段货物列车尾部宜加挂列尾装置。当货物列车尾部未挂列尾装置时,应以吊起尾部车辆软管代替尾部标志。尾部车辆软管的吊起,有列检作业的列车由列检人员负责,无列检作业的列车由车务人员负责。

半自动闭塞区间没有列车占用检查设备,列车是否完整到达接车站必须通过列尾装置来确定,因此规定半自动闭塞区段货物列车必须加挂列尾装置。其他区段应根据线路实际情况确定货物列车是否挂列尾装置。自动闭塞、自动站间闭塞区段不挂列尾装置时,如其中有个别区间为半自动闭塞时,为统一行车组织方式,货物列车在该区间可不挂列尾装置,但应有其他确认列车完整到达车站的方法。货物列车尾部未挂列尾装置时,为便于作业人员确认列车完整,规定以吊起尾部车辆软管代替尾部标志。对有列检作业的列车,因列检需进行列车自动制动机的试验等作业,为提高作业效率,规定尾部车辆软管的吊起,有列检作业的列车,由列检人员负责;对无列检作业的列车,则由车务人员负责。

(3)动车组以外的旅客列车列尾装置尾部主机的安装与摘解、风管及电源的连结与摘解,由车辆部门负责。货物列车列尾装置尾部主机的安装与摘解,由车务人员负责。

旅客列车列尾装置尾部主机装备在客车车厢内,由车辆部门统一管理,规定列车尾部主机的安装与摘解、风管及电源的连结与摘解,由车辆部门负责。

为统一货物列车列尾装置的使用和管理,规定货物列车列尾装置尾部主机的安装与摘解,由车务人员负责。列尾装置尾部主机安装好后,对有列检作业的列车,因列检需要进行列车自动制动机的试验等作业,尾部软管不能立即与列尾装置尾部主机连结,为提高作业效率,减少列尾装置作业人员的等待时间,规定尾部主机软管的连结,有列检作业的列车,由列检人员负责。对无列检作业的列车,尾部主机软管的连结,则由车务人员负责。有特殊情况时,货物列车列尾装置尾部主机安装、摘解等作业执行铁路局集团公司的规定。

(4)列尾装置在使用前,应按规定进行检测,合格后方可投入运用。

列尾装置是保障列车安全运行的重要设备,应保证其在运用中保持良好的技术状态。为此,在使用前,列尾设备的管理维护部门必须按规定进行检测,合格后方可投入运用。严禁检测不合格的列尾设备投入运用。

任务五　列车中机车的编挂与单机挂车

一、工作机车的编挂

1. 使用一台工作机车时

工作机车应挂于列车头部,正向运行。因为机车在设计和制造时,其技术性能和作业条件主要是按正向运行考虑的。这便于乘务员瞭望,又能充分发挥机车的最大牵引效能。但无转向设备或担当小运转、路用、救援列车的机车,因客观条件限制或工作性质的需要,允许逆向运行。

2. 使用双机或多机时

当使用双机或多机牵引时,为保证列车运行安全,第一位机车担当本务机车,负责操纵列车;第二位及以后的机车应根据本务机车的要求进行操纵。

3. 使用补机时

补机原则上挂于本务机车的前位或次位,以便于联系、配合,防止发生挤坏车辆或拉断车钩。如补机挂于列车头部，所属补机也应该执行本务机车的职务。这样有利于司机瞭望和操纵列车，对列车平稳运行，防止事故均有好处。

在特殊区段或补机需途中返回时，经铁路局集团公司批准，可将补机挂于列车后部，但应接通软管，加强相互间的联系与配合，做到同步操作以及列车平稳运行，保证列车安全。对需要途中返回的补机（包括越过一个区间），可不连结软管，以避免区间停车摘管造成列车起动困难或降低通过能力，其行车办法和安全措施执行铁路局集团公司的规定。

二、回送机车的编挂

机车因配属、调拨或入厂、段检修以及检修完毕后返回本段等原因，产生机车回送。回送机车的编挂要求如下：

（1）为了充分利用区间通过能力，铁路局集团公司所属的内燃机车在保证供给燃料的情况下，应尽量由动力附挂货物列车回送。为保证电力机车回送安全，电力机车跨交路区段回送时，考虑到接触网、LKJ数据以及司机对线路的熟悉程度，原则上采用无动力方式；电力机车在本机车交路区段内回送，不做统一规定。

（2）回送机车在乘务交路区段以外单机运行时，因为乘务员不熟悉该区段线路的坡道、曲线及有关行车设备情况，所以必须由担任该区段机车运用的机务段派出带道人员添乘，以确保列车安全正点。

（3）铁路局集团公司所属的机车附挂回送时，原则上附挂货物列车；走行部和制动装置良好的客运机车（出入厂、段的修程机车除外）需附挂旅客列车回送，主要考虑此种情况安全能够保证，有利于提高机车回送效率，附挂旅客列车跨局回送时，按国铁集团调度命令办理。

（4）回送机车应采取挂于本务机车次位的方式（重联机车牵引时为重联机车次位）。因为机车重量大，如挂于列车中部或后部，在列车制动时，容易加剧冲动。遇列车紧急制动时，还可能将其前位的车辆挤坏，所以应挂于本务机车（重联机车）次位。

（5）受机车制动条件限制，20‰及以上坡道的区段，禁止办理机车专列回送。

三、单机挂车

单机是指未挂车辆而在线路上运行的机车。单机挂车是指掌握机车运用的调度人员，为充分利用机车动力、加速车辆周转，利用顺路单机连挂车辆的一种作业。

因单机运行在防护、瞭望、交接等方面存在诸多不便，同时考虑单机运转时分、机车运用情况等因素，单机挂车的辆数，在线路坡度不超过12‰的区段，以10辆为限；在线路坡度超过

12‰的区段,执行铁路局集团公司的规定。

单机挂车时,应遵守下列规定:

(1)所挂车辆的自动制动机作用必须良好,发车前列检(无列检时由车站发车人员)按规定进行制动试验。

为了保证单机运行时有足够的闸瓦压力,全部车辆的自动制动机作用必须良好,不准编挂关门车。发车前列检人员(无列检时由车站发车人员)应按规定进行制动试验。

(2)连挂前按规定彻底检查货物装载状态,并将列车编组顺序表和货运单据交与司机。

为了保证货物在运行途中的完整和行车安全,明确交接责任,连挂前必须彻底检查货物装载状态,并将列车编组顺序表和货运票据交与司机。

(3)在区间被迫停车后的防护工作由机车乘务组负责,开车前应确认附挂辆数和制动主管贯通状态是否良好。

为保证行车安全,明确职责,区间被迫停车的防护工作,以及附挂车辆有无脱钩和关闭折角塞门等情况,均由机车乘务组负责。机车乘务组于开车前应确认附挂辆数,制动主管贯通状态是否良好。

(4)列车调度员应严格掌握,不得影响机车固定交路和乘务员劳动时间。

对单机挂车要严格控制,要求列车调度员应严格掌握,不得因单机挂车影响机车固定交路和使乘务员超过劳动时间。

(5)单机不准挂装载爆炸品、超限货物的车辆。

鉴于爆炸品危险性较大,运行上要求隔离,超限货物在运行条件上有很多限制,司机在进行乘务工作的同时难以全面照顾,因而规定单机挂车不准挂装载爆炸品、超限货物的车辆。

(6)单机挂车时,可不挂列尾装置。

单机挂车时因所挂车辆较少,且开行单机车次,因此可不挂列尾装置。在这种情况下,车站接发列车时,应制定确认列车完整到达的办法,并于发车后通知邻站,以确保运行安全。

任务六　列车制动限速及其编组要求

一、动车组以外的机车、车辆换算闸瓦压力计算

动车组以外的机车、车辆换算闸瓦压力按照表2-8、表2-9中规定计算。

机车计算重量及每台换算闸瓦压力 表 2-8

种类	机型	计算重量(t)	换算闸瓦压力(kN)
电力机车	SS3、SS6	138	700
	SS1	138	830
	SS3B、SS6B	138	680
	SS4	184	900
	SS7	138	1100
	SS7E、SS9	126	770
	SS8	90	520
	DJ1	184	1120
	6K	138	780
	8G、8K	184	880
	HXD1B、HXD2B、HXD3B	150	680(240)
	HXD1C、HXD2C、HXD3、HXD3C	138/150	680(240)
	HXD1D、HXD3D	126	790(280)
内燃机车	DF4、DF5、DF7、DF8、DF11	138	680
	DF11G、DF11Z	145	770
	DF7B、DF7C、DF7D	138	680
	DF8B	150	900
	BJ	90	680
	ND5	135	800
	HXN5、HXN3	150	680(240)
	NJ2	138	620(220)

注:1. 表中为按铸铁闸瓦换算闸瓦压力。
2. 新型机车根据 120km/h 速度下紧急制动距离在 1100m 以内的要求计算,括弧内为按 H 高摩合成闸瓦换算闸瓦压力。

车辆换算闸瓦压力 表 2-9

种类	车型		每辆换算闸瓦压力(kN)		
			自动制动机列车主管压力(kPa)		人力制动机
			500	600	
客车	普通客车(120km/h)	(踏面制动)		(350)	(80)
	新型客车(盘形制动,120km/h、140km/h、160km/h)	120km/h	自重41~45t		137(412)	13
			自重46~50t		147(441)	
			自重51~55t		159(477)	
			自重≥56t		173(519)	
		双层			178(534)	13
		140km/h 及 160km/h	自重41~45t		146(438)	13
			自重46~50t		156(468)	
			自重51~55t		167(501)	
			自重≥56t		176(528)	

续上表

种类	车型		每辆换算闸瓦压力(kN)		
			自动制动机列车主管压力(kPa)		人力制动机
			500	600	
货车	特快货物班列中的车辆(盘形制动,160km/h)			180(540)	13
货车	快速货物班列中的车辆(18t轴重)	重车位		140	40
		空车位		55	40
	普通货车(21t轴重)	重车位	145	165	40
		空车位	60	70	40
货车	普通货车(23t轴重)	重车位	160	180	40
		空车位	65	75	40
	重载货车(25t轴重)	重车位	170	195	50
		空车位	70	80	50

注:1. 按 H 高摩合成闸瓦换算闸瓦压力计算,括弧内为按铸铁闸瓦换算闸瓦压力计算。
  2. 空重车自动调整装置的空重位压力比为1:2.5;对装有空重车手动调整装置的车辆,当车辆总重(自重+载重)达到40t时,按重车位调整。
  3. 旅客列车、特快及快速货物班列自动制动机主管压力为600kPa;其他列车为500kPa。长大下坡道区段货物列车及重载货物列车的自动制动机主管压力,由铁路局集团公司根据管内相关试验结果和列车实际操纵需要可提高至600kPa;遇机车换挂需将自动制动机列车主管压力由600kPa改为500kPa时,摘机前应对列车主管实施一次170kPa的最大减压量操纵。
  4. 快运货物班列车辆和货车以外的其他车辆,在列车主管压力为500kPa时的闸瓦压力,按600kPa时的闸瓦压力的1:1.15换算。

二、动车组以外的列车制动限速表

  计算制动距离800m的普通货物列车(计长88.0及以下列车)按表2-10规定;计算制动距离1400m的120km/h货物列车按表2-11规定;快速货物班列按表2-12规定。普通旅客列车按表2-13规定;140km/h旅客列车按表2-14规定;160km/h旅客列车按表2-15规定。列车下坡道制动限速随下坡道千分数的增加而递减,坡道每增加1‰,限速减少1km/h左右。

普通货物列车制动限速表(km/h)   表2-10

(计算制动距离800m,H 高摩合成闸瓦/L 低摩合成闸瓦)

v \ i \ P	每百吨列车重量(机车除外)的换算闸瓦压力 P(kN)													
	100	120	140	160	180	200	220	240	260	280	300	320	340	360
0	78/55	83/59	88/63	94/66	/69	/72	/75	/78	/81	/83	/85	/87	/89	/91
1	76/53	81/57	87/61	93/64	/67	/71	/74	/77	/80	/82	/84	/86	/88	/90
2	75/52	80/56	86/60	92/63	/66	/70	/73	/76	/79	/81	/83	/85	/87	/89
3	74/51	79/55	85/58	91/61	/65	/69	/72	/75	/78	/81	/83	/85	/87	/89
4	73/49	78/53	84/57	90/60	95/64	/68	/71	/74	/77	/80	/82	/84	/86	/88
5	72/48	77/52	83/55	89/59	94/63	/67	/70	/73	/76	/79	/81	/83	/85	/87

续上表

v\P\i	每百吨列车重量（机车除外）的换算闸瓦压力(kN)												
	100	120	140	160	180	200	220	240	260	280	300	320	340	360
6	71/46	76/50	82/54	88/58	93/62	/66	/69	/72	/75	/78	/80	/82	/84	/86
7	70/44	75/48	81/52	87/56	92/60	/64	/67	/71	/74	/77	/80	/82	/84	/86
8	69/43	74/47	80/51	86/55	91/59	/63	/67	/70	/73	/76	/79	/81	/83	/85
9	68/41	73/46	79/50	85/54	90/58	/62	/66	/69	/72	/75	/78	/80	/82	/84
10	67/39	72/44	78/49	84/53	89/57	95/61	/65	/68	/71	/74	/77	/79	/81	/83
11	65/37	70/42	76/47	82/51	87/55	93/60	/64	/67	/70	/73	/76	/78	/80	/82
12	64/36	69/41	75/45	81/50	86/54	92/59	/63	/66	/69	/72	/75	/77	/79	/81
13	63/34	68/39	74/43	80/48	85/53	91/58	/62	/65	/68	/71	/74	/76	/78	/80
14	61/32	67/37	72/42	78/47	84/52	90/57	/61	/64	/67	/70	/73	/75	/77	/79
15	60/31	66/36	71/41	77/46	83/51	89/55	95/59	/63	/67	/70	/72	/74	/76	/78
16	59/30	65/35	70/40	76/45	82/50	88/54	94/58	/62	/66	/69	/71	/73	/75	/77
17	58/28	64/33	69/38	75/43	81/48	87/53	93/57	/61	/65	/68	/70	/73	/75	/77
18	56/27	62/32	68/37	74/42	80/47	86/52	92/56	/60	/64	/67	/70	/72	/74	/76
19	55/26	61/31	67/36	73/41	79/46	85/50	91/55	/59	/63	/66	/69	/71	/73	/75
20	54/24	60/29	66/34	72/39	78/44	84/49	90/54	95/58	/62	/65	/68	/71	/73	/75

注：1. 根据表 2-9 普通货物列车最高速度为 90km/h 时，每百吨列车重量按 H 高摩合成闸瓦换算闸瓦压力不得低于 150kN。

2. 列车装备条件：H 高摩合成闸瓦/L 低摩合成闸瓦。

3. 对于超过 20‰ 的下坡道，铁路局集团公司应根据实际试验规定，对列车制动限速表作出规定。

4. i 为下坡道千分数，单位为‰；P 为每百吨列车重量的换算闸瓦压力，单位为 kN；v 为货物列车制动限速，单位为 km/h。

5. 适用计长 88.0 及以下、速度 90km/h 及以下的货物列车（快速货物班列除外）。

120km/h 货物列车制动限速表（km/h）　　表 2-11
（计算制动距离 1400m，H 高摩合成闸瓦）

v\P\i	每百吨列车重量（机车除外）的换算闸瓦压力(kN)						
	140	150	160	170	180	190	200
0	120	—	—	—	—	—	—
1	119	—	—	—	—	—	—
2	118	—	—	—	—	—	—
3	117	—	—	—	—	—	—
4	115	119	—	—	—	—	—
5	114	118	—	—	—	—	—
6	113	117	—	—	—	—	—
7	112	116	119	—	—	—	—
8	110	114	118	—	—	—	—
9	109	113	117	—	—	—	—
10	108	112	116	119	—	—	—
11	106	110	114	117	—	—	—

续上表

v\P\i	每百吨列车重量(机车除外)的换算闸瓦压力(kN)						
	140	150	160	170	180	190	200
12	105	109	113	116	—	—	—
13	104	108	112	115	—	—	—
14	102	106	110	114	117	—	—
15	101	105	109	113	116	—	—
16	100	104	108	112	115	—	—
17	98	102	106	110	114	—	—
18	97	101	105	109	113	116	—
19	96	100	104	108	112	115	—
20	95	99	103	107	111	114	117

注:1. 根据表2-9普通货物列车最高速度120km/h时,每百吨列车重量按H高摩合成闸瓦换算闸瓦压力不得低于150kN。
2. 由于制动热负荷限制,最高速度不超过120km/h。
3. 本表中的闸瓦压力为按照H高摩合成闸瓦的换算闸瓦压力。
4. i 为下坡道千分数,单位为‰;P 为每百吨列车重量的换算闸瓦压力,单位为kN;v 为货物列车制动限速,单位为km/h。
5. 适用计长88.0及以下、速度120km/h的货物列车(快速货物班列除外)。

快速货物班列制动限速表(km/h)　　　　表2-12

(计算制动距离1100m,H高摩合成闸瓦,30辆以下编组,18t轴重)

v\P\i	每百吨列车重量(机车除外)的换算闸瓦压力(kN)							
	130	140	150	160	170	180	190	200
0	106	109	113	116	119	—	—	—
1	105	108	112	115	118	—	—	—
2	104	107	111	114	117	—	—	—
3	103	106	110	113	116	119	—	—
4	102	105	109	112	115	118	—	—
5	100	103	107	111	114	117	120	—
6	99	102	106	110	113	116	119	—
7	98	101	105	109	112	115	118	—
8	97	100	104	108	111	114	117	—
9	96	99	103	107	110	113	116	119
10	94	98	101	105	108	111	115	118
11	93	97	100	104	107	110	114	117
12	92	96	99	103	106	109	113	116
13	91	95	98	102	105	109	112	115
14	90	94	97	101	104	108	111	114

续上表

v\P\i	130	140	150	160	170	180	190	200
15	88	92	95	99	103	107	110	113
16	87	91	94	98	102	106	109	112
17	86	90	94	98	101	105	108	111
18	85	89	93	97	100	104	107	110
19	84	88	92	96	99	103	106	109
20	82	86	90	94	98	102	105	108

表头:每百吨列车重量(机车除外)的换算闸瓦压力(kN)

注:1. 根据表 2-9 快速货物班列最高速度 120km/h 时,每百吨列车重量按 H 高摩合成闸瓦换算闸瓦压力不得低于 175kN。

2. 由于制动热负荷限制,最高速度不超过 120km/h。

3. 本表中的闸瓦压力为按照 H 高摩合成闸瓦的换算闸瓦压力。

4. i 为下坡道千分数,单位为‰;P 为每百吨列车重量的换算闸瓦压力,单位为 kN;v 为货物列车制动限速,单位为 km/h。

120km/h 旅客列车制动限速表(km/h)　　　　表 2-13
（计算制动距离 800m,高磷铸铁闸瓦）

v\P\i	500	520	540	560	580	600	620	640	660	680	700	720	740	760
0	106	107	109	110	111	112	113	114	115	116	117	118	119	120
1	105	107	108	109	110	111	113	114	115	116	117	118	118	119
2	105	106	107	109	110	111	112	113	114	115	116	117	118	118
3	104	105	107	108	109	110	111	112	114	115	116	117	117	118
4	103	105	106	107	109	110	111	112	113	114	115	116	117	117
5	102	104	106	107	108	109	110	111	112	113	114	115	116	116
6	102	104	105	106	107	109	110	111	112	113	114	115	116	116
7	101	103	104	106	107	108	109	110	111	112	113	114	115	115
8	100	102	103	105	106	107	109	110	111	112	113	114	115	115
9	99	101	102	104	105	107	108	109	110	111	112	113	114	114
10	98	100	102	103	104	106	107	109	110	111	112	112	113	113
11	97	99	101	103	104	105	107	108	109	110	111	112	113	113
12	97	99	101	102	103	105	106	107	109	110	111	111	112	112
13	96	98	100	102	103	104	106	107	108	109	110	111	112	112
14	96	98	100	101	102	104	105	106	107	108	109	110	111	111
15	95	97	99	101	102	103	105	106	107	108	109	110	111	111
16	95	97	99	100	101	103	104	105	106	107	108	109	110	110
17	94	96	98	100	101	102	103	105	106	107	108	109	109	110
18	94	96	98	99	100	102	103	104	105	106	107	108	108	109

表头:每百吨列车重量的换算闸瓦压力(kN)

续上表

v\P\i	每百吨列车重量的换算闸瓦压力(kN)													
	500	520	540	560	580	600	620	640	660	680	700	720	740	760
19	93	95	97	99	100	101	102	103	104	105	106	107	108	109
20	93	95	97	98	99	100	101	102	103	104	105	106	107	108

注:1. 每百吨列车重量的闸瓦压力低于760kN需限速运行。例如,22型客车(踏面制动)编成列车在每百吨列车重量的闸瓦压力660kN条件下的制动限速为115km/h。

2. 对于超过20‰的下坡道,铁路局集团公司应根据实际试验,对列车制动限速作出规定。

3. i为下坡道千分数,单位为‰;P为每百吨列车重量的换算闸瓦压力,单位为kN;v为旅客列车制动限速,单位为km/h。

4. 本表每百吨列车重量的换算闸瓦压力计算包括机车。

140km/h旅客列车制动限速表(km/h) 表2-14
(计算制动距离1100m,盘形制动)

v\P\i	每百吨列车重量的换算闸瓦压力(kN)							
	230	240	250	260	270	280	290	300
0	138	140	—	—	—	—	—	—
1	137	139	—	—	—	—	—	—
2	136	138	—	—	—	—	—	—
3	135	137	140	—	—	—	—	—
4	135	137	139	—	—	—	—	—
5	134	136	138	—	—	—	—	—
6	133	135	137	140	—	—	—	—
7	132	134	136	139	—	—	—	—
8	132	134	136	139	—	—	—	—
9	131	133	135	138	—	—	—	—
10	130	132	134	137	140	—	—	—
11	129	131	133	136	139	—	—	—
12	128	130	132	135	138	—	—	—
13	128	130	132	134	137	140	—	—
14	127	129	131	133	136	139	—	—
15	126	128	130	132	135	138	—	—
16	125	127	129	131	134	137	140	—
17	125	127	129	131	134	137	139	—
18	124	126	128	130	133	136	139	—
19	123	125	127	129	132	135	138	—
20	122	124	126	128	131	134	137	139

注:1. 新型客车(盘形制动)每百吨列车重量按高摩合成闸片换算闸瓦压力应在275kN以上。

2. 对于超过20‰的下坡道,铁路局集团公司应根据实际试验,对列车制动限速作出规定。

3. i为下坡道千分数,单位为‰;P为每百吨列车重量的换算闸瓦压力,单位为kN;v为旅客列车制动限速,单位为km/h。

4. 本表每百吨列车重量的换算闸瓦压力计算包括机车。

160km/h 旅客列车制动限速表(km/h) 表 2-15
（计算制动距离 1400m，盘形制动）

i \ P	230	240	250	260	270	280	290	300	310
0	155	158	160	—	—	—	—	—	—
1	154	157	159	—	—	—	—	—	—
2	153	156	159	—	—	—	—	—	—
3	152	155	158	160	—	—	—	—	—
4	151	154	157	159	—	—	—	—	—
5	150	153	156	159	—	—	—	—	—
6	149	152	155	158	160	—	—	—	—
7	148	151	154	157	159	—	—	—	—
8	147	150	153	156	159	—	—	—	—
9	146	149	152	155	158	160	—	—	—
10	146	149	152	155	157	159	—	—	—
11	145	148	151	154	156	159	—	—	—
12	144	147	150	153	155	158	160	—	—
13	143	146	149	152	155	157	159	—	—
14	142	145	148	151	154	156	158	—	—
15	141	144	147	150	153	155	157	160	—
16	140	143	146	149	152	154	157	159	—
17	139	142	145	148	151	154	156	159	—
18	138	141	144	147	150	153	155	158	160
19	137	140	143	146	149	152	154	157	159
20	137	140	143	146	149	151	153	156	158

注：1. 新型客车（盘形制动）每百吨列车重量按高摩合成闸片换算闸瓦压力应在 275kN 以上。
2. 对于超过 20‰ 的下坡道，铁路局集团公司应根据实际试验，对列车制动限速作出规定。
3. i 为下坡道千分数，单位为‰；P 为每百吨列车重量的换算闸瓦压力，单位为 kN；v 为旅客列车制动限速，单位为 km/h。
4. 本表每百吨列车重量的换算闸瓦压力计算包括机车。
5. 本表也适用特快货物班列。

三、货物列车中关门车的编挂

关门车是指为保证列车内货物的运输安全或因车辆制动系统故障而关闭制动支管上截断塞门，使自动制动机失去制动作用的车辆。

为保证货物列车在实施制动时有足够的闸瓦压力，以确保货物列车在规定的制动距离内停车，货物列车中的机车和车辆的自动制动机，均应加入全列车的制动系统。编挂关门车时，应满足货物列车每百吨列车重量闸瓦压力不低于规定的最低数值。

1. 关门车的编挂数量

货物列车中因装载的货物规定需停止制动作用的车辆，以及自动制动机临时发生故障的车辆,准许关闭截断塞门,但列检作业场所在站编组始发的列车中,不得有制动故障关门车。若编入列车的关门车数不超过现车总辆数的6%(尾数不足一辆,可按四舍五入计算)时,可不计算每百吨列车重量的换算闸瓦压力,不填发制动效能证明书;若编入列车的关门车数超过现车总辆数的6%时,必须按《技规》的规定计算闸瓦压力,并填发制动效能证明书交与司机。

2. 关门车编挂位置

为保证列车在紧急制动时,能确保货物列车及时发生紧急制动作用,货物列车对关门车的编挂位置也必须严格限制:

(1)关门车不得挂于机车后部3辆车之内。

列车能否形成紧急制动,取决于列车制动主管的减压速度。机车后部3辆车之内编挂关门车,虽能通风,但进行紧急制动时,由于风管路长,不能产生或延迟紧急制动作用,从而延长了制动距离,容易发生危险。

(2)列车中连续连挂不得超过2辆。

当列车制动时,在列车尚未停轮前,各车辆之间产生瞬间冲动、冲挤现象,关门车本身不制动,冲挤比较激烈,如关门车连续连挂过多,就很有可能因制动冲挤而造成脱轨、断钩、脱钩等事故,故连续连挂以2辆为限。

(3)列车最后1辆不得为关门车,列车最后第2、第3辆不得连续关门。

列车最后1辆不得为关门车,列车最后第2、第3辆不得连续关门,是为了保证一旦尾部车辆脱钩后,脱钩车辆能够自动停车。

(4)对于不适于连挂在列车中部但走行部良好的车辆,经列车调度员准许,可挂于列车尾部,以1辆为限;当该车辆的自动制动机不起作用时,需要由车辆人员采取安全措施,保证不致脱钩。

当车辆发生制动主管故障、通风不良、车钩故障等情况,但转向架技术状态良好时,考虑到对全列车制动作用的不利影响,不适于连挂在列车中部的车辆,在必要时可挂于列车尾部,此时对全列车制动作用的影响最小。如车辆的自动制动机不起作用时,必须对该车及相邻车辆连结的车钩采取防止车钩分离的安全措施,保证不发生车钩分离。

四、旅客列车、特快货物班列遇关门车的处理

旅客列车、特快货物班列不准编挂关门车。在运行途中(包括在站折返)如遇自动制动机临时故障,在停车时间内不能修复时,准许关闭1辆,但为避免列车尾部纵向冲动过大,并防止列车最后一辆车分离后溜逸,规定列车最后1辆不得为关门车。120km/h速度等级及编组小于8辆的140km/h、160km/h速度等级列车按规定关门时,需要限速运行,车辆乘务员必须向司机递交限速证明书。

五、编有货车的军用列车、路用列车编挂关门车的规定

编有货车的军用列车、路用列车编挂关门车时,除有特殊规定外,执行货物列车的规定。

六、列车紧急制动距离限值

列车紧急制动距离是指列车由开始使用紧急制动至完全停止的距离。在任何坡道上,列车紧急制动距离均应满足表2-16的规定,因此,在下坡道上制动能力不足时,有必要根据相应的制动限速表限定列车运行速度。

列车紧急制动距离限值　　　　　　　表2-16

列车类型	制动初速度(km/h)	紧急制动距离限值(m)
动车组	120	800
	160	1400
	200	2000
	250	3200
	300	3800
	350	6500
动车组以外的旅客列车	120	800
	140	1100
	160	1400
特快货物班列	160	1400
快速货物班列	120	1100
货物列车(货车轴重<25t,快速货物班列除外)	90	800
	120	1400
货物列车(货车轴重≥25t)	100	1400

任务七　列车中车辆连挂、检查及修理

一、列车中车辆的摘挂

1. 连挂状态的确认

编组列车需要确认机车车辆之间的连接状态。

列车中相互连挂的车钩中心水平线的高度差(简称车钩的高度差)不得超过75mm。车钩中心线距轨面最高为890mm、最低为815mm,车钩的高度差是由两者之差定出的。

测量两车钩中心水平线高度差的方法如图2-1所示。当两车钩的高度差超过75mm时,必须查明原因,进行调整。无法调整时,应将该车摘下。

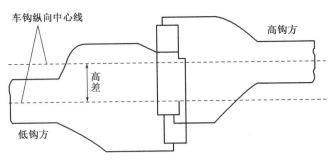

图 2-1 车钩中心水平线高度差示意图

2. 摘挂分工

车辆的摘挂包括车钩、软管、电气连接线等在内的连挂与摘解工作。

(1) 列车中车辆的连挂,由调车作业人员负责。对于软管的连结,有列检作业的始发列车由列检人员负责;无列检作业的列车,由调车作业人员负责。

(2) 动车组采用机车调车作业时,随车机械师或动车段(所)胜任人员负责过渡车钩和专用风管的安装与拆卸、电气连接线的连结与摘解并打开车门,调车人员负责车钩连结与摘解、软管摘解。

(3) 动车组无动力回送或被救援时,过渡车钩、专用风管的安装与拆卸由随车机械师负责,司机配合。

(4) 动车组以外的列车中机车与车辆之间车钩连挂、软管(制动软管)及电气连接线摘解的工作分工:

①机车与第一辆车的车钩连挂分工:由机车乘务员负责。但是,遇单班单司机值乘的,由列检人员负责;无列检作业的列车,由车辆乘务员负责;无车辆乘务员的列车,由车站工作人员负责。

②机车与列车第一辆车的车钩摘解分工:由列检人员负责。无列检作业的列车,由机车乘务员负责;遇单班单司机值乘的,由车辆乘务员负责;无车辆乘务员的,由车站工作人员负责。

③机车与第一辆车的软管摘解、连结分工:由列检人员负责。无列检作业的列车,软管摘解由机车乘务员负责;单班单司机值乘的,由车辆乘务员负责;无车辆乘务员的,由车站工作人员负责;软管连结由车辆乘务员负责,无车辆乘务员的列车,由机车乘务员负责,单班单司机值乘的由车站工作人员负责。

④双机挂车或多机挂车:机车重联时,车钩的摘挂及软管的摘解工作,均由前位机车乘务组负责,如 3 台机车重联,2、3 两台间由第 2 台机车负责,以此类推。

⑤机车与第一辆车电气连接线的连结与摘解分工:电气连接线是对旅客列车而言的,其摘解由客列检作业人员负责;无客列检作业人员时,由车辆乘务员负责。

⑥本务机车在车站调车:货物列车本务机车在车站进行调车作业时,无论单机或带有车辆,与本列的车辆连挂,车钩的摘挂和软管摘解工作,均由调车作业人员负责。

⑦动车组以外的列车在途中摘挂车辆:动车组以外的旅客列车在途中因故摘挂车辆时,车辆车钩的摘挂和软管摘解,由调车作业人员负责;密封风挡和电气连接线的连结与摘解,由车辆乘务员负责;其他由客列检作业人员负责;无客列检作业人员时,由车辆乘务员负责,必要时应打开相应车门,以便调车作业。

⑧装有密接式车钩的客车车辆摘挂:过渡车钩的安装和拆卸均由客列检人员负责;无客列

检作业人员时,由车辆乘务员负责。

⑨列车机车连挂动车组:机车与动车组连挂时,须加装过渡车钩,机车与过渡车钩的连结与摘解、软管摘解、电气连接线的连结与摘解,由随车机械师负责。

(5)动车组以外的列车到达车站停车时,机车乘务员必须使列车保持制动状态。摘开机车前,有关作业人员必须确认列车停妥、车列保持制动状态后,方可摘解软管和提钩摘车。若需要采取其他防溜措施时,按有关规定办理。

(6)动车组重联时,被控动车组应退出占用,主控动车组使用调车模式与被控动车组连接。动车组解编操作时,主控动车组转换为调车模式后,应一次移动 5m 以上方可停车。

二、列检作业的要求

铁路局集团公司必须在列车运行图技术资料中明确货物列车在列检作业场的作业性质,列检、动态检查作业场应按规定的列车技术检查方式、检查范围和质量标准,有计划地进行列检作业,保证列检作业的列车符合规定的质量标准。列检作业具体要求如下:

(1)对到达列车不能在列车中修复的故障应摘车修理,对始发列车、中转列车的故障尽量组织不摘车修理,减少摘车临修,维护车辆质量,保证行车安全。

(2)对现场有列检技术作业的货物列车,应按规定检查范围和质量标准检查、修理,根据劳动组织要求,按实际配备故障专修组,检查与修理应有分工,现场检查与修理应平行作业。

(3)列检作业场对不停车技术作业的货物列车实行动态检查,当发现配件丢失及影响行车安全的重点故障时,应与运输部门联系,利用换乘、换挂时间组织快速处理;对不停车及无站停处理故障时间的,按规定拦停处理,其他故障向列车运行方向的下一个列检作业场进行预报。

(4)为加速车辆周转,应充分利用技检时间和车辆停站时间,组织不摘车修,保证列车按列车运行图规定发车,列检作业应在规定的时间内完成,并保证列车符合技术质量标准。

(5)为确保沿途故障车辆得到及时抢修恢复运用,应设置铁路货车运用故障诊断指导组,运用铁路货车安全防范系统等设备,对管辖区域内的车辆故障进行及时的诊断、处置指导及处置结果的确认。

(6)为确保无列检作业场车站始发的货物列车运行安全,列车调度员应在途经第一个列检作业场安排列车停车进行列检技术作业。对长期不经列检进行停车技术作业的固定编组、循环使用车组,铁路局集团公司应按照列检安全保证距离的要求,制定上述车组的列车技术作业办法;跨局运行时由相邻铁路局集团公司联合制定。

(7)动车组运行(含回送)途中不进行客列检作业。

三、车辆主要部件的质量要求

车辆编入列车应达到运用状态。下列主要部件,应作用良好,并符合质量要求。

1. 转向架

(1)轮对、轴承、摇枕、侧架(构架)、弹簧、吊轴、制动盘。

（2）同一转向架旁承游间左右之和（弹性旁承及旁承承载结构的除外），客车为2~6mm，货车为2~20mm；常接触式旁承上下无间隙。

（3）车辆轮对允许限度应符合表2-17的要求。

车辆轮对允许限度　　　　　　　　　　　　　　　　　　　　表2-17

项目			允许限度(mm)	
			客车	货车
车轮轮辋厚度	客车各型		≥25	
	货车	无辐板孔		≥23
		有辐板孔		≥24
车轮轮缘厚度			≥23	≥23
车轮轮缘垂直磨耗(接触位置)高度			≤15	≤15
车轮踏面擦伤及局部凹下深度	滚动轴承		本属客车出库≤0.5 外属客车出库≤1 途中运行≤1.5	≤1
	滑动轴承			≤2
车轮踏面剥离长度	滚动轴承	一处时	≤30	≤50
		二处时(每一处)	≤20	≤40
	滑动轴承	一处时		≤70
		二处时(每一处)		≤60
车轮踏面圆周磨耗深度			≤8	≤8

2. 制动机

自动制动机、人力制动机和货车的自动制动机空重车调整装置应状态良好、位置正确，制动梁及吊、各拉杆、杠杆无裂损。

制动缸活塞行程按表2-18规定。

制动缸活塞行程　　　　　　　　　　　　　　　　　　　　　表2-18

项目名称			允许限度(mm)	备注	
装有自动间隙调整器的复式闸瓦客车			175~205		
装有ST1-600型闸调器的复式闸瓦客车			180~200		
装有闸调器的单式闸瓦货车	356×254制动缸	空车位	115~135	未装闸调器(mm)	85~135
		重车位	125~160		110~160
	305×254制动缸	空车位	145~165		
		重车位	145~195		
	254×254制动缸	空车位	145~165		
		重车位	145~195		
	203×254制动缸	空车位	115~145		
		重车位	125~160		
装有闸调器的复式闸瓦货车	B21、B22-1型车	空车位	120~130		
		重车位	150~160		
	B19、B22-2、B23型车		130~150	不分空重车位	

3. 钩缓装置

车钩、尾框、从板座、缓冲器无裂损。车钩中心水平线至钢轨顶面高度按表2-19规定。

车钩中心水平线至钢轨顶面高度　　　　　表2-19

项目	车种	高度(mm)
最大	客车、货车	890
最小	空货车	835
最小	客车	830
最小	重货车	815

4. 车底架

车底架的中梁、侧梁、枕梁、端梁无裂损，罐体卡带无裂损、无松动，罐体无泄漏。车体异状允许限度按表2-20规定。

车体异状允许限度　　　　　表2-20

项目	允许限度(mm)		
	客车	货车	
		空	重
中梁、侧梁在枕梁间弯曲下垂	—	40	80
敞车车体胀出	—	80	150
车体倾斜	50	75	

四、车辆技术状态不良时的处理

（1）列车在有列检作业场的车站，列检人员发现技术不良车辆时，应尽量在列车中修复。如果在技检时间内不能修复时，应及时通知列检值班员与车站办理扣修手续，将技术状态不良的车辆送往站修作业场或指定的地点修理。

（2）列车在其他车站，列检人员发现车辆技术状态不良，但因特殊情况不能摘下时，如能确保行车安全，经车辆调度员同意，可回送到指定地点进行施修。

五、车辆定期检修

（1）运用中的车辆，应按规定的定期检修周期进行检修。客车由配属车辆段按规定自行掌握扣修；货车检修周期到期、过期的车辆，由列检作业场按规定办理扣修（包括重车插票）。

（2）为保证按计划检修车辆，缩短修车时间，加速车辆周转，车站与车辆段双方签订取送车协议。车站应按协议规定，将取送车辆计划纳入车站日班计划。车辆段扣修车辆时，应及时办理手续。

(3)车辆段调度员和列检值班员,要经常掌握扣修车辆情况,与车站调度员加强联系,紧密配合,车站应做到及时取送列检扣修的厂修、段修、辅修、临修检修车和出入厂、段的车辆。

六、国际铁路联运车辆的编挂

编入列车参加国际铁路联运的车辆,由于各国的车辆限界、设备标准、行车速度和车辆配件的限度要求不同,必须符合《国际联运货车使用规则》的技术要求。如果技术状态不符合标准,势必在国境站换装,这样既造成国境站工作上的困难,又可能使外贸物资延期交付。

七、动车组试运行

为保证旅客列车的安全,上线运营的动车组必须符合出所质量标准,其中,车体及车端连接、转向架、高压牵引系统、辅助电气系统、供风及制动系统、网络控制系统、旅客信息系统、车内环境控制系统、给排水及卫生系统、车内设施系统、驾驶设施系统等的质量应符合标准。

遇下列情况时,必须先安排动车组进行试运行:

(1)新型动车组运营、新线开通前必须安排动车组进行模拟试运行,主要对动车组与线路、站台设施、接触网供电、通信、信号设备等正式运营线路环境的适应性进行进一步检验,对机务、车务、电务、车辆、客运等运营各专业有关人员进行业务培训,并为开展作业演练、检验作业流程、磨合结合部、优化作业组织提供条件。

(2)动车组新造出厂后必须安排进行新造试运行,是在线路上以动车组最高允许速度试运行。其目的是调试、整定动车组相关参数,检查各系统功能是否正常,是否满足合同技术规格要求。

(3)动车组高级检修修竣后必须安排进行检修试运行。三级检修试运行主要对动车组走行及专项检修改造部件进行检验,重点检查动车组转向架、制动系统、网络控制系统以及车端连接部位,检验动车组轮对轴箱、牵引电机、齿轮箱、电务车载设备运行状态;四、五级检修试运行主要对转向架、制动系统、牵引系统、行车安全设备、电务车载设备、网络系统、空调、供电照明、车载设备、给水、卫生、信息等系统及门、窗、座椅等设备及改造部件进行检验。

(4)动车组临修更换转向架、轮对、万向轴、主变压器、牵引电机后必须安排进行临修试运行,其目的是确认动车组主要部件更换后的运转性能符合正式上线运营要求。

(5)动车组重要部件或软件加装、升级后必须安排进行专项试运行,其目的是对重要部件或软件加装、升级后的动车组安全可靠性进行检验和验证。

八、旅客列车运行途中遇空气弹簧故障时的处理

动车组列车运行途中遇空气弹簧故障时,运行速度不得超过160km/h(其中CRH2型和CRH380A/AL型列车运行速度不超过120km/h);其他旅客列车运行途中遇车辆空气弹簧故障时,运行速度不得超过120km/h。采用密接式车钩的旅客列车,在运行途中因故障更换15号过渡车钩后,运行速度不得超过140km/h。

九、列车制动试验

1. 动车组制动试验

动车组制动装置是保证动车组运行安全的关键设备。在动车组制动试验时,应认真确认动车组制动作用是否良好,制动主管压力是否正常,以便发现故障及时处理。动车组制动试验分为全部制动试验和简略制动试验两种。其试验项目、方法和技术要求按照各型动车组制动试验办法执行。

(1)动车组在出段(所)前或折返地点停留出发前需要进行全部制动试验,一级检修作业后的动车组在出发前不再进行全部制动试验。

(2)动车组列车在始发前需在操纵端进行简略制动试验。

(3)动车组列车更换动车组司机(同向换乘除外)或者操纵端后,需进行简略制动试验。

(4)动车组列车在途中重联或者解编后,开车前需在操纵端进行简略制动试验。

(5)动车组列车使用紧急制动停车后,开车前需进行简略制动试验。

(6)动车组在采用机车救援、无动力回送联挂机车或者回送过渡车时,按动车组无动力回送作业办法进行制动性能确认。

2. 动车组以外的列车自动制动机试验

动车组以外的列车自动制动机是保证列车运行安全的关键设备。在列车制动试验时,应认真确认列车制动主管风压漏泄程度、贯通状态和制动作用是否良好,以便发现故障,及时处理。列车制动试验分为全部试验、简略试验和持续一定时间的全部试验三种。

(1)全部试验

①准备:在列车尾部安装列检试验风表,确认最后一辆车辆制动管风压达到规定压力,客车尾部车辆压力表与试验风表的压力差不得超过20kPa,货物列车以尾部达到定压且稳定为判断标准。

②漏泄试验(到达列车不做):将自动制动阀手把置于保压位或关闭机后第一辆车的前端折角塞门,保压1min,列车管压力下降不得超过20kPa。

③制动缓解感度试验:自动制动阀手把置于常用制动位,减压50kPa(编组60辆以上的货

物列车减压 70kPa），全列车须起制动作用，并在 1min 内不得发生自然缓解；然后将自动制动阀手把移至运转位，确认全列车制动机须在 1min 内缓解。

④制动安定试验：列车制动主管达到规定压力，自动制动阀手把置于常用制动位，列车制动管压力为 500kPa 时，减压 140kPa；列车制动管压力为 600kPa 时，减压 170kPa。确认全列车自动制动机不得发生紧急制动作用，同时，制动缸活塞行程须符合规定，超过标准时应调整。

a. 货车列检对解体列车到达后施行一次到达全部试验，对编组列车始发前施行一次始发全部试验，对有调车作业中转列车到达后首先施行到达全部试验，发车前只施行始发全部试验中的泄漏试验。

b. 货车特级列检和安全保证距离在 500km 左右的一级列检对无调车作业中转列车始发前施行一次始发全部试验。

c. 无列检作业场车站始发的列车，在途经第一个列检作业场进行无调车中转技术检查作业时施行一次始发全部试验。

d. 列检作业场对运行途中自动制动机发生故障的到达列车。

e. 旅客列车库内检修作业。

f. 在有客列检作业的车站折返的旅客列车。

站内设有试风装置时，应使用列车试验器试验，连挂机车后只做简略试验。对装有空气弹簧等装置的旅客列车应同时检查辅助用风系统的泄漏。

（2）简略试验

由于进行列车自动制动机的简略试验属于专业性、技术性较强的工作，关系到列车运行的安全，因此对列车在车站按规定需要进行简略试验时，其分工为：挂有列尾装置的列车由司机负责，其中挂有列尾装置的旅客列车，始发前、摘挂作业开车前及在途中换挂机车站、客列检作业站，有列检作业的由列检人员负责，无列检作业的由车辆乘务员负责；未挂列尾装置的列车，有列检作业的由列检负责，无列检作业的由车辆乘务员负责，无车辆乘务员的由车站人员负责。

①货车列检对始发列车、中转作业列车连挂机车后。
②客列检作业后和旅客列车始发前。
③更换机车或者更换机车乘务组时。
④无列检作业的始发列车发车前。
⑤列车软管有分离情况时。
⑥列车停留超过 20min 时。
⑦列车摘挂补机，或者第一机车的自动制动机损坏交由第二机车操纵时。
⑧机车改变司机室操纵时。
⑨单机附挂车辆时。
⑩列车进行摘、挂作业开车前。

（3）持续一定时间的全部试验

为了保证列车在长大下坡道上安全运行，有列检作业场的车站发出的货物列车运行前方途经长大下坡道区间的,在始发、中转作业时应进行持续一定时间的全部试验,列检应填发制动效能证明书交给司机;在有列检作业场车站至长大下坡道区间的各站始发或者进行摘挂作业的列车,是否进行持续一定时间的全部试验并填发制动效能证明书交给司机,以及具体试验和凉闸的地点、办法,执行铁路局集团公司的规定。

旅客列车出库前应进行持续一定时间的全部试验;在接近长大下坡道(线路坡度超过6‰,长度为8km及以上;线路坡度超过12‰,长度为5km及以上;线路坡度超过20‰,长度为2km及以上)区间的车站,是否进行持续一定时间的全部试验,执行铁路局集团公司的规定。

试验的方法如下:

①在全部试验结束,对全列车充风达到规定压力后,将自动制动阀置于常用制动位,减压100kPa后按规定时间保压,制动机不得发生自然缓解;②对制动部分进行彻底检修,如调整制动缸活塞行程,更换过限闸瓦,并做好防止因制动引起火星造成车辆或货物燃烧的措施。

3. 翻车机及解冻库的使用和检查

(1)翻车机及解冻库的使用和检查应符合国家标准《铁路货车翻车机和散装货物解冻库检测技术条件》(GB/T 18818—2002)的规定。车辆在上翻车机前和翻卸后,以及进入解冻库前和解冻后,应由所在地车辆段派列检人员对车辆进行技术检查,对解冻后车辆进行制动机性能试验。

(2)由于冬季上翻车机的车辆需对冻结的煤炭等进行加温解冻后才能进行翻卸,其解冻温度较高,易导致车辆制动阀及管系连接橡胶件发生材质变化,将影响车辆制动机性能,为此对解冻后车辆需进行制动机性能试验。具体技术检查作业地点执行铁路局集团公司的规定。

十、货物列车在技术站发车前的检查要求

在编组站、区段站货物列车发车前,有关人员应按规定进行货运检查、现车核对、票据交接和车辆技术检查,以确保列车运行安全和货物完整。

1. 货运检查

由于装车源头装载加固不当,或在运输过程中车辆经过多次甩挂、运行震动,可能会使货物发生移动、滚动、坠落、倒塌、窜出、压坏或撞坏车辆等情况,直接影响安全。所以,为保证运输过程货物完整无损和列车运行的安全,在编组站、区段站应配备货运检查人员。货运检查人员应认真执行区段负责制,按规定对货物装载、加固、施封及篷布苫盖状态,以及车辆门窗的关闭情况等进行复查,若发现异状应及时处理。

(1)货物装载加固

货物在装运过程中,货物装载的位置、重量和加固技术条件是否正确,对车辆的技术状态有直接关系。例如,货物装载超载、偏载、偏重、集重时,容易将车辆压坏,甚至造成切轴、中、侧梁裂损,弹簧折损,旁承无间隙,车体倾斜和引起热轴等问题。因此,货运检查人员检查车辆时,发现因属货物装载所引起的技术状态不正常超过规定限度,应及时通知车站处理。

偏载是指装车后货物总重心横向偏离量超过100mm;偏重是指装车后,每个车辆转向架所承受的货物重量超过货车容许载重量的1/2,或两转向架承受重量之差大于10t。集重是指

货物装车后车体主要部件(中梁、侧梁、横梁、枕梁等)的工作应力(或工作弯曲力矩)超过其许用应力(或最大容许弯曲力矩)。集重货物是指重量大于所装车辆负重面长度的最大容许载重量的货物。各类敞车、平车、长大平车车底板负重面最大容许载重量按国铁集团相关规定办理。

(2) 货车施封

货车施封的目的是根据货物性质,为贯彻负责制而采取的一种手段,也可以把它作为铁路与托运人、收货人及铁路内部互相交接的依据。如果发现铅封失效、丢失时,应按有关规章规定处理。

(3) 篷布苫盖

用篷布苫盖的货物,一般都是怕湿、易燃的货物。苫盖的篷布起防水、防火和加固的作用,一旦篷布苫盖不严、脱落或捆绳不牢,易使货物湿损,甚至造成意外铁路交通事故。所以,发现异状应及时处理。

(4) 门窗状态

货车车辆门窗若不关闭,列车在运行中由于震动,容易引起车门掀动,如超出机车车辆限界,则会刮坏设备和建筑物、危及人身安全;如其坠落,则可能带来列车脱轨等安全隐患。所以,编组站、区段站的货运检查人员发现异状或未按规定关闭时,应及时处理。

(5) 自动制动机空重位置调整

对无列检作业的车站,还应检查自动制动机的空重位置,不符合时应进行调整。

2. 现车核对

车号人员应根据列车编组顺序表对列车进行检查,检查列车是否符合《技规》关于机车车辆编入列车的技术条件,装载危险货物车辆编入列车的隔离,关门车数量和位置要求等规定;检查列车是否符合货物列车编组计划规定的列车种类、去向、编组内容、车组和车辆编挂顺序。检查列车重量、长度是否符合列车运行图规定的列车重量和长度标准。列车编组顺序表与现车是否相符,对于保留纸质货运单据的列车(如军运列车、中欧班列等),需要核对列车编组顺序表、货运单据、现车是否"三相符"。发现问题应及时报告有关人员处理,确保列车的质量。

3. 票据交接

车号人员按列车编组顺序表核对现车和货票无误后,按规定将货运票据装入票据袋(或票据封套),并用封条封好,连同一份列车编组顺序表与机车乘务人员办理交接,机车乘务人员应确认列车完整,负责票据袋的保管、携带至前方交接站。

4. 车辆检修

车辆技术检修作业由驻站列检所的检车员负责,主要检查车辆走行、连接部分和制动装置的技术状态是否符合《技规》的规定。对技术状态不良的车辆尽可能进行不摘车修理,并在规定时间内完成检修作业。如需摘车修理时,应填写"车辆检修通知单"和规定格式的色票,并及时通知车站甩车;当发现因货物装载超载、偏载、偏重、集重引起技术状态不正常的车辆,应及时通知车站处理;当车辆自动制动机的空重位置不符合标准时,应进行调整,以保证发出的列车符合质量要求。

案例分析

【典型案例 2-1】 事故车辆未按规定检查确认编入列车

1. 事件概况

×年×月×日,××能源销售有限公司洗选中心在××站专2线使用无级绳绞车牵引车辆入线装车时,由于操作不当,造成车辆端梁弯曲变形、裂损,但煤炭企业作业人员发现问题后,未按规定向铁路部门报告,车站连结员在挂车前未按规定认真检查车辆,并于当日将该事故车辆编入 45264 次运行至前方站,构成一般 C(C23) 类发生冲突、脱轨的机车车辆未按规定检查鉴定编入列车事故。

2. 事件原因分析

(1) 煤炭企业作业人员操作设备不当,导致装车车辆受损严重,且在事后存在侥幸心理,隐瞒事故,是导致事故发生的直接原因。

(2) 调车作业人员专用线作业挂车前未认真落实车辆检查要求,未执行双人双面检查规定,未能及时发现隐患车辆,盲目进行调动,将该车辆编入列车上线运行至前方站。

3. 事件评析

《技规》中明确规定,编组列车时,对所编挂的车辆,在技术条件上必须符合规定标准,凡属于下列情况之一的车辆,禁止编入列车:

(1) 插有扣修、倒装色票的车辆及车体倾斜超过规定限度的车辆。

(2) 曾经发生冲突、脱轨或曾编入发生特别重大、重大、大事故列车内以及在自然灾害中损坏且未经检查确认可以运行的车辆。

(3) 装载货物超出机车、车辆限界,无挂运命令的车辆。

(4) 装载跨装货物的平车、无跨装特殊装置的车辆。

(5) 平车、砂石车及敞车装载货物违反装载和加固技术条件的车辆。

(6) 未关闭端、侧板的(有特殊规定者除外)平车,未关闭侧开门、底开门的车辆以及底开门的扣铁未全部扣上的车辆。

(7) 由于装载的货物需要停止自动制动机作用,而未采取措施的车辆。

(8) 企业自备机车、车辆、自轮运转特种设备和城市轨道车辆、进出口机车车辆过轨时,未经铁路机车车辆人员检查确认的。

(9) 缺少车门的(检查回送车除外)车辆。

(10) 超过定期检修期限的客车车辆(经车辆部门鉴定的回送客车除外)禁止编入旅客列车。

煤炭企业作业人员在发现因操作不当使车辆受损问题后应该及时汇报、处理,而不应该侥幸隐瞒。全路发生过多次因路内外单位隐瞒而将事故车辆编入列车上线运行的事故案例,车辆发生事故后,部分结构发生变化,特别是车辆走行部车轴发生较大损伤后,列车在高速运行条件下,严重时甚至可能发生切轴,严重危及本列、后续列车、邻线列车运行安全。

车站《站细》规定,货物线、段管线、岔线取送车办法:专用线、货物线、段管线进行取车作业,应严格落实双人双面检查规定,遇高站台一侧不利于检查时,应通过一面认真做好车辆状态检查,现场监控人员重点做好预想和卡控。车站调车人员检车车辆时必须严格落实作业标准,认真确认车辆技术状态,杜绝将禁止编入列车的机车车辆编入列车。

【典型案例2-2】 货物列车关门车违编导致耽误列车

1. 事件概况

×年×月×日,×车辆段××列检在×站向南×线开行40627次技术检查作业时,违反铁路局集团公司的"严禁向南×线高坡区段放行有制动故障的关门车"的相关规定,在发现列车编组中有4辆制动故障的关门车的情况下,未能将故障车及时甩下,违章向南×线放行了4辆制动故障的关门车,造成南×线×站开行40627次时发生车辆故障,临时停开,构成一般D(D10)类"违反劳动作业纪律耽误列车事故"。

2. 事件原因分析

(1)车辆段列检人员在检车时发现40627次列车编组中有4辆制动故障的关门车且开往南×线的情况下,未按照铁路局集团公司的"严禁向南×线高坡区段放行有制动故障的关门车"的相关规定,要求车站将故障车及时甩下。

(2)车站调度员计划编制重点事项不清,没有组织进行现场关门检查;调车作业人员对列车编组关门限制把关不严,没有落实现场检查确认。

3. 事件评析

(1)关门车是指为保证货车内货物的运输安全或因车辆制动系统故障而关闭制动支管上截断塞门,使自动制动机失去制动作用的车辆,为保证列车在实施制动时有足够的闸瓦压力,以确保列车在规定的制动距离内停车。《技规》规定列车中的机车和车辆的自动制动机,均应加入全列车的制动系统。

(2)该铁路局集团公司《行规》规定"严禁向南×线高坡区段放行有制动故障的关门车",是因为当列车制动时,在列车尚未停轮前,各车辆之间产生瞬间冲动、冲挤现象,关门车本身不制动,冲挤比较激烈,在高坡区段,列车中编挂关门车就很有可能因制动冲挤而造成脱轨、断钩、脱钩等事故。

(3)编组列车时,值班站长、助理值班员、调车组、车号员等人员应对车辆关门车编挂进行认真检查确认,发现问题应及时处理。

复习思考题

1. 编组列车的依据是什么?
2. 什么是超重列车?超重列车开行应遵守哪些规定?
3. 哪些机车车辆禁止编入列车?
4. 轨道起重机、机械冷藏车编入列车时有哪些要求?
5. 客车回送应遵守哪些规定?
6. 哪些车辆禁止编入旅客列车?
7. 旅客列车编组顺序表的交接有哪些规定?

8. 工作机车编挂有哪些规定？
9. 机车回送应遵守哪些规定？
10. 列尾装置的使用有何规定？
11. 什么是单机挂车？单机挂车时有哪些规定？
12. 什么是关门车？货物列车中关门车的编挂数量和位置如何规定？
13. 旅客列车、特快货物班列编挂关门车有哪些规定？
14. 遇哪些情况，必须先安排动车组进行试运行？
15. 货物列车在技术站发车前有哪些要求？

项目三

调车工作

项目内容

本项目主要介绍铁路调车基础知识、调车工作基本制度、调车作业基本方法,以及机车车辆停留等。

教学目标

◎ 能力目标

了解调车工作在铁路行车工作中的重要作用。

◎ 知识目标

了解调车作业的基本要求,掌握调车作业的基本方法。

◎ 素质目标

培养质量意识、安全意识。

任务一　调车作业基本要求

调车工作是铁路运输过程的重要组成部分,是车站行车组织工作的基础。调车工作的质量对车站及时解体和编组列车、取送货物作业车辆和检修车辆、缩短车辆在车站停留时间、加速车辆周转、保证车站畅通等方面起着决定性的作用。对于技术站来说,调车工作更是技术站日常运输生产的重要内容。

除列车在车站到达、出发、通过以及在区间运行外,机车车辆进行的一切有目的的移动,统称为调车。调车工作主要包括列车的解体、编组、摘挂、取送、转场、整理及机车的转线、出入段等。

从整个运输过程来看,车辆在车站的停留时间约占车辆周转时间的70%。货车在一次周转过程中,一般要进行5~6次的调车作业。因此,调车作业的质量、效率以及安全,对完成车站装卸工作、缩短车辆停留时间、加速车辆周转等各项指标有很大的影响。

因此,车站、动车段(所)的调车工作,应按技术作业过程及调车作业计划进行。参加调车作业的人员应做到:

(1)及时编组、解体列车,保证按列车运行图的规定时刻发车,不影响接车。

及时编组列车是指按规定的时间标准完成编组任务,从而保证列车按运行图规定的时刻正点发车。及时解体列车是指到达列车完成技术作业后,及时进行解体作业。这样既可减少占用到发线时间,又可保证正常接发其他列车,并为中转车流接续和作业车的送车创造条件。调车作业除从编组、解体方面保证列车接发以外,从行车组织的角度出发,还应严格执行在正线、到发线上作业的有关规定,保证调车作业不影响接发列车。

(2)及时取送客货作业和检修的车辆。

快速取送动车组、旅客列车车底,保证车辆技术检查和客运整备作业所需时间,保证旅客列车安全正点始发。及时取送货物装卸和检修的车辆,确保货物装卸及车辆检修作业,缩短车辆停留时间,加速车辆周转。

(3)充分运用调车机车及一切技术设备,采用先进工作方法,用最少的时间完成调车任务。

一方面,经济合理地运用调车机车及一切技术设备,采用先进工作方法,周密计划,合理安排,做到快编、快解、快取、快送,尽可能组织平行作业,充分挖掘设备潜力,压缩各种非生产时间,提高调车效率,最大限度地发挥调车机车和技术设备的效能;另一方面,发挥调车人员的积极性,各工种间密切配合、协同工作,不断提高劳动生产率。

(4)认真执行作业标准,保证调车有关人员的人身安全及行车安全。

调车工作是在动态中进行的,作业组织复杂,多工种联合动作,时常要面对恶劣的天气、多变的环境,影响因素诸多。多年来调车事故在行车事故中所占比重最大,因此在调车工作中,必须认真执行规章制度,落实作业标准,遵章守纪,防止一切可能发生的事故,保证调车有关人员的人身安全及行车安全。

一、调车工作的领导与指挥

调车工作是一项由多工种联合行动的复杂工作。调车工作不仅作业场地大、调动的机车车辆多种多样、作业人员及工种多,而且作业组织比较复杂、作业方法灵活多变、影响调车作业效率的因素较多。为安全、迅速、高质量地完成调车任务,调车工作必须实行统一领导和单一指挥。

1. 统一领导

统一领导是指在同一时间内,车站的调车工作只能由车站调度员(未设车站调度员的由调车区长,未设调车区长的由车站值班员)统一领导。分场(区)时,各场(区)的调车工作,由负责该场(区)的车站调度员或该场(区)的调车区长统一领导。各调车区之间相互关联的调车工作,应按车站调度员的指示进行,调车区长不得领导其他分场(区)的作业。车站调度员、调车区长在领导调车工作中,遇有占用正线、到发线和机车走行线以及影响接发列车进路的调车工作时,必须与车站值班员联系,并取得其同意后方可进行。

调度集中区段由列车调度员(由车站负责办理调车进路时为车站值班员或应急值守人员)担任调车领导人,分场(区)时的调车工作,由负责该场(区)调车进路的列车调度员(车站值班员或应急值守人员)统一领导。

2. 单一指挥

单一指挥是指在同一时间内,一台调车机车调车作业计划的执行、作业方法的拟定和布置以及调车机车的行动,只能由调车长单一指挥。由本务机车进行车辆摘挂作业时,可由车站值班员、助理值班员担任指挥工作。遇有特殊情况,上述人员不能指挥作业时,可由经鉴定、考试合格取得调车长资格的胜任人员代替。

在调车作业中,所有调车有关人员(调车组、扳道组、机车乘务组)都必须服从调车指挥人的指挥。

动车组自走行调车作业、机车及自轮运转特种设备转线等作业由司机负责,不另设调车指挥人。动车段(所)设动车组地勤司机,负责动车组在动车段(所)内调车、试运行等调移动车组作业。

二、调车长的工作要求

在调车作业中,调车长既是组织者又是指挥者,应对组织调车人员执行规章制度,落实作业标准,严格按《站细》的规定和调车作业计划进行工作,保证安全,提高效率,全面完成任务,负主要责任。因此,调车长不仅应做好本身的工作,还应组织、督促并指挥调车有关人员共同完成调车任务。

(1)在调车作业前,调车长应亲自并督促组内人员充分做好准备,认真进行检查。

①提前安排计划。

提前传达、核对计划,制定作业方法,进行作业分工,并针对重点工作进行安全预想。

②提前准备工具。

提前对调车组的每台无线调车灯显设备进行检查试验,特别是必须与司机确认无线灯显设备作用良好,提前准备好铁鞋、安全带、灯具及防溜器具等工具。

③提前了解情况。

掌握线路是否空闲、车辆停留位置、停留车组间隔、检修及装卸作业是否完成和防护用具是否撤除等。

④提前安全检查。

提前排风、摘管、选择人力制动机,对专用线、段管线的线路、道岔、大门、停留车辆、堆放货物距离、有无障碍物等进行检查。

（2）调车长在作业中应做好的工作

①在调车作业中，调车长首先要组织调车人员正确、及时地完成调车任务。

正确是指按"调车作业通知单"的要求进行作业，做到溜放调车时不混线、不堵门，尽量缩小车组间隔距离；在取送动车组、客车、作业车和检修车时，要对好位置；在编组列车时，要连挂正确，对好列车试风器位置，并要注意重点检查关门车、车下不压铁鞋等。及时是指按"调车作业通知单"要求的时刻，及时完成列车编组、解体及车辆取送、转线等作业。

②正确、及时地显示信号（发出指令），指挥调车机车的行动。

调车长显示的调车手信号或使用无线调车灯显设备发出的指令，是对调车作业行动发出的命令，信号显示或发出的指令必须正确、及时，调车有关人员必须认真执行。

正确是指信号显示方式或发出的指令意义必须符合有关规定，并做到规范化。如手信号显示要做到"横平、竖直、灯正、圈圆"等。及时是指根据不同作业要求及距离、速度、作业方法等，及时显示信号或发出指令。

③负责调车人员的人身安全和行车安全。

调车长应认真学习规章制度，掌握调车作业标准，在作业中认真落实作业标准化，并随时掌握调车作业人员的动态；当发现情况不明、信号不清及其他特殊情况危及作业安全时，调车长应立即采取停车措施，以确保人身安全和调车作业安全。

三、司机的工作要求

司机负责动机车、动车组、自轮运转特种设备的操纵，是保证调车作业安全和完成调车作业任务的关键环节。因此，司机应做到：

（1）接收作业计划，确认调车作业方法与注意事项，并及时传达本组人员，组织本组人员正确、及时地完成调车任务。

（2）调车机车司机应组织机车乘务人员按规定做好机车整备，确保机车质量良好，确认列车运行监控装置良好；使用无线调车灯显设备调车作业时，还应与调车长共同确认无线调车灯显设备作用良好。

（3）确认信号显示（作业指令），不间断地瞭望，督促本组人员注意瞭望，认真执行呼唤应答制度，发现危及人身或作业安全时，立即采取措施，确保调车作业安全。

（4）当没有信号或指令不准动车，遇有固定信号、手信号显示不明和无线调车灯显设备故障，指令不清或接到紧急停车指令时，应立即停车，确认信号或指令后再行作业，严禁臆测作业。

四、调车手信号

手信号是铁路行车有关人员在作业中，进行指挥、联系等工作广泛采用的视觉信号。根据行车工作的需要，通过调车手信号，行车有关人员可以机动地指挥列车运行和调车作业，也可以联系和传达有关行车事项。因此，手信号应严格遵守《铁路信号显示规范》（TB/T 30010—

2023）的规定。

1. 显示手信号的要求

（1）显示要求

为确保手信号的显示正确和防止误认，行车有关人员显示手信号时，必须做到：严肃认真，位置适当，正确及时，横平竖直，灯正圈圆，角度准确，段落清晰。

（2）持旗要求

①在显示手信号时，凡昼间持有手信号旗的人员，应将信号旗拢起，左手持红旗，右手持绿旗（扳道员右手持黄旗）。未持信号旗的行车有关人员需要显示手信号时，应徒手按规定方式显示信号。

②调车指挥人登乘机车车辆，一只手攀扶把手，另一只手显示展开的绿色信号旗时，手持的信号旗左、右可灵活掌握，但必须将拢起的红色信号旗置于绿色信号旗对向司机方向的前面，以便能随时展开红色信号旗。

2. 调车手信号的显示

（1）停车信号

停车信号是要求列车停车的信号。

昼间——展开红色信号旗，如图 3-1a）所示。

夜间——红色灯光，如图 3-1b）所示。

a）昼间停车信号　　　　　　b）夜间停车信号

图 3-1　停车信号

当昼间无红色信号旗时，两臂高举头上向两侧急剧摇动；当夜间无红色灯光时，用白色灯光上下急剧摇动。

（2）减速信号

减速信号是要求降低到规定速度的信号。

昼间——展开的绿色信号旗下压数次，如图 3-2a）所示。

夜间——绿色灯光下压数次，如图 3-2b）所示。

a) 昼间减速信号　　　　　b) 夜间减速信号

图 3-2　减速信号

(3) 指挥机车向显示人方向来的信号

昼间——展开的绿色信号旗在下部左右摇动,如图 3-3a)所示。

夜间——绿色灯光在下部左右摇动,如图 3-3b)所示。

a) 昼间　　　　　b) 夜间

图 3-3　指挥机车向显示人方向来的信号

(4) 指挥机车向显示人方向稍行移动的信号

昼间——拢起的红色信号旗直立平举,再用展开的绿色信号旗左右小动,如图 3-4a)所示。

夜间——绿色灯光下压数次后,再左右小动,如图 3-4b)所示。

(5) 指挥机车向显示人反方向去的信号

昼间——展开的绿色信号旗上下摇动,如图 3-5a)所示。

夜间——绿色灯光上下摇动,如图 3-5b)所示。

a) 昼间　　　　　　　　　b) 夜间

图 3-4　指挥机车向显示人方向稍行移动的信号

a) 昼间　　　　　　　　　b) 夜间

图 3-5　指挥机车向显示人反方向去的信号

（6）指挥机车向显示人反方向稍行移动的信号

昼间——拢起的红色信号旗直立平举,再用展开的绿色旗上下小动,如图 3-6a)所示。

夜间——绿色灯光上下小动,如图 3-6b)所示。

3. 联系用的手信号

（1）道岔开通信号

道岔开通信号是表示进路道岔准备妥当的信号。

昼间——拢起的黄色信号旗高举头上左右摇动如图 3-7a)所示。

夜间——白色灯光高举头上,如图 3-7b)所示。

机车出入段进路道岔准备妥当后,显示如下道岔开通信号。

a)昼间　　　　　　　　　　　b)夜间

图 3-6　指挥机车向显示人反方向稍行移动的信号

a)昼间　　　　　　　　　　　b)夜间

图 3-7　进路道岔准备妥当

昼间——展开的黄色信号旗高举头上左右摇动,如图 3-8a)所示。

夜间——黄色灯光高举头上左右摇动,如图 3-8b)所示。

a)昼间　　　　　　　　　　　b)夜间

图 3-8　机车出入段过路道岔准备妥当

(2)股道号码信号

股道号码信号是在调车作业或准备接发列车进路时,要道或回示股道开通号码。

①股道号码一道信号

昼间——两臂左右平伸,如图 3-9a)所示。

夜间——白色灯光左右摇动,如图 3-9b)所示。

a)股道号码一道昼间信号　　　　b)股道号码一道夜间信号

图 3-9　股道号码一道信号

②股道号码二道信号

昼间——右臂向上直伸,左臂下垂,如图 3-10a)所示;

夜间——白色灯光左右摇动后,从左下方向右上方高举,如图 3-10b)所示。

a)股道号码二道昼间信号　　　　b)股道号码二道夜间信号

图 3-10　股道号码二道信号

③股道号码三道信号

昼间——两臂向上直伸,如图 3-11a)所示;

夜间——白色灯光上下摇动,如图 3-11b)所示。

a)股道号码三道昼间信号　　　　b)股道号码三道夜间信号

图 3-11　股道号码三道信号

④股道号码四道信号

昼间——右臂向右上方斜伸,左臂向左下方斜伸,各斜45°角,如图3-12a)所示;

夜间——白色灯光高举头上左右小动,如图3-12b)所示。

a)股道号码四道昼间信号　　b)股道号码四道夜间信号

图3-12　股道号码四道信号

⑤股道号码五道信号

昼间——两臂交叉于头上,如图3-13a)所示;

夜间——白色灯光作圆形(逆时针方向)转动,如图3-13b)所示。

a)股道号码五道昼间信号　　b)股道号码五道夜间信号

图3-13　股道号码五道信号

⑥股道号码六道信号

昼间——左臂向左下方,右臂向右下方各斜伸45°角,如图3-14a)所示;

夜间——白色灯光作圆形转动后,再左右摇动,如图3-14b)所示。

⑦股道号码七道信号

昼间——右臂向上直伸,左臂向左平伸,如图3-15a)所示;

夜间——白色灯光作圆形转动后,左右摇动,然后再从左下方向右上方高举,如图3-15a)所示。

⑧股道号码八道信号

昼间——右臂向右平伸,左臂下垂,如图3-16a)所示;

夜间——白色灯光作圆形转动后,再上下摇动,如图3-16b)所示。

a) 股道号码六道昼间信号　　　　b) 股道号码六道夜间信号

图 3-14　股道号码六道信号

a) 股道号码七道昼间信号　　　　b) 股道号码七道夜间信号

图 3-15　股道号码七道信号

a) 股道号码八道昼间信号　　　　b) 股道号码八道夜间信号

图 3-16　股道号码八道信号

⑨股道号码九道信号

昼间——右臂向右平伸,左臂向右下斜45°角,如图3-17a)所示;

夜间——白色灯光作圆形转动后,再高举头上左右小动,如图3-17b)所示。

a)股道号码九道昼间信号　　　b)股道号码九道夜间信号

图3-17　股道号码九道信号

⑩股道号码十道信号

昼间——左臂向左上方,右臂向右上方各斜伸45°角,如图3-18a)所示;

夜间——白色灯光左右摇动后,再上下摇动作成十字形,如图3-18b)所示。

a)股道号码十道昼间信号　　　b)股道号码十道夜间信号

图3-18　股道号码十道信号

⑪股道号码十一至十九道信号

先显示十道股道号码,再显示所要股道号码的个位数信号。

⑫股道号码二十道及其以上的信号

各站根据需要自行规定,并纳入《站细》。

(3)连结信号

连结信号是表示连挂作业的信号。

昼间——两臂高举头上,使拢起的手信号旗杆成水平末端相接,如图3-19a)所示;

夜间——红、绿色灯光(无绿色灯光的人员,用白色灯光)交互显示数次,如图 3-19b)所示。

a)昼间连结信号　　　　　b)夜间连结信号

图 3-19　连结信号

(4)溜放信号

溜放信号是表示溜放作业的信号。

昼间——拢起的手信号旗两臂高举头上交叉后,急向左右摇动数次,如图 3-20a)所示;

夜间——红色灯光作圆形转动,如图 3-20b)所示。

a)昼间溜放信号　　　　　b)夜间溜放信号

图 3-20　溜放信号

(5)停留车位置信号

停留车位置信号是表示车辆停留地点的信号。

夜间——白色灯光左右小摇动,如图 3-21 所示。

(6)十、五、三车距离信号

十、五、三车距离信号是表示推进车辆的前端与被连挂车辆的距离的信号。

昼间——展开的绿色信号旗单臂平伸,如图 3-22a)所示;

夜间——绿色灯光,在距离停留车十车(约 110m)时连续下压三次,五车(约 55m)时连续下压两次,三车(约 33m)时下压一次,如图 3-22b)所示。

图 3-21　夜间停留车位置信号

a)昼间十、五、三车距离信号　　　　b)夜间十、五、三车距离信号

图 3-22　十、五、三车距离信号

(7) 取消信号

取消信号是通知将前发信号取消。

昼间——拢起的手信号旗,两臂于前下方交叉后,急向左右摇动数次,如图3-23a)所示;

夜间——红色灯光作圆形转动后,上下摇动,如图3-23b)所示。

(8) 要求再度显示信号

要求再度显示信号是表示前发信号不明,要求重新显示。

昼间——拢起的手信号旗右臂向右方上下摇动,如图3-24a)所示;

夜间——红色灯光上下摇动,如图3-24b)所示。

(9) 告知显示错误的信号

告知显示错误的信号是告知对方信号显示错误。

昼间——拢起的手信号旗两臂左右平伸同时上下摇动数次,如图3-25a)所示;

夜间——红色灯光左右摇动,如图3-25b)所示。

a) 昼间取消信号 b) 夜间取消信号

图 3-23 取消信号

a) 昼间要求再度显示信号 b) 夜间要求再度显示信号

图 3-24 要求再度显示信号

a) 昼间告知显示错误的信号 b) 夜间告知显示错误的信号

图 3-25 告知显示错误的信号

4. 调车表示器的显示

调车场受地形、地物影响，当调车机车司机瞭望调车指挥人的手信号有困难时，应设置调车表示器。调车表示器由调车指挥人使用，可代替调车指挥人的手信号。

调车表示器的显示方式如下：

（1）向调车区方向显示一个白色灯光——准许机车车辆自调车区向牵出线运行信号，如图 3-26 所示。

（2）向牵出线方向显示一个白色灯光——准许机车车辆自牵出线向调车区运行信号，如图 3-27 所示。

（3）向牵出线方向显示两个白色灯光——准许机车车辆自牵出线向调车区溜放信号，如图 3-28 所示。

图 3-26　准许机车车辆自调车区向牵出线运行信号

图 3-27　准许机车车辆自牵出线向调车区运行信号

图 3-28　准许机车车辆自牵出线向调车区溜放信号

五、调车作业标准

铁道行业标准《铁路调车作业》(TB/T 30002—2020)是铁路调车作业的基本要求,规定了铁路调车作业的基本要求和准备作业、自动化驼峰作业、半自动化驼峰作业、简易驼峰作业、平面牵出线作业、编组列车作业、列车摘挂作业、取送车辆作业、停留车作业等不同场景调车作业的基本作业程序、岗位作业人员、岗位作业技术要求等内容,国家铁路、合资铁路、地方铁路、专用铁路及铁路专用线的调车作业应严格执行《铁路调车作业》的规定。

任务二 调车作业计划及准备

一、调车作业计划的编制要求和依据

调车作业计划由调车领导人负责编制,并应以调车作业通知单的形式下达给调车指挥人及有关人员执行。

1. 调车作业通知单种类及使用规定

(1)无示意图的调车作业通知单,如图 3-29 所示。

(2)附有示意图的调车作业通知单,如图 3-30 所示。

第　号　　　年　月　日

第______次车　编组、摘挂。 ______号机车　解体、站整。					
顺序	股道	作业方法	辆数	代号	记事
1					
2					
3					
4					
5					
6					
7					

计划由　时　分至　时　分完成作业　编制人

图 3-29　无示意图的调车作业通知单

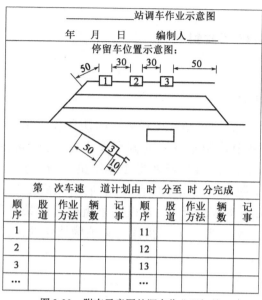

图 3-30 附有示意图的调车作业通知单

（3）调车作业通知单的具体格式及符号填记等要求，由铁路局集团公司或车站根据实际情况制定。

（4）中间站利用本务机车调车，应使用附有车站示意图的调车作业通知单（车站示意图可另附）。

（5）使用无线调车灯显设备的车站，调车作业计划布置方法，执行铁路局集团公司的规定。

（6）列车在到达线路内拉道口、对货位、直接后部摘车、本务机车（包括重联机车、补机）摘挂及转线、企业自备机车进入站内交接线整列取送作业，可不使用调车作业通知单。

（7）自轮运转特种设备调车作业是否需要使用调车作业通知单，执行铁路局集团公司的规定。

2. 调车作业计划的编制要求

（1）符合货物列车编组计划、列车运行图和《技规》的规定，保证调车作业和人员安全。

（2）合理地运用技术设备和先进的工作方法，最大限度地实现解体照顾编组，解体照顾取送，使解体、编组、取送作业密切配合。

（3）调车钩数少、调动辆数（带车数）少、占用股道少、行程短、作业方便、调车效率高。

（4）及时、准确、完整。及时是指及时编制和下达计划；准确是指保证计划无差错，尽量不变更或少变更计划；完整是指要求调车作业通知单字迹清晰，项目齐全。

3. 调车作业计划的编制依据

（1）阶段计划规定的各项调车作业的顺序和起止时分。

（2）到达列车确报，包括车种、车号、品名、载重、到站、收货人和特殊标记等。

（3）调车场、货场线路的固定用途、容车数和停留车情况。

（4）调车区停留车及其分布情况。

二、调车作业计划的传达与变更

1. 调车作业计划的传达

为正确、及时、完整地完成调车作业计划规定的任务和要求,调车指挥人每次接受调车作业计划后,应根据内容和要求制定具体的调车作业方法,连同注意事项亲自向司机交递和传达;对其他行车有关人员,应亲自或者指派连结员进行传达。具体传达办法执行《站细》的规定。例如,由调车领导人将调车作业计划向助理值班员传达;驼峰作业时,调车领导人向峰顶提钩人员及峰下调车长传达;未设调车组的中间站利用本务机车作业时,由车站值班员向助理值班员传达;等等。调车指挥人必须确认作业人员均已了解调车作业计划后,方可开始作业。

2. 调车作业计划的变更

调车作业计划的变更(简称变更计划)主要指变更股道、辆数、作业方法及取送工作的区域或线路。随意变更计划,既不安全,又影响效率。

(1)变更计划应采用书面方式重新按规定程序下达。

(2)一批作业(指一张调车作业通知单)不超过三钩或者变更计划不超过三钩时,可采用口头方式布置(中间站利用本务机车调车除外),有关人员应复诵。

(3)变更股道时,必须停车传达。

(4)仅变更作业方法或者辆数时,不受口头传达三钩的限制,但调车指挥人应向有关人员传达清楚,有关人员必须复诵。

(5)驼峰解散车辆,只变更钩数、辆数、股道时,可不通知司机,但调车机车变更为下峰作业或者向禁溜线送车前,必须通知司机。

(6)中间站利用本务机车调车,无论变更钩数多少,都应重新填写附有示意图的调车作业通知单。

(7)货物线、专用线调车时,遇现场实际情况与原计划不符时,准许调车指挥人根据实际情况,自行变更或制定调车作业计划(使用无线调车灯显设备能够与调车领导人取得联系时,必须取得其同意),但调车作业完成后,必须及时向调车指挥人汇报计划变更情况和车辆停留情况。

(8)钩数计算方法。增加一钩算一钩;减少一钩算一钩,连续减少算一钩;变更一钩股道算一钩;对一批作业(指一张调车作业通知单)中的某一股道均变更为另一股道时算一钩,但只准变更一次。

三、调车作业的准备工作

调车作业的准备工作是保证顺利完成调车任务的前提。做好准备工作是调车作业的关键环节之一,也是保证调车作业安全的关键。调车作业的准备工作,有的需要调车长亲自指挥进行,有的需要调车长督促有关人员完成;有的需要接班开始后进行,有的则在作业前、连续作业中进行。有关人员必须认真做好调车作业的准备工作,相关责任必须落实到人。

调车作业前应做好下列准备工作:

(1)作业开始前,应核对调车作业计划及相关调度命令,确认进路,做好排风、摘管工作,检查线路、道岔(集中联锁区除外)、停留车及车辆防溜措施。

①在调车作业开始前,为了使调车有关人员进一步清楚作业计划、分工、注意事项,调车有关人员应进一步核实确认计划及相关调度命令,明确各自的作业分工并做好安全预想,确认符合有关规定、相关调度命令。特别是调车指挥人不能亲自传达布置调车作业计划时,更应认真核对计划,防止错漏。

②确认进路是确保调车作业安全的重要环节,应确认进路上所有相关调车信号机都处于开放状态,做到钩钩确认。在轨道电路分路不良区段进行调车作业时,调车组人员(司机)还应确认调车车列(机车)到达指定地点后,再通知进路准备人员排列进路,防止因轨道电路分路不良造成道岔中途转换,危及调车安全。

③做好排风、摘管工作是提高调车作业效率的有效措施。排风是指由专人拉动待解车列每辆车的缓解阀,将副风缸、制动缸的风排净,防止因副风缸内余风泄漏发生制动,造成车辆作业中抱闸,危及溜放车辆的安全。摘管是指按调车作业计划的要求,将摘开车组处的车辆软管摘开,方便提钩作业,以免在解散或溜放过程中停车摘管,延长解体时间。

④在车辆摘挂、转线作业时,应提前派人检查线路、道岔(集中联锁区除外)、停留车及车辆防溜等情况,应认真检查确认,不得简化作业过程、臆测作业和盲目图快,同时应执行联控制度,以防疏漏,确保安全。因路途较远或受人员、设备的限制,可在进入有关线路前按《站细》规定停车检查。

⑤挂车前应先检查停留车是否按规定采取了防溜措施。牵出或推进车列前,要检查车下有无防溜铁鞋、止轮器,人力制动机是否松开(人力制动机紧固器是否取下),防止因拉鞋、轧止轮器或抱闸造成事故。对摘下需要采取防溜措施的车辆,应检查是否按规定采取了防溜措施。

(2)人力制动机制动时,应事先做好选闸和试闸工作,系好安全带。在选闸和试闸中,一般要做到"四选四不选"(选前不选后,选重不选空,选大不选小,选高不选低)和"一闸两试"(停车试和走行试)等方法。这样,才能保证溜放的车组有足够的制动力,防止选闸不当、制动力不够或未试闸等,导致人力制动机制动力不强或不制动造成事故。

(3)为满足调车作业过程中机车车辆停留后防溜需要,作业开始前,应准备足够良好的防溜铁鞋、止轮器、人力制动机紧固器或选好人力制动机。为确保防溜器具性能良好,使用前必须认真检查,如发现不合格,应禁止使用并及时更换。

(4)凡使用无线调车灯显设备的调车作业,作业过程中必须时刻保持无线调车灯显设备的良好状态。因此,作业开始前必须进行试验,主要包括调车组人员间的试验和调车长与司机间的试验,以防作业过程中发生故障,影响调车作业的正常进行。

任务三　调车工作制度

一、调车工作"九固定"

为使调车有关人员在进行调车作业中相互协调、紧密配合，熟悉调车技术设备及工具的性能，调车工作应实行"九固定"制度，即固定作业区域、线路使用、调车机车、人员、班次、交接班时间、交接班地点、工具数量及其存放地点。

1. 固定作业区域

在调车作业繁忙、配线较多的车站，配有2台及以上调车机时，应根据车站作业特点、设备情况及调车作业性质，划分每台调车机车的固定作业区域，避免各调车机车作业相互干扰。

2. 固定线路使用

固定线路使用是指按货物列车编组计划的要求、车流量的大小，结合线路配置情况以及特殊用途等，合理安排车辆的集结线路，分类固定使用，这样既可以有效地使用线路，又可以减少重复作业。

3. 固定调车机车

调车机车与本务机车担当的任务不同，机车装备要求也不同，除配备列车运行监控装置、列车无线调度通信设备及防溜、救援、消防等设备外，调车机车还应配备无线调车灯显车载设备，具备前后瞭望的条件，有条件的还应装备无线调车机车信号和监控系统；为便于调车组人员上下和站立，前后均应有扶手把和防滑踏板。固定替换的调车机车和小运转机车装备也应符合调车机车的要求，以利于调车作业。

为便于调车领导人、调车指挥人和其他调车人员熟悉调车机车的性能、特点等，及时完成调车工作，担当调车作业的机车应相对固定。

4. 固定班次和人员

调车作业是由多工种配合进行的，包括调车组人员、调车机车乘务人员和扳道人员等。由于单位不同、工种不同，作业人员相对固定在一起工作，有利于相互了解、密切配合、协同作业。

5. 固定交接班时间和交接班地点

固定交接班时间和交接班地点，可以避免交接班人员相互等待，有利于缩短非生产时间。

6. 固定工具数量及存放地点

调车工具（如铁鞋、叉子等）应按需固定数量、固定地点存放，保证能够交接清楚，有利于日常使用和保管，当发生损坏或短少时，便于及时发现和补充，消除安全隐患，保证正常作业需要。

二、越区转场作业制度

在调车作业繁忙、配线较多的车站,配有两台及以上调车机车时,应根据车站(车场)特点、调车作业性质、车流特点和车站配线等情况,划分每台调车机车相对固定的作业区域,简称调车区。一般情况下每个调车区只有一台机车按固定范围作业(驼峰有预推进路者除外),可避免调车作业的相互干扰、抵触,便于机车乘务人员和调车人员熟悉作业区域设备特点和工作条件,有利于调车安全。

1. 调车区的划分

划分调车区的方法,应根据车站的调车任务、车流和调车设备配置等情况而定,并在《站细》中规定。划分调车区一般采用两种方法:

(1)对于调车作业互不干扰,设有牵出线和一定数量调车线的独立车场,可单独划区管理。在调车作业量较大的货场、交接场和专用线,配有专用的取送调车机车时,也可以划为单独的调车区。

(2)对于两端均设有牵出线和驼峰,或一端设有牵出线、一端设有驼峰的车场,可实行横向划区或纵向划区。

①横向划区是指在调车场中部特设分界标或利用固定建筑物作为调车区的分界线,两端各为一个调车区,两个调车区之间应设立安全区。为了保证重点作业和满足不同作业的需要,通常把分界线划在靠近担负编组或辅助工作的一端,尽量使担负解体或主体调车一端有较长的线路。有的车站由于线路短,不宜用固定分界线方法划分调车区,而是规定当线路上有停留车时,就以该线内停留车为分界标,两端调车作业均不准触动该分界车。只有当线路空闲时,才以固定的分界标为界。在横向划区的调车场任何一端调车时,越过分界线或触动分界车均为越区作业。

②纵向划区是指调车(编发)场的任何一端都有两条及以上的牵出线或驼峰溜放线,且分别配有固定的调车机车,共同担负车场一端的调车工作,或调车(编发)场两端各有一台机车因设备、车流等原因分线束划区作业。一般是按照每条牵出线或驼峰溜放线直接接通的线束来划分,每个调车区分配几条线路,规定一定的工作任务,固定一台调车机车,这样便于各台调车机车平行作业。遇有交叉作业时,按越区作业办理。

在集中联锁的车站,一般以独立的集中操纵楼(信号楼)来划分调车区,固定一台或多台调车机车共同作业。调车(编发)场为共同作业区域,在横列式车站到发场也是共同作业的区域,在共同区域作业时,应相互做好联系。

2. 越区作业和转场作业要求

越区和转场调车是车站调车作业中一项比较复杂的工作。越区作业是指调车机车或带有车辆越出本调车机固定的作业区域,进入其他调车区作业;转场作业是指调车机车或带有车辆由一个车场去另一个车场的作业。越区可能在同一车场或在不同车场间进行,转场可能在同一调车区内或在不同调车区内进行。越区或转场调车作业,不仅关系到调车区和车场之间作业的安排,有时还要经过许多线路和道岔,跨越正线和其他车场,如果没有做好联系和防护,不但会影响调车效率,而且会危及行车安全。因此,要求在越区或转场作业时,越区或转场调车领导人或车场值班员之间必须事先做好联系,停止相抵触的作业,确认线路,准备好进路,并做好防护。没有做好联系和防护,不准越区或转场作业。

划区(场)的车站,均应根据车站的技术设备、作业特点等情况,制定越区或转场的联系、防护办法,纳入《站细》,作业时必须按照《站细》中的有关规定办理。

三、无线调车灯显设备使用制度

无线调车灯显设备具有调车作业指令无线传输功能,即将调车指挥人通过专用电台发出的调车指令以不同颜色的灯光显示在机车控制器上,指挥机车乘务员、调车组作业(通过语音合成技术,在将调车指令显示于机车控制器的同时,辅以语音提示),同时调车组、机车乘务组及调车领导人之间具有通话功能。无线调车灯显设备使用制度包括如下内容:

(1)使用机车进行调车作业时,应采用无线调车灯显设备。对于以机车为动力的调车作业,应采用无线调车灯显设备进行调车作业指令无线传输和通话联系,以提高调车效率。

(2)对于机车摘挂、转线等不进行车辆摘挂的作业,列车在到达线路内拉钩口、直接后部摘车。考虑到这几项调车作业过程简单,没有调车指挥人和调车人员参与,不要求使用无线调车灯显设备。

(3)无线调车灯显设备与列车运行监控装置配合使用,能将无线调车灯显设备的机控器与列车运行监控装置相连,使列车运行监控装置接收无线调车灯显设备发出的指令,并按指令的要求控制调车速度,在调车作业中能够有效地防止调车超速连挂、调车冲突等。无线调车灯显设备的使用、维修、管理办法,执行铁路局集团公司的规定。

(4)无线调车灯显设备出现故障时,调车作业应改用手信号。无线调车灯显设备发生故障时,应停止作业;调车组人员间电台通话功能良好时,可使用电台相互联系,但调车长必须改用手信号方式指挥司机。

四、调车进路确认制度

1. 进路的确认

在调车作业中,单机运行或牵引车辆运行时,前方进路的确认由司机负责;推进车辆运行时,前方进路的确认由调车指挥人负责,如调车指挥人所在位置确认前方进路有困难时,可指派调车组其他人员确认。

没有看到调车指挥人的起动信号,不准动车,但单机返岔子或机车出入段时,可根据扳道员显示的道岔开通信号或调车信号机显示允许运行的信号动车。在无扳道员和调车信号机时,调车指挥人确认道岔开通正确(如为集中操纵的道岔,还必须与操纵人员联系)后,向司机显示起动信号。

2. 信号的显示

调车作业时，调车人员必须正确、及时地显示信号，机车乘务人员应认真确认信号，并鸣笛回示。

推进连挂车辆时，应显示十、五、三车的距离信号；没有显示十、五、三车的距离信号时，不准挂车，没有司机回示，应立即显示停车信号。

推送车辆时，应先试拉。车列前部应有人进行瞭望，及时显示信号。

当调车指挥人确认停留车位置有困难时，应派人显示停留车位置信号。

3. 要道还道

在非集中区调车作业时，应认真执行要道还道制度。

要道还道制度分两种情况：一种情况是以调车长、司机为一方，以扳道人员为另一方，确认进路准备是否妥当、道岔开通信号是否正确；另一种情况是当调车进路上配有两名及以上扳道员时，在互相检查、确认调车进路是否正确时，执行要道还道制度。

要道还道的程序：要道由近而远，还道由远而近。

由于各站线路配置不同，扳道员之间的要道还道办法及集中区与非集中区间的作业办法，应符号《站细》的规定。连续溜放和驼峰解散车辆时，第一钩应实行要道还道制度（集中联锁设备除外），从第二钩起，按调车作业通知单的要求扳动道岔。

任务四　调车作业

一、调车速度

调车速度是根据调车作业的特点，调车时所经过线路、道岔的允许速度、调动特殊构造的车辆或装载特殊货物车辆的要求，以及保证调动车列运行中的安全而规定的。在调车作业中，还应根据带车多少、制动力大小以及距离远近等，由司机和调车指挥人共同遵守。

（1）在空线上牵引车辆运行时，调车速度不得超过40km/h；推进车辆运行时，调车速度不得超过30km/h；动车组后端操作时，不得超过15km/h。

（2）在调动乘坐旅客或者装载爆炸品、气体类危险货物以及超限货物的车辆时，调车速度不得超过15km/h。

（3）距离停留车十、五、三车时，调车速度分别不得超过17km/h、12km/h、7km/h；接近被连挂的车辆时，不得超过5km/h。

（4）推上驼峰解散车辆时的速度和装有加、减速器（顶）的线路上的调车速度，执行《站细》的规定。经过道岔侧向运行的速度，由工务部门根据道岔具体条件规定，并纳入《站细》。

(5)在尽头线上调车时,距线路终端应有10m的安全距离;遇特殊情况,必须近于10m时,应严格控制调车速度。

(6)电力机车、动车组在有接触网终点的线路上调车时,应控制调车速度,与接触网终点标应有10m的安全距离;遇特殊情况,必须近于10m时,应严格控制调车速度。

(7)旅客未上下车完毕,除本务机车、补机摘挂作业外,不得进行旅客列车(车底)的连挂作业。

(8)遇天气不良等非正常情况,应适当降低调车速度。

二、溜放调车的限制

溜放调车和驼峰解散车辆,可以缩短调车行程、压缩调车钩分、提高调车效率。但溜出车组减速或停车是靠人力制动机、防溜铁鞋、减速器(顶)制动实现的。为了确保人身、调车作业和货物的安全,某些车辆及线路上,禁止溜放作业。

1. 禁止溜放的车辆

(1)装有禁止溜放货物的车辆。

(2)非工作机车、铁路救援起重机、大型养路机械、机械冷藏车、凹型车、落下孔车、客车、动车组和特种用途车。

(3)乘坐旅客的车辆。

2. 禁止溜放的线路

(1)停有乘坐旅客车辆的线路。

(2)停有动车组的线路。

(3)坡度超过2.5‰的线路(为溜放调车而设的驼峰和牵出线除外)。

(4)停有正在进行技术检查、修理、装卸作业车辆及无人看守道口的线路。

(5)停有装载爆炸品、气体类危险货物车辆的线路。

(6)停留车辆距警冲标的长度,容纳不下溜放车辆(应附加安全制动距离)的线路。

(7)中间站正线、到发线及与其衔接而未设隔开设备的线路。

3. 禁止溜放调车的其他情况

(1)调车组不足3人时,禁止溜放作业。

(2)高速铁路禁止溜放调车。

(3)不准采用牵引溜放法调车(图3-31)。

图3-31 牵引溜放调车示意图

牵引溜放法调车是一种由调车机车牵引调车车列快速运行,在途中摘钩后机车加速,机车与车列离开一定距离,扳动道岔,使机车与调车车列进入不同股道的调车方法。这种调车方法对司机、调车人员、扳道员相互间的配合要求较高,必须严格掌握减速、提钩、加速和扳道的时机,如果稍有不当,就可能造成前堵后追、侧面冲撞或进入"四股"的后果。因此,明确规定不准采用牵引溜放法调车。

三、调车作业的防溜

1. 车辆摘下和连挂时的防溜

停留在线路上的车辆,在重力及风力、震动和冲撞等其他外力作用下,静止的车辆有可能溜走,而运行中的车辆在势能和运动惯性的作用下将加快走行速度,失去控制的车辆将造成可怕后果,因此必须对停留车辆按不同车站、不同线路的具体防溜规定采取防溜措施。需要摘下车辆时,必须停妥,没有按规定采取好防溜措施,不得摘开机车,防止因坡道或震动等造成车辆溜逸;连挂车辆时,应先检查防溜措施后再连挂,挂好后方可撤除全部防溜措施,防止因先撤除防溜措施或防溜措施不起作用,在机车连挂过程中因坡道或机车车辆的冲撞等造成车辆溜逸。但影响摘挂车的防溜器具,在其他防溜措施作用良好的情况下,在摘挂车前可先行撤下,如防溜枕木、防溜脱轨器、防溜铁鞋等,此时应派人在现场看护。

2. 转场或在超过 2.5‰坡度的线路上调车时(驼峰作业除外)的防溜

转场作业运行距离长,需要跨越正线或影响其他调车区作业,所以应加强车列的制动能力,以便遇到特殊情况可以随时停车。在超过 2.5‰坡度的线路上(是指线路有效长内的平均坡度,驼峰作业除外)调车,特别是去坡度较大的专用线取送作业,需要较强的制动力。因此,转场或在超过 2.5‰坡度的线路上调车时,11 辆及以上必须连结软管,以保证按要求减速或停车。

为了既能保证作业安全,又不影响作业效率,兼顾调车作业"提前排风、摘管"的要求,对于 11 辆及以上必须连结软管的数量、10 辆及以下是否需要连结软管及连结软管的数量,以及以解散作业为目的的牵出是否需要连接软管,由车站与机务段根据机车类型、线路坡度、挂车多少、走行速度等情况,研究确定并纳入《站细》。

驼峰主要是为溜放作业所设置的调车设备,线路的坡度超过 2.5‰,作业中需要频繁的摘开车钩,连结软管对作业影响较大,因此为了适应驼峰作业的需要,驼峰作业时可不连结软管。

四、通过驼峰的限制

(1)机车(调车机车除外)、铁路救援起重机、客车、动车组、大型养路机械、凹型车、落下孔车、钳夹车,由于自身构造和工作原理,通过驼峰可能会对自身或驼峰设备造成危害,危及安全,禁止通过驼峰。

(2)涂打禁止上峰标记的车辆(图 3-32),因其自身特殊的轴距、车底高等因素限制,若强行过峰,易发生车体摩擦、碰撞地面设备甚至脱轨,所以禁止通过驼峰。

(3)装载活鱼(包括鱼苗)、跨装货物的车辆(跨及两平车的汽车除外)等是否通过驼峰,

图 3-32 车辆禁止上峰标记

执行《站细》的规定。

(4) 机械冷藏车内各种机械、仪表设备和各种管道,牢固性差,尽可能避免通过设有车辆减速器(顶)的驼峰,应经迂回线送至峰下。如因迂回线故障等原因,必须通过设有车辆减速器(顶)的驼峰时,应由机车推送下峰,速度不得超过 7km/h。除推峰外,不得附挂机械冷藏车溜放其他车辆,主要是避免溜放作业中车列急起急停造成的车辆冲动,以保证车内精密仪器、机械不受损伤和车辆连结管路的完好。

五、线路两旁堆放货物的规定

(1) 为保证调车工作的安全与作业方便,线路两旁堆放货物时,距钢轨头部外侧,不得少于 1.5m,如图 3-33 所示。

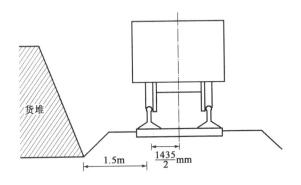

图 3-33 线路旁堆放货物距离示意图

(2) 站台上堆放货物,距站台边缘不得小于 1m。
(3) 货物应堆放稳固,防止倒塌。
(4) 货物堆放,不足上述规定的距离时,不得进行调车作业。

六、手推调车

手推调车是调移车辆的辅助形式,普速铁路一般只在缺乏动力的情况下,短距离移动车辆时采用。为保证安全,手推调车应符合以下要求:
(1) 手推调车必须取得调车领导人的同意。
(2) 手推调车时,人力制动机作用应当良好,有胜任人员负责制动。
(3) 手推调车速度不得超过 3km/h。
(4) 下列情况,禁止手推调车:
① 在正线、到发线及坡度超过 2.5‰ 的线路上(确需手推调车时,必须经铁路局集团公司

批准)。

②在停有动车组的线路上。

③遇暴风雨雪或者夜间无照明时。

④接发列车时,与接发列车进路没有隔开设备或者脱轨器的线路,向能进入接发列车进路的方向。

⑤装有爆炸品、气体类危险货物的车辆。

⑥在电气化区段,接触网未停电的线路上,对棚车、敞车类的车辆。

七、机车出入段

设有机务段(折返点)的车站,机车出入段是一项频繁的调车作业。它不仅关系到加速出入段机车的放行,保证机车按停留时间标准进行作业,而且对到发线、咽喉道岔能力的运用,有着直接的影响。因此,车站值班员必须认真掌握机车出入段的时机和经路。

(1)有固定走行线时,出、入段机车必须走固定走行线。因为设计、确定机车走行线时,对机车走行线的配置已经综合考虑车站技术作业进行科学的划分,使机车出、入段的走行更便利、更合理,最大限度地减少了机车出、入段与接发列车的相互干扰,因此,必须按固定走行线走行。

(2)为了保证固定走行线的正常运用,禁止在固定走行线上停留机车车辆。因为机车固定走行线上停留机车车辆,将引起出、入段变更走行线,不仅会打乱机车出入段顺序,而且因变更走行线司机对线路不熟,有可能延长出入段时间。

(3)当车站没有机车出、入段固定走行线或临时变更走行线时,为保证安全和加速机车出、入段工作,应事先通知司机走行经路,司机按固定信号或扳道员显示的允许运行的信号行车。集中联锁的车站,机车出入段时,故不必通知司机,司机按地面调车信号机的显示运行即可。

八、动车组调车作业

(1)动车组自带动力,基于安全、构造特点、作业方式等原因,一般情况下动车组进行调车作业应采用自走行方式(只有在故障救援、非电化区段调车等必要时才采用动车组无动力调车方式),司机根据调车作业计划和凭地面信号机的显示进行作业。

(2)动车组自走行调车作业时,司机应在动车组运行方向的前端操作,前方进路的确认由动车组司机负责。在不得已情况下,必须在后端操作时,应指派随车机械师或其他胜任人员站在动车组运行方向的前端指挥;当发现危及行车或人身安全时,应立即使用紧急停车按钮(紧急制动装置)停车或通知司机停车。为保证安全,后端操作时速度不得超过15km/h。

(3)动车组是固定编组、单独运用,从其自身构造和安全要求出发,动车组禁止连挂其他机车车辆调车。但是动车组故障时连挂救援机车,动车组连挂附挂回送过渡车以及动车组无动力调车时的调车机、公铁两用牵引车,是特殊情况下的必要方式,不在此禁止之列。

九、调车组人数的要求

调车作业是一项复杂的工作，涉及的工作包括进路、信号的确认、停留车及线路的检查、防溜措施的采取与撤除及机车车辆的移动等，上述工作一个人很难完成。为保证调车作业安全和人身安全，更好地完成调车任务，参加调车作业的调车组人员必须达到 2 人及以上时，方准进行调车作业。

十、高速铁路调车的其他限制

（1）禁止溜放调车、手推调车和跟踪出站调车，调车作业人员必须停车上下。

高速铁路坡度大，且多为动车组列车运行和动车组调车作业，站场条件有限、列车运行速度高、安全标准和要求高，为确保安全，高速铁路禁止溜放调车、手推调车和跟踪出站调车作业，调车作业人员必须停车上下。

（2）调车作业时必须连结全部软管。

铁路机车车辆绝大多数为滚动轴承车辆，基本阻力小，因此，在调车作业时需采取安全措施。在线路上停留时，在重力及风力、震动和冲撞等其他外力作用下，静止的铁路机车车辆有可能溜走，而运行中的铁路机车车辆在势能和运动惯性的作用下将加快走行速度，同时高速铁路坡度普遍较大，运行的是高速动车组列车和旅客列车，安全极其重要。因此，高速铁路调车作业必须连结全部软管，以保证按要求减速或停车。

任务五　机车车辆停留与防溜

一、机车车辆停留

1. 机车车辆应停在警冲标内方

警冲标是指示机车车辆停留时，满足机车车辆限界、不准向道岔方向或线路交叉点方向越过的限制点。如果越过警冲标，可能侵限，妨碍邻线机车车辆的运行，有可能发生侧面冲突，所以规定列车及机车车辆必须停在警冲标内方。

遇下列特殊情况，在不影响接发列车和调车作业的条件下，准许临时停在警冲标外方：

（1）因溜放车组速度不当或借线停留等情况，车组未进入警冲标内方，在确认不妨碍其他作业进路时，准许临时停在警冲标外方。在一批作业完了后，必须立即将该车组停在警冲标内方。

（2）遇特殊情况，确需在警冲标外方装卸作业时，由于与邻线作业相互影响，必须经车站值班员、调车区长确认不影响列车到发、调车作业，或者停止相关调车作业后，方可准许。装卸作业完了后，应立即取走或送入警冲标内方，并报告车站值班员、调车区长。

2. 特殊线路上停留

（1）在安全线及避难线上，禁止停留机车车辆。设置安全线及避难线的目的是防止列车和机车车辆冲突，如在该线上停留机车车辆，不仅失去了它的作用，反而增加了冲突机会。

（2）在坡度超过6‰的线路上，不得无动力停留机车车辆。在坡度超过6‰的线路上，极易发生机车车辆溜逸，安全风险大，因此禁止无动力停留机车车辆。

3. 危险货物车辆的停留

爆炸品、气体类危险货物等危险品，对冲击、火焰敏感，万一发生意外，其后果严重。为此，对装载危险货物的车辆，必须停放在固定线路上，两端道岔应扳向不能进入该线的位置并加锁，以防止其他车辆进入。集中操纵的道岔，应在控制台上将道岔开通邻线，并将道岔单独锁闭。在选择停留这些车辆的固定线路时，应尽可能远离房舍、住宅及其他建筑物，并应与列车运行和调车繁忙的线路保持一定间隔。

4. 救援列车的停留

救援列车担负着事故救援的紧急任务，为保证在需要时能及时出动，必须停放在固定线路上。该线路不得停放其他机车车辆，并将两端道岔置于其他机车车辆不能进入该线的位置并加锁。集中操纵的道岔，应在控制台上将道岔开通邻线，并将道岔单独锁闭。

5. 公务车临时停留

为了保证公务车上有关人员的正常工作和休息，对临时停留公务车的线路，除应将道岔置于不能进入该线的位置并加锁外，一般不准利用该线进行与其无关的调车作业。集中操纵的道岔，应在控制台上将道岔开通邻线，并将道岔单独锁闭。

6. 高速铁路车站正线、到发线机车车辆的停留

高速铁路有动车组以外的旅客列车上线运行的区段，在动车组运行时段，除动车组、旅客列车车底及本务机车外，车站正线、到发线不应停留其他机车车辆；仅运行动车组列车的区段，在动车组运行时段，车站正线、到发线不应停留动车组以外的其他机车车辆。特殊情况下确需在到发线停留时，由铁路局集团公司制定相应安全措施。

二、车辆停留的防溜要求

由于货物的性质、车辆的特点或线路坡度方面的因素，停留车辆不进行调车作业时，应采取防溜措施或其他安全措施，以保证行车和货物安全。

（1）编组站、区段站在到发线、调车线以外的线路上停留车辆，不进行调车作业时，应连挂在一起，并应拧紧两端车辆的人力制动机，或者使用防溜铁鞋、止轮器、防溜枕木等牢靠固定。

因装卸车对货位等情况,不能连挂在一起时,应分组做好防溜措施。

(2)中间站停留车辆,无论停留的线路是否有坡道,均应连挂在一起,拧紧两端车辆的人力制动机,并使用防溜铁鞋、止轮器、防溜枕木等牢靠固定。因装卸车对货位等情况,不能连挂在一起时,应分组做好防溜措施。一批调车作业中临时停留的车辆,应拧紧两端车辆的人力制动机或者使用防溜铁鞋、止轮器止轮。

(3)编组站和区段站的到发线、调车线是否需要防溜以及作业量较大中间站执行上述规定有困难时,执行铁路局集团公司的规定。

(4)在电气化铁路区段,部分车辆不能采用人力制动机防溜时,应使用人力制动机紧固器防溜。

三、动车组停留的防溜要求

动车组固定编组,调车作业大多是自走行作业,除使用机车调车作业外,不需要车站人员参与,而且动车组大多带有停放制动装置,可保证动车组无动力停留安全。为减少作业环节、消除结合部隐患,统一动车组停留的防溜要求。

(1)动车组无动力停留时,有停放制动装置的动车组,由司机负责将动车组处于停放制动状态。

(2)动车组无停放制动装置或者在坡度为20‰以上的区间无动力停留时,由司机通知随车机械师进行防溜。防溜时使用防溜铁鞋牢靠固定。

(3)动车段(所)内动车组防溜办法执行铁路局集团公司的规定。

四、防溜器具的管理

防溜器具是指人力制动机、人力制动机紧固器、防溜铁鞋、防溜枕木、防溜脱轨器、止轮器等。

车站行车室必须配备足够具有良好性能的防溜器具,由车站值班员(车务应急值守人员)负责保管和交接。有关作业人员领取、使用、交回时,必须办理登记交接手续,领取(交回)人与保管人共同清点数量、编号无误,确认状态良好后分别签认。

任务六　调车作业基础技能

一、车站行车作业人身安全

为强化铁路车站行车人员人身安全控制,在《铁路车站行车作业人身安全标准》(TB 1699—1985)的基础上,执行《技规》等有关规定,结合现场设备及作业组织变化,国铁集团制定的《铁路车站行车作业人身安全规定》(TG/CW224—2020)是铁路车站行车作业人身安全的基本要求。

1. 行车作业人身安全

(1)班前禁止饮酒。班中按规定着装,佩戴防护用品。

(2)顺线路走时,应走两线路中间,行车作业人员及所携带的工具不得侵入机车车辆限界,并注意邻线的机车车辆和货物装载状态。严禁在道心、轨枕头上行走。不准脚踏钢轨面、道岔连接杆、尖轨、辙叉心等。

(3)横越线路时,应"一站、二看、三通过",注意左右机车车辆的动态及脚下有无障碍物。

(4)横越停有机车车辆的线路时,应先确认该机车车辆暂不移动,然后在该机车车辆较远处通过。严禁在运行中的机车车辆前面抢越。

(5)必须横越列车、车列(组)时,严禁钻车,应先确认该列车、车列(组)暂不移动,然后由车辆通过台或两车车钩上越过;越过时勿碰开钩销,上下车时要抓紧蹬稳并注意邻线有无机车车辆运行;经车辆通过台越过应从车梯上下车。

(6)严禁在机车车辆底下坐卧,以及钢轨上、轨枕头、道心里坐卧或站立。

(7)严禁扒乘运行中的机车车辆,以车代步。

2. 调车作业人身安全

(1)必须熟知调车作业区的技术设备、作业环境和作业方法,以及接近线路的一切建(构)筑物的形态和距离。

(2)上下车时必须遵守以下规定:

①上车时,列车运行速度不得超过15km/h;下车时,列车运行速度不得超过20km/h。

②在高度不超过1.1m的站台上下车时,列车运行速度不得超过10km/h。

③在路肩窄、路基高的线路上和高度超过1.1m的站台上作业时,必须停车上下。

④登乘内燃、电力机车作业时,必须在机车停稳时再上下车(设有便于上下车脚蹬的调车机除外)。

⑤上车前应注意脚蹬、车梯、扶手,平车、砂石车的侧板和机车脚踏板的牢固状态。

⑥上下车时要选好地点,注意地面障碍物。不准迎面上车。不准运行中反面上下车(牵出时最后一辆及《站细》等规定的除外)。

(3)在车列、车辆运行中,禁止下列行为:

①在车钩上,在平车、砂石车的端板支架上坐立,在平车、砂石车的边端站立。

②在棚车顶或装载超出车帮的货物上站立或行走。

③手抓篷布或捆绑货物的绳索,脚蹬平车鱼腹形侧梁。

④在车梯上探身过远,或经站台时站在低于站台的车梯上。

⑤在装载易于窜动货物的车辆间和货物空隙间站立或坐卧。

⑥骑坐车帮。

⑦跨越车辆。

⑧两人及以上站在同一闸台、车梯及机车一侧脚踏板上。

⑨进入线路提钩,摘解制动软管或调整钩位。

（4）手推调车时，必须在车辆两侧进行，并注意脚下有无障碍物。

（5）在电气化铁路区段，接触网未停电、未接地的情况下，禁止到车顶上调车作业。在带电的接触网线路上调车时，调车作业人员及所携带的工具等必须与接触网高压带电部分保持2m以上的距离。

（6）去岔线、段管线或货物线调车作业，必须事先派人检查线路大门开启状态及线路两侧货物堆放情况；若事先派人检查有困难时，应执行《站细》中规定的检查确认办法。

（7）带风作业时，必须执行一关（关折角塞门）、二摘（摘开制动软管）、三提钩的作业程序。

（8）在摘解制动软管、调整钩位、处理钩销、采取或撤除防溜措施时，必须等列车、车列（组）停妥，并得到调车长的回示，昼间由调车长防护，夜间必须向调车长显示停车信号。

①调车作业人员必须确认列车、车列（组）停妥，得到调车长同意，并使用无线调车灯显设备发出"紧急停车"指令后，方可进入车挡。调车长进入车挡作业时，由其本人向司机显示（发出）停车信号进行防护。

②使用手信号调车时，调车长必须向司机显示停车信号进行防护后，方可同意调车作业人员进入车挡；调车长得到所有调车作业人员均已作业完毕的汇报后，方可撤除防护。

（9）调整钩位、处理钩销时，调车作业人员不要探身到两车钩之间。对平车、砂石车、罐车、客车及特种车辆，调车作业人员应特别注意端板支架、缓冲器、风挡及货物装载状态。

（10）溜放调车作业应站在车梯上，一只手抓牢车梯，另一只手提钩，不准用脚提钩或跟车边跑边提钩（驼峰调车作业除外），严禁在车列运行中抢越线路去反面提钩。

（11）使用人力制动机时（在静止状态下，站在地面或低于车钩中心水平线的人力制动机闸台上使用时除外），必须使用安全带，做到"上车先挂钩""下车先摘钩"。对于不能使用安全带的车辆，如平车、砂石车、罐车等，进行调车作业时必须选好站立地点。

（12）严禁使用折角塞门放风制动。

（13）使用防溜铁鞋制动时，应背向来车方向，严禁徒手使用防溜铁鞋，并注意车辆、货物状况和邻线机车车辆的动态。严禁携带铁鞋叉子上车。

（14）严禁在运行中的机车前后端坐卧。

（15）使用折叠式人力制动机时，必须在停车时竖起闸杆，确认方套落下、月牙板关好、插销插上后方可使用。

（16）作业中严禁吸烟。

3. 接发列车作业人身安全

（1）熟知站内作业区域、行走径路及两侧相关的设备设施，并随时注意使用情况，如遇设备设施、走行通道发生异状或变化时，应及时通知有关人员并采取安全措施。

（2）接发列车时，应站在规定地点，随时注意邻线机车车辆动态。

（3）安装、摘解货车列尾装置（主机、中继器），吊起列车尾部软管时，应确认车列暂不移动方可进行作业。

4. 清扫(扳道)作业人身安全

(1)清扫道岔(含降雪天气清扫道岔积雪)前,必须得到车站值班员或有关人员的同意。清扫电气集中道岔或联动道岔,必要时应先将安全木楔置于尖轨与基本轨之间。清扫后及时将清扫工具、安全木楔等撤除,并向车站值班员或有关人员报告。

(2)扳道员接发列车时,应站在规定地点,随时注意邻线机车车辆动态。

(3)在扳道作业时,应遵守扳道作业方法。除因作业需要必须进入道心外,均应站在安全地点。

二、调车作业人员上下车

在车列运行中上下车,必须在保证安全的条件下进行,这是调车作业人员应具备的基本技能之一。调车作业人员上下车作业时,应慎重选择车组或车列的走行速度、上下车地点、条件和时机,切忌盲动行事,尤其不得在上下车时显露身手、耍弄花样,应确保人身安全。

1. 上车技能

(1)上车要领

①准备

调车作业人员面向车列移动方向,选择好合适上车地点(助跑范围内地面平坦,无信号机、绝缘箱等障碍物,无滑倒或绊倒因素等)。

②助跑

助跑(图3-34)是调车作业人员在上车前跑到身体与车辆移动速度相近,为上车创造条件。

图3-34　助跑

a.当车辆移动速度较低时(一般在6km/h以下),抓住车梯(扶手)后即可抬腿上车,一般不需要助跑。

b.当车辆移动速度较高时,需要随车助跑,一般先跑三四步,同时注意前方路面,不要仅盯车梯脚镫子;当抓住车梯(扶手)后,再快跑一二步,当助跑速度和车辆移动速度相近时,纵身起跳上车。

c. 当车辆移动速度超过15km/h时,禁止上车。

③抓车

当调车作业人员选好抓附的车梯(扶手)到达能够抓到的瞬间,上身稍微靠近车辆一方,双脚仍保持向前,眼睛要盯好车梯(扶手)的位置,然后伸手抓车。抓车方式分为单手抓车(图3-35)和双手抓车(图3-36)。

图3-35 单手抓车　　　　　　图3-36 双手抓车

④起跳

起跳(图3-37)时调车作业人员应果断迅速,看准脚踏车梯,脚用力蹬地,手臂顺势上拉,跳起高度要稍高于脚踏车梯,脚要随着身体的起跳协调找准位置,蹬稳车梯。

图3-37 起跳

⑤落脚

落脚(图3-38)时,调车作业人员先着车梯的一只脚要为另一只脚留足位置,踏稳后再将另一只脚紧跟其后合拢落下,两脚都用前脚掌落于车梯,避免用脚跟着蹬,尤其冬季,车梯有冰雪时,易向内方滑动。

当两脚均蹬踏上车梯后,调整手抓车梯(扶手)位置,手抓位置应选在肩部以上最为合适。

当上车未踏上(踏空)或滑脱车梯时,不能松手,头脑要保持镇静。当车速不高时,可调整身体在地面上尽力跑几步,然后再起跳上车;当车速较高时,应用双臂支撑收缩,用力将身体(借其车力)上移,两腿跟上找准位置上车,身体要掌握平衡,贴近车体一侧,不要外仰乱蹬,以防超出限界被打伤。

图3-38 落脚

(2)手腿运用技能

①两手的运用

在完整的上车动作中,由于车列移动速度高低不同,抓车方法可采用单手抓车和双手抓车。双手抓车分为双手抓同一阶车梯(扶手)和双手分别抓不同阶车梯(扶手)。

单手抓车是在车辆未起动或刚起动的情况下采用的方法。此时,在一只手抓住扶手后,一只脚也随着踏到脚蹬上去,然后按照需要可以站在原地不动或者再向上扒乘到需要的位置。在采用这一抓车方法时,抓车的一只手,应高伸抓扶较高的扶手,这样如不再向上攀登时,身体基本符合上车后应保持的位置。单手抓车必须使用靠近车辆一侧的手,抓车很自然地使身体保持朝向车列移动方向,以便上车。

双手抓车是在车列移动速度较高时采用的方法。双手抓扶同一阶车梯(扶手)时,双手所抓位置应有一定的距离,先抓车梯(扶手)的一只手要为另一只手留足位置,身体保持向前方向,所选的车梯(扶手)既不能太高也不能太低。

双手抓扶不同阶车梯(图3-39)时,靠近车列的一只手抓扶与头部高度接近的车梯(扶手),采用手心向下的抓车方式,另一只手抓扶与胸部高度接近的车梯(扶手),两手上车时形成合力,身体收缩保持平衡。由于车速较高,上车时腰部弯曲,上车后需调整姿势。

图3-39 双手抓扶不同阶车梯

当抓扶油罐车时,双手应分别抓牢两个扶手,如图 3-40 所示。

图 3-40　双手抓扶不同的扶手

②双腿的运用

为便于上车和确保调车作业人员的人身安全,靠近车列一侧的一条腿应先上车。如果另一条腿先上车时,一旦发生踏空或踏脱,极易导致两腿相绊,危及人身安全。

2. 下车技能

(1) 下车要领

①下车准备

在移动中的车列上准备下车(图 3-41)时,调车作业人员先将上身向外转动,面向车列移动方向,检查衣服、备品等是否有钩挂车辆的情况,查看预计下车地点是否平坦、有无障碍物,冬季时地面有无冰雪。

图 3-41　下车准备

②下蹲

在车列即将移动至预计下车地点前,调车作业人员双手应抓住与胸部高度相近的车梯(扶手),身体向外转动与车辆基本成 90°角,外侧腿即可离开车梯尽量下垂,同时另一条腿也相应地向下弯曲,随外侧腿下垂做下蹲动作,外侧手也应离开扶手下垂。当外侧腿下垂时离地面应有适当高度,下垂的程度应使臀部高于另一条腿的膝盖为宜,这样便于跳车。下蹲如图 3-42 所示。

图 3-42　下蹲

③跳车

当下蹲动作完成后,为使跳车后身体能保持平衡,垂下的外侧腿需向前伸,由前向外侧转,车列移动到预计下车地点时手松开车梯(扶手),借身体重量自然下落,同时另一条腿稍微用力蹬车梯做跳下动作。跳车如图 3-43 所示。

图 3-43　跳车

跳车时应注意身体面向车列移动方向,脚尖跳下的方向应向外与车列成一定角度,身体各部位配合要协调一致;当下蹲动作完成后,手应立即松开,以免松手过晚,车列带动上身向前移动,造成下车失败,发生危险;下车应果断,不能犹豫不决,由于车速过快、地面不平等因素没有信心安全下车时,应立即终止下车。

④着地

当跳下将要着地时,必须做臀部下坐、上身后仰的动作,下车时速度越大,后仰幅度越大;在保持这样的姿势下,脚部应采用平落或者脚后跟落地。着地后,进行减速跑步,以便保持身体的平衡。着地如图 3-44 所示。

图 3-44　着地

(2) 手腿运用技能。

① 双手的运用

在下车时，一律用靠近车列的手抓扶车梯(扶手)，另一只手在下蹲动作中转体下垂，为下车作好准备。

② 双腿的运用

下车时，不论车列移动是高速还是低速，一律采用外侧腿先着地。注意：不能采用双腿同时着地和靠近车列一侧腿先着地(别腿下车)的方式。

手脚运用技能如图 3-45 所示。

图 3-45　手腿运用

3. 上下车的几种错误姿势

(1) 上车时，手脚一齐伸。这样的上车方法，只要手脚有一处失误，就有坠车危险。

(2) 先跨脚，后抓车。这样上车，会因手没有及时跟上，造成身体后仰，甚至坠车。

(3) 下车后不向前跑。在下车后不借助跑步来减少冲力，容易摔倒，甚至造成人身伤害。

三、观测速度和距离

在调车作业中,准确、及时地判断车组之间的距离和观测车辆走行速度,是调节车辆溜行速度和实施车辆制动的依据,也是提高调车效率、保证调车作业安全的关键。

1. 观测速度

观测速度(简称观速)就是要判断出推送车列或溜放车组、行进中的机车车辆某一时刻的走行速度,以便掌握调车速度。观速一般有目测、数数计数和步行测速等方法。

(1) 目测

目测是指调车作业人员在车上目测轨枕头或石碴的状态来判明某一时刻车辆运行速度。

① 目测轨枕头(轨长12.5m铺设18根轨枕)

a. 能较慢地数清轨枕根数时,运行速度约4km/h。

b. 能较快地数清轨枕根数时,运行速度约7km/h。

c. 能看清轨枕而数不清轨枕根数时,运行速度约10km/h。

d. 接近看不清轨枕根数时,运行速度约15km/h。

② 目测石碴形状

a. 能清晰地看清石碴形状时,运行速度约7km/h。

b. 一般地看清石碴形状时,运行速度7~10km/h。

c. 看不清石碴形状或石碴形状接近一条线时,运行速度13~17km/h。

d. 石碴形状成一条线时,运行速度在25km/h以上。

(2) 数数计速

数数计速是指调车作业人员在车上或在车下用数数的办法,测算一定时间内车辆通过钢轨的根数(或车轮撞击钢轨接头的次数),可利用下列公式计算:

$$速度 = \frac{距离}{时间} = \frac{钢轨根数 \times 钢轨长度}{时间} \times 3.6$$

式中:3.6——把m/s换算成km/h的单位换算系数。

为了使调车作业人员便于掌握和运用,可将车辆走一节钢轨的不同秒数及所得的不同速度用表格形式表示(表3-1),调车作业人员应经常练习数数,保持与时间的一致性。数数时,每数一下为1s(0.5s),在一般情况下每秒数两下比每秒数一下准确。

数数测速表 表3-1

经过第1节钢轨时间	速度(km/h) 钢轨为12.5m/节	经过第1节钢轨时间	速度(km/h) 钢轨为12.5m/节
1.0	45.0	3.0	15.0
1.5	30.0	3.5	12.5
2.0	22.0	4.0	11.3
2.5	18.0	5.0	9.0

续上表

经过第1节钢轨时间	速度(km/h) 钢轨为12.5m/节	经过第1节钢轨时间	速度(km/h) 钢轨为12.5m/节
6.0	7.5	15.0	3.0
9.0	5.0	16.0	2.8
10.0	4.5	17.0	2.6
12.0	3.8	18.0	2.5

(3)步行测速

步行测速是指根据车辆溜行和调车作业人员行走的相对速度来判断车辆运行速度。

①慢步行走能跟上车组时,运行速度约为3km/h。

②正常行走能跟上车组时,运行速度约为5km/h。

③快步行走能跟上车组时,运行速度约为8km/h。

④慢跑能跟上车组时,运行速度约为10km/h。

⑤快跑能跟上车组时,运行速度约为15km/h。

⑥快跑也跟不上车组时,运行速度约为20km/h。

2. 观测距离

观测距离(简称观距)就是要判断出推送车列或溜放车组与停留车之间、溜放车组之间、行进中的机车车辆与某种固定设备之间的距离,以便掌握或调节速度。

观距采用的主要方法是对比法,即利用自然物或固定设施来目测距离。

(1)对比邻线存车数。按照邻线存车数、车辆类型判定运行中车辆与停留车之间的距离。

(2)对比电杆距离。电杆距离一般有50m和30m两种标准。

(3)对比钢轨长度。调车场钢轨长度一般有12.5m和25m两种标准。

此外,站场中的灯桥、房舍、信号机等固定设备之间的距离都是判断距离的依据。

四、排风

1. 排风的含义

排风是指排出每个待解车辆制动主管和副风缸内的压缩空气。排风是开始解体作业前的重要工序之一,应做到风排尽、不漏排、不抱闸,使每个待解车辆彻底缓解。

2. 排风的目的

排风的目的是防止车辆在溜放过程中,车辆内的余风压力大于主管余风压力时,引起车辆自动抱闸,造成车辆在溜行途中被迫停车,可能造成车辆侧面冲突或尾追事故。因此,不排风或排风不彻底,不仅会影响作业效率,还会危及调车作业安全。

3. 排风的方法

(1)首先是放风,在待解车列到达技检作业完毕后,排风作业人员在车列的一端,一只手拿起制动软管,另一只手缓缓扳动折角塞门,连续开关几次,待车列制动主管内风压降低后,再打开折角塞门,如图3-46所示。禁止一次将车辆折角塞门全部打开,防止放风过猛损坏车辆零件,造成缓解不良,而且制动软管在风的反作用力下,快速摆动打伤排风作业人员。

图3-46 放风

(2)放风结束后,排风作业人员用手拉动排风杆,听到副风缸余风开始排出时,用石子(道砟)卡住排风杆,使副风缸继续排风,此时,排风作业人员即可进行次一车辆的排风工作。拉风如图3-47所示。

(3)逐车检查车辆缓解状态,确认制动缸活塞全部退回,只露出白色部分,如图3-48所示。

排风

图3-47 拉风

图3-48 制动缸活塞全部退回

（4）排风作业人员在确认制动缸活塞全部退回，车辆处于缓解状态后，逐车取下提钩杆石子。

（5）在驼峰解体时，排风作业人员还应检查以下几点：车辆的钩链是否完好，提钩杆是否被铁丝捆绑，防跳插销是否拔出，车辆闸链、人力制动机是否松开，软管是否摘开，双风缸的车辆是否排净风以及是否适合通过驼峰的车辆。

4. 排风不缓解的原因及处置方法

（1）制动主管内的风全部放完时，会使车辆三通阀失去外力作用不能动作或三通阀作用不灵敏，不能形成制动缸的排风通路，此时拉风不能放出制动缸的余风，因此，制动机不缓解。

（2）处置方法。

①将缓解阀的排风杆拉开后，卡上石子，然后关闭该车一端的折角塞门，在另一端向制动软管吹气，促使三通阀活塞运动，形成缓解位置，使制动缸内余风排出，制动缸活塞退回而缓解。

②拉风不排风，车辆不缓解，也可能是缓解阀排风口堵塞。遇到这种情况，可用铁丝等物穿捅缓解阀排风口。

③排风不缓解，可能是人力制动机未松开，制动链绷紧，造成制动缸活塞不能缩回所致，因此应松开人力制动机。

④对装有两个副风缸的车辆，拉风时，必须分别拉动两个副风缸上的缓解阀，方能使车辆彻底缓解。

五、摘管

1. 摘管作业程序（带风作业）

摘管（摘开制动软管）是指调车作业人员根据调车作业计划或车号员的开口通知单（粉笔标记）正确摘管。现场的经验做法是"一关前、二关后、三摘管、四提钩"。

一关前：关闭靠近机车方向的折角塞门，使塞门芯刻线与车辆主管成90°，确认折角塞门关闭到位。

二关后：关闭另一端的折角塞门。摘开机车与车辆连接的制动软管时，应先关闭车辆的折角塞门，再关闭机车的折角塞门。

三摘管：摘开制动软管。

四提钩：提开车钩。

2. 摘管注意事项

（1）摘管时禁止双脚进入道心内，如图3-49所示。

（2）禁止手握两制动软管接头处，以免制动软管接头夹伤手指，如图3-50所示。

图 3-49 摘管时禁止双脚进入道心

图 3-50 禁止手握两制动软管接头处,以免制动软管接头夹伤手指

（3）摘管时不要用力过猛,否则容易被制动软管弹伤。

六、连结制动软管

连结制动软管是指根据调车作业计划将机车与车辆之间或车辆与车辆之间的制动软管连接器进行连结。

1. 作业程序

（1）连结制动软管前,应先确认车辆的连挂状态,确认钩锁销是否落入作用孔内。

（2）连结制动软管前,检查相邻车辆制动软管连接器的密封垫圈是否安装正确,有无破损等故障。

（3）连结制动软管时两脚应一里一外（以右脚进入道心为例）,用左手握作业侧制动软管中部,右手抓制动软管接头,弯曲右肘部,使制动软管折回 90°,倒换左手正握制动软管头部,再用右手将右方制动软管接头同左手制动软管接头套合,二者成 90°,然后双手下压,靠制动软管本身的弹力使两制动软管的接头紧密结合,如图 3-51 所示。

a)

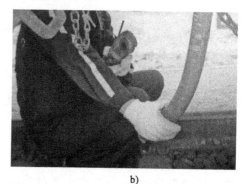
b)

图 3-51

图 3-51 连结制动软管

(4) 制动软管连结好后,应确认接头连结稳妥,方可打开折角塞门,以免通风后制动软管弹开伤人。

2. 漏风处理

连结好制动软管后,遇有漏风情况,可能是两根制动软管接头未推到底,可以轻敲制动软管接头;如仍有漏风,可能是密封圈接触不严密,这时应摘开制动软管,重新调整或更换密封圈后再连结制动软管。

连结制动软管

《案例分析》

【典型案例 3-1】 调车司机未按规定减速停车

1. 事件概况

×年×月×日 18 时 01 分,××车务段×站在专用铁路内集结车辆 28 辆,准备执行第 101 号调车作业计划三钩,专 1 线 +28,专 2 线 -28,专 3 线转头回专 1 线。

调车机车在站内推送作业过程中,推送车列前端连结员张某呼叫"十车",司机鸣笛回示并减速;连结员张某呼叫"五车",司机鸣笛回示并减速;连结员张某呼叫"三车",司机鸣笛回示并减速。

随后,连结员张某呼叫"停车",司机既未鸣笛回示又未减速;连结员张某连续呼叫停车,离机车较近的连结员陈某听见连结员张某呼叫停车,但司机未鸣笛也未采取停车措施的情况下,徒手使用停车信号向司机显示,但司机仍未采取停车措施,至推送车列前端车辆压断防溜枕木、撞上专 2 线(尽头线)挡车器后脱轨,构成调车一般 D1 事故。

2. 事件原因分析

(1) 调车司机作业过程中停车不及时。在往专 2 线的推进过程中,司机收到"十、五、三"车的呼叫时,都能按规定鸣笛回示并采取减速措施,在连结员给出一度停车后未见停车,连结员又多次呼叫停车后,调车司机也未及时采取停车措施,直至撞上挡车器后才停车,是造成此次事故的直接原因。

(2)车站调车作业人员站位和应急处置不当。车站调车作业人员未充分考虑大组车往尽头线推送作业的风险,机次人员站位超过能迅速、有效地处置应急情况的距离。离机车较近的车站作业人员听见前端连接员呼叫停车,车列未减速时,未使用口笛提醒机车司机,仅徒手使用了停车信号,未及时且有效地起到作用。

3. 事件评析

(1)调车司机在调车作业过程中必须认真确认信号显示(作业指令),不间断地瞭望,认真执行呼唤应答制度,发现危及人身安全或作业安全时,立即采取措施,确保调车作业安全。遇有固定信号、手信号显示不明和无线调车灯显设备故障、指令不清或接到紧急停车指令时,应立即停车,确认信号或指令后再行作业,严禁臆测作业。

(2)车站调车作业人员应充分考虑在尽头端位置卡控好推送作业的安全,合理分配作业人员位置;同时,提高调车作业应急处置能力,遇紧急情况立即使用紧急停车键或使用口笛等方式提醒机车司机停车。

【典型案例 3-2】 高速铁路接触网作业车司机未确认前方进路导致调车脱轨

1. 事件概况

×年×月×日 0 时 35 分,××高铁基础设施段×接触网工区×××××2 号+×××××3 号接触网作业车组,在甲-乙站下行 K666+250 至 K666+520 天窗作业,车站由分散自律中心操作方式转为车站操作模式,车站值班员排列接触网作业车调车进路(图 3-52 中粗线所示),并通过 FAS❶ 联控作业车司机 3 道发车进路好了,3 道发车(应该西出),接触网作业车司机在未确认前方进路道岔开通位置的情况下,3 道东出运行至 109 号道岔处,致使×××××2 号作业车第一轮对左轮爬上翼轨轨面运行 3.61m 停车,构成铁路交通一般 D 类(D2)事故。

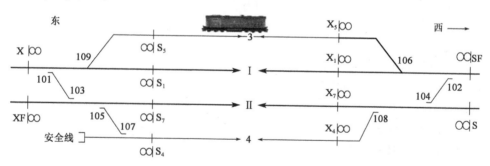

图 3-52 接触网作业车作业位置的站场示意图

2. 事件原因分析

(1)接触网作业车司机在接到 3 道发车进路好了、3 道发车的联控后,未确认前方进路道岔开通位置,未询问车站值班员、供电段驻站联络员往哪个方向的情况下,臆测行车,出错方向,导致调车脱轨。

---

❶ 在铁路数字调度通信系统(Global System for Mobile Communication-Railway,GSM-R)中的固定用户接入交换机(Fixed users Access Switching,FAS),简称为 FAS。

（2）车站值班员未编制并传达调车计划，作业车进路准备妥当后使用FAS联控时，未带西出方向，违反《技规》调车工作"领导及指挥""计划及准备"有关条款规定。供电段驻站联络员也未联系司机3道往哪个方向出。

3. 事件评析

（1）调车进路的确认是保证安全的重要基础。司机负责调车动力（包括机车、动车组、自轮运转特种设备等）的操纵，为明确责任，规定机车、自轮运转特种设备运行或牵引车辆运行时，前方进路的确认由司机负责，这是保证调车安全和完成调车任务的关键之一。

（2）高速铁路使用机车（自轮运转特种设备）进行调车作业少，司机对车站、动车段（所）设备及停留车位置不够熟悉，进行有车辆摘挂的调车作业时，不论作业计划钩数多少，均使用有示意图的"调车作业通知单"（示意图可另附），以书面形式下达，为作业提供便利条件，确保作业安全、有序进行。在调车作业通知单上，应有调车作业的机车（自轮运转特种设备）或车次、计划开始与终了时间、使用线路、摘挂辆数、注意事项等。

（3）高速铁路车站基本不配属调车机车和专门的调车作业人员，而施工路用列车均自带动力（机车或自轮运转特种设备）进入高速铁路运行和作业，是有计划进行的，施工（使用）单位应根据施工计划和作业需要提前做好调车动力和调车作业人员的配备工作。

（4）在调车作业过程中，严禁臆测行车。没有信号（指令）不准动车，信号（指令）不清立即停车，联系清楚后，再进行作业。

复习思考题

1. 什么是调车？
2. 什么是调车工作的"统一领导和单一指挥"？
3. 调车长的要求有哪些？
4. 司机的要求有哪些？
5. 调车作业计划编制的要求有哪些？
6. 调车"九固定"的具体内容是什么？
7. 调车区如何划分？
8. 调车速度有何规定？
9. 哪些情况禁止溜放调车？
10. 哪些车辆禁止通过驼峰？
11. 无线调车灯显设备的使用有哪些规定？
12. 手推调车有何限制？
13. 动车组调车有哪些规定？
14. 中间站停留车辆时防溜有哪些要求？
15. 动车组如何防溜？

项目四

行车闭塞

项目内容

本项目主要介绍行车闭塞法,以及自动闭塞、自动站间闭塞、半自动闭塞、电话闭塞、普速铁路车站一切电话中断时的行车和行车凭证填写办法等内容。

教学目标

◎ **能力目标**

能按有关规定,正确使用行车凭证。

◎ **知识目标**

了解和掌握行车闭塞法的特点;熟知各种行车凭证的使用时机以及发给行车凭证的依据。

◎ **素质目标**

培养严格执行作业标准和操作规程的职业精神。

任务一 行车闭塞法

一、行车闭塞法类型

为了保证安全,在列车运行时,使列车与列车之间保持一定的距离,这种行车方法称为行车闭塞法。行车闭塞法有两类,即空间间隔法和时间间隔法。

1. 空间间隔法

空间间隔法,也叫距离间隔法,以车站、线路所所划分的区间,自动闭塞区间的闭塞分区,以及列控系统所确定的两列车间隔距离,作为两列车间隔的行车办法。按空间间隔法行车时,一个区间或闭塞分区在同一时间内,只允许一列列车运行。空间间隔法有以下优点:

(1)由于铁路线路划分成若干个区间或闭塞分区,在一定时间内每一区间或闭塞分区都可以开行列车,这样可提高通过能力。

(2)由于在绝大多数车站都有为列车到达、出发、会让而铺设的配线,因而可以保证列车安全会让。

(3)由于在一个区间或闭塞分区,只准许一个列车运行,列车可按规定的速度在区间或闭塞分区运行,这样既能提高列车速度,又能保证列车运行安全。

(4)有的区段在干线上设立了线路所,对提高通过能力也起到一定作用。

基于空间间隔法有诸多优点,我国铁路正常行车采用空间间隔法。

2. 时间间隔法

时间间隔法是指在一个区间,按规定的时间间隔,将同方向运行的列车彼此间隔运行的行车办法。

由于使用时间间隔法开行列车,没有设备上的安全距离等控制,安全性较差,容易发生事故,原则上不使用时间间隔法。

二、行车基本闭塞法分类

我国铁路基本闭塞法有自动闭塞、自动站间闭塞和半自动闭塞三种。其中,普速铁路基本闭塞法有自动闭塞、自动站间闭塞和半自动闭塞三种,高速铁路基本闭塞法有自动闭塞法和自动站间闭塞两种。

三、使用电话闭塞法行车的时机

电话闭塞法是指当基本闭塞法不能使用时,根据列车调度员的命令所采用的代用闭塞方法。普速铁路遇列车调度电话不通时,闭塞法的变更或恢复,应由该区间两端站的车站值班员确认区间空闲后,直接以电话记录办理。当列车调度电话恢复正常时,两端站车站值班员应及时向列车调度员报告。

1. 普速铁路

普速铁路遇下列情况,应停止使用基本闭塞法,改用电话闭塞法行车:

(1)基本闭塞设备发生故障导致基本闭塞法不能使用,自动闭塞区间内两架及以上通过信号机故障或者灯光熄灭时。
（2）无双向闭塞设备的双线区间反方向发车或者改按单线行车时。
（3）发出由区间返回的列车或者发出挂有由区间返回后部补机的列车时。
（4）自动站间闭塞、半自动闭塞区间，由未设出站信号机的线路上发车，或者超长列车头部越过出站信号机并压上出站方面轨道电路发车时。
（5）在夜间或者遇降雾、暴风雨雪，为消除线路故障或者执行特殊任务，开行轻型车辆时。

2. 高速铁路

高速铁路遇下列情况时，应停止使用基本闭塞法，改用电话闭塞法行车：
（1）基本闭塞设备发生故障导致基本闭塞法不能使用。
（2）自动站间闭塞区间，出站信号机故障且引导信号不能开放时的发车。

四、自动站间闭塞设备故障的处理

自动站间闭塞设备故障，且半自动闭塞设备良好时，可根据调度命令改按半自动闭塞法行车。

五、总辅助按钮和故障按钮的使用

1. 总辅助按钮的使用

设有双向闭塞设备的自动闭塞区间，遇轨道电路发生故障等情况，需使用总辅助按钮改变闭塞方向；由车站办理接发列车时，车站值班员必须确认区间空闲后，根据列车调度员命令，使用总辅助按钮改变闭塞方向，并在"行车设备检查登记簿"内登记；由列车调度员办理接发列车时，列车调度员确认区间空闲后，使用总辅助按钮改变闭塞方向，并在"行车设备检查登记簿"内登记。

2. 故障按钮的使用

在半自动闭塞区间，遇接车站轨道电路发生故障，闭塞设备停电后恢复供电，列车因故退回原发车站等情况时，车站值班员确认列车整列到达后，根据列车调度员命令，使用故障按钮，办理人工复原，并在"行车设备检查登记簿"内登记。

六、普速铁路线路所、辅助所行车闭塞的规定

普速铁路线路所和区间内设有辅助所的行车闭塞办法，由各铁路局集团公司规定。

任务二 自动闭塞

一、使用特点

使用自动闭塞法行车时,列车是根据进出站信号机和通过信号机的显示运行,在运行过程中通过轨道电路检查闭塞分区的占用与空闲,并通过信号机显示的不同颜色的灯光指示后续列车的运行,由此来自动完成闭塞作用。这种方式不需要办理闭塞手续,又可以在同一区间内开行多列追踪运行的列车,并有必要的空间间隔,既保证了行车安全,又提高了区间通过能力。

目前,我国自动闭塞区段大多采用四显示的通过色灯信号机,当其显示一个绿色灯光时,表示列车运行前方至少有三个闭塞分区空闲,准许列车进入闭塞分区后按规定速度运行;当其显示一个绿色灯光和一个黄色灯光时,表示列车运行前方有两个闭塞分区空闲,准许列车进入闭塞分区后按规定速度运行,要求注意准备减速;当其显示一个黄色灯光时,表示列车运行前方只有一个闭塞分区空闲,要求列车注意或减速运行,按规定限速要求越过该信号机;当其显示一个红色灯光时,要求列车应在该信号机前停车。

部分自动闭塞区段采用三显示的通过色灯信号机,当其显示一个绿色灯光时,表示列车运行前方至少有两个闭塞分区空闲,准许列车进入闭塞分区后按规定速度运行;当其显示一个黄色灯光时,表示前方只有一个闭塞分区空闲,要求列车注意或减速运行,按规定限速要求越过该信号机;当其显示一个红色灯光时,要求列车应在该信号机前停车。

自动闭塞区段的车站办理发车前应向接车站预告;在单线自动闭塞区段的车站,还应得到列车调度员的同意(列车调度员已下达列车运行调整计划时除外)。已向接车站预告,但列车不能出发时,发车站应通知接车站取消预告。

二、普速铁路行车凭证

1. 正常情况下的行车凭证

使用自动闭塞法行车时,列车进入闭塞分区的行车凭证为出站或者通过信号机显示的允许运行的信号。

自动闭塞区段,出站或通过信号机的显示,能表示闭塞分区空闲或占用的情况,不同的信号显示对列车运行速度分别有不同的限制,按信号显示行车可以保证列车的运行安全,所以规定以出站或通过信号机显示的允许运行的信号作为列车占用闭塞分区的行车凭证。

2. 特殊情况下的行车凭证

自动闭塞区段遇特殊情况发车的行车凭证见表4-1。

自动闭塞区段遇特殊情况发车的行车凭证表　　　　　　　　　　　　　　　　　　表 4-1

列车出发情况	行车凭证	发给行车凭证的依据	附带条件
1. 出站信号机故障时发出列车	绿色许可证(表4-2)	(1)监督器表示第一个闭塞分区空闲，或表示为接到前次列车到达邻站的通知，或者前次列车发出后不少于10min的时间。 (2)确认道岔位置正确及进路空闲。 (3)单线应取得对方站确认区间内无迎面列车的电话记录号码	从监督器上不能确认第一个闭塞分区空闲时，车站应发给司机书面通知(表4-3)，司机以在瞭望距离内能随时停车的速度，列车运行速度不得超过20km/h，运行到第一架通过信号机，按其显示的要求执行
2. 由未设出站信号机的线路上发出列车			
3. 超长列车头部越过出站信号机发出列车			
4. 发车进路信号机发生故障时发出列车	绿色许可证	确认道岔位置正确及进路空闲	列车到达次一信号机，按其显示的要求执行
5. 超长列车头部越过发车进路信号机发出列车			
6. 自动闭塞作用良好，监督器故障时发出列车	出站信号机显示的允许运行的信号		与邻站车站值班员及本站内勤助理值班员联系
7. 双线双向闭塞设备的车站，反方向发出列车		(1)区间占用表示灯表示区间空闲。 (2)双线反方向行车的调度命令	反方向发车进路表示器显示正确(进路表示器故障时通知司机)

注：在四显示区段，因设备不同，执行上述条款困难的，可按铁路局集团公司规定办理。

绿色许可证　　　　　　　　　　　　　　　　　　　　　　　　　　　　　　　　　表 4-2

许　可　证

第_____号

在出站(进路)信号机故障、未设出站信号机、列车头部越过出站(进路)信号机的情况下，准许第_____次列车由_____线上发车。

站(站名印)车站值班员(签名)：
　　　　　　　　　　　年　月　日填发

注：1. 绿色纸，复写一式两份，司机一份，存根一份。
　　2. 不用的字句抹消。　　　　　　　　　　　　　　　　　　　　　　（规格 90mm×130mm）

书面通知　　　　　　　　　　　　　　　　　　　　　　　　　　　　　　　　　　表 4-3

书　面　通　知

第_____次司机：

监督器上不能确认第一个闭塞分区空闲，以在瞭望距离内能随时停车的速度，列车运行速度不得超过20km/h，运行至第一架通过信号机，按其显示的要求执行。

站(站名印)车站值班员(签名)：
　　　　　　　　　　　年　月　日填发

注：白色纸，复写一式两份，司机一份，存根一份。　　　　　　　　　　（规格 90mm×130mm）

表 4-1 的有关说明如下：

(1) 表 4-1 中规定的各项内容，为自动闭塞区段特殊情况下发车的行车凭证、发给行车凭证的根据及附带条件等。自动闭塞与半自动闭塞和自动站间闭塞在部分设备故障或特殊情况下行车的最大不同，就是不需停止基本闭塞法，采用一些特殊的方式发出列车，进入区间后按自动闭塞法行车，提高运输效率。

(2) 表中的第 1~第 3 项是在出站信号机不能开放或未设出站信号机的情况下发出列车，此时发车进路与信号机间失去了联锁关系或无联锁关系。车站值班员必须在做好下列工作后，方准填写绿色许可证，组织发出列车。

①确认监督器表示第一个闭塞分区空闲，或表示为接到前次列车到达邻站的通知，或前次列车发出后不少于 10min 的时间。

②确认道岔位置正确及进路空闲。

③单线区间必须取得对方站确认区间内无迎面列车的电话记录号码，并填记在"行车日志"记事栏内。

因为出站信号机不能开放，如果从监督器不能确认第一个闭塞分区空闲时，第一闭塞分区情况不明，此时发车人员必须发给司机书面通知，要求列车以在瞭望距离内能随时停车的速度运行，列车运行速度不得超过 20km/h，确保安全。当列车运行到第一架通过信号机时，按其显示的要求执行。

(3) 表中的第 4、第 5 项，是指发车进路信号机（同一发车进路上一架或多架进路信号机）因故不能开放的情况下发出列车时，车站值班员确认发车进路空闲、进路道岔位置正确并按规定加锁后，填发绿色许可证发出列车的作业方式。

(4) 表中的第 6 项，是指在自动闭塞作用良好，出站信号机能正常显示允许运行的信号，但监督器对离去闭塞分区的占用与空闲因故不能表示或表示不明时，发出列车。在此种情况下，由于出站信号机能够正常开放，自动闭塞设备可以确认闭塞分区的占用与空闲状态，车站值班员与邻站车站值班员联系确认区间列车运行情况，和本站内勤助理值班员联系确认自动闭塞及监督器设备状态和发出列车情况后，即可组织按出站信号机的显示发出列车。

(5) 表中的第 7 项，是指在双线自动闭塞区间装设有双向闭塞设备，列车在正方向运行线路上运行时，可自动追踪运行，在线路反方向运行时，按站间间隔运行。由于我国铁路在双线区间实行左侧单方向行车制度，反方向行车时，应发布调度命令，在发车前必须确认无迎面列车运行，区间空闲，在控制台上确认区间占用表示灯表示区间空闲后，办理改变列车运行方向手续，排列反方向发车进路，组织反方向发出列车，列车进入区间的行车凭证为出站信号机显示的允许运行的信号。

为使发车人员和司机明确区别正、反方向发车进路，在出站信号机的正下方设有反方向发车进路表示器。当排列了反方向发车进路后，反方向发车进路表示器显示规定的白色灯光，发车人员和列车司机在反方向发车前必须确认显示正确。如遇反方向发车进路表示器故障时，发车人员应口头通知司机，使司机明确列车运行方向。

在四显示区段，由于自动闭塞设备不同，执行表 4-1 中的各项规定有困难时，可执行铁路局集团公司规定的行车办法。

3. 自动闭塞区间内通过信号机显示停车信号（包括显示不明或灯光熄灭）**的行车办法**

（1）主要原因

自动闭塞区间内通过信号机显示停车信号（包括显示不明或灯光熄灭）的主要原因一般有以下三项：

①显示红色灯光时，可能是前方闭塞分区内有列车或机车、车辆占用；或者由于线路上有障碍物引起轨道电路短路或钢轨折断；或者轨道电路故障所致；或者通过信号机的灯泡断丝而引起的灯光转移等。

②信号显示不明，可能是因天气原因，如灯光被飘雪、扬沙所遮盖等，也可能是自动闭塞系统发生故障。

③灯光熄灭，可能是灯泡断丝或灯泡松动，也可能是临时断电。

（2）行车办法

①自动闭塞区间通过信号机显示停车信号（包括显示不明或者灯光熄灭）时，列车应在该信号机前停车，司机应使用列车无线调度通信设备通知车辆乘务员（随车机械师）。停车等候2min，该信号机仍未显示允许运行的信号时，即以遇到阻碍能随时停车的速度继续运行，列车运行速度最高超过20km/h，运行到次一通过信号机（进站信号机），按其显示的要求运行。在停车等候同时，应与车站值班员、列车调度员联系，如确认前方闭塞分区内有列车时，不得进入。

②装有容许信号的通过信号机，显示停车信号时，铁路局集团公司规定的停车后起动困难的货物列车，可以在该信号机前不停车，按上述速度通过。当容许信号灯光熄灭或者容许信号和通过信号机灯光都熄灭时，司机在确认信号机装有容许信号时，仍按上述速度通过该信号机。

③装有连续式机车信号的列车，遇通过信号机灯光熄灭，而机车信号显示允许运行的信号时，应按机车信号的显示运行。

④司机发现通过信号机故障时，应将故障信号机的号码通知前方站车站值班员（列车调度员）。车站值班员（列车调度员）发现或者得到区间通过信号机故障的报告后，在故障修复前，对尚未进入区间的后续列车，改按站间组织行车。此时不改变原基本闭塞法，人工控制按站间间隔放行列车。

三、高速铁路行车凭证

1. 正常情况下的行车凭证

使用自动闭塞法行车，动车组列车在完全监控、引导或者部分监控模式下运行时，行车凭证为列控车载设备显示的允许运行的速度值。动车组列车按列车运行监控记录装置（LKJ）方式运行及动车组以外的列车，在信号机常态点灯的区段，进入闭塞分区的行车凭证为出站或者通过信号机显示的允许运行的信号；在信号机常态灭灯的区段，进入区间的行车凭证为出站信号机或者线路所通过信号机显示的允许运行的信号，信号机应点灯。

2. 特殊情况下的行车凭证

(1) 在信号机常态点灯的 CTCS-2 级自动闭塞区段

在信号机常态点灯的 CTCS-2 级自动闭塞区段特殊情况下办理发车的行车凭证规定见表 4-4。

在信号机常态点灯的 CTCS-2 级自动闭塞区段特殊情况下办理发车的行车凭证表　表 4-4

序号	特殊情况	控车方式	行车凭证	发给行车凭证的依据	附带条件
1	出站信号机(线路所通过信号机)故障时发出列车	LKJ(GYK)控车	调度命令	(1)确认第一个闭塞分区空闲。(2)确认道岔位置正确及进路空闲	以不超过20km/h(动车组列车为不超过40km/h)速度运行至第一架通过信号机,按其显示的要求执行
2	出站信号机(线路所通过信号机)故障时发出列车	隔离模式运行		(1)确认区间空闲。(2)确认道岔位置正确及进路空闲	以不超过40km/h速度运行至前方站进站信号机(线路所通过信号机)
3	发车进路信号机故障时发出列车	LKJ(GYK)控车	调度命令	(1)确认发车进路空闲。(2)确认道岔位置正确	以不超过20km/h(动车组列车为不超过40km/h)速度运行至次一信号机
4		隔离模式运行			以不超过40km/h速度运行至次一信号机
5	区间一架及以上通过信号机故障时发出列车	CTCS-2级控车	列控车载设备显示的允许运行的速度值	确认区间空闲	
6		LKJ(GYK)控车	出站信号机(线路所通过信号机)显示的允许运行的信号		
7	反方向发出列车	CTCS-2级控车	列控车载设备显示的允许运行的速度值	(1)确认区间空闲。(2)反方向行车的调度命令	
8		LKJ(GYK)控车	出站信号机(线路所通过信号机)显示的允许运行的信号		

注:GYK 表示轨道车运行控制设备。该系统设备能够记录、保存、转储运行数据和语音数据并加以分析,实现对轨道车运行的安全监控。

(2) 在 CTCS-3 级以及信号机常态灭灯的 CTCS-2 级自动闭塞区段

CTCS-3 级以及信号机常态灭灯的 CTCS-2 级自动闭塞区段特殊情况下办理发车的行车凭

证规定见表4-5。

CTCS-3级以及信号机常态灭灯的CTCS-2级自动闭塞区段特殊情况下办理发车的行车凭证表　　　表4-5

序号	特殊情况	控车方式	地面信号机状态	行车凭证	发给行车凭证的依据	附带条件
1	开放引导信号发出列车	CTCS-3级控车、CTCS-2级控车	灭灯	列控车载设备显示的允许运行的速度值	（1）确认第一个闭塞分区空闲（发车进路信号机开放引导信号时，为确认至次一信号机间空闲）。（2）确认道岔位置正确及进路空闲	
2		LKJ(GYK)控车	点灯	出站信号机（发车进路信号机、线路所通过信号机）显示的允许运行的信号	（1）确认区间空闲（发车进路信号机开放引导信号时，为确认至次一信号机间空闲）。（2）确认道岔位置正确及进路空闲	
3	出站信号机（线路所通过信号机）故障且引导信号不能开放时发出列车	LKJ(GYK)控车	点灯	调度命令	（1）确认区间空闲。（2）确认道岔位置正确及进路空闲	以不超过40km/h速度运行至前方站进站信号机（线路所通过信号机）
4		隔离模式运行				
5	发车进路信号机故障且引导信号不能开放时发出列车	LKJ(GYK)控车	点灯	调度命令	（1）确认发车进路空闲。（2）确认道岔位置正确	以不超过20km/h（动车组列车为不超过40km/h）速度运行至次一信号机
6		隔离模式运行				以不超过40km/h速度运行至次一信号机
7	区间一个及以上闭塞分区轨道电路红光带时发出列车	CTCS-3级控车、CTCS-2级控车	灭灯	列控车载设备显示的允许运行的速度值	确认区间空闲	
8		LKJ(GYK)控车	点灯	调度命令	（1）确认区间空闲。（2）确认道岔位置正确及进路空闲	

续上表

序号	特殊情况	控车方式	地面信号机状态	行车凭证	发给行车凭证的依据	附带条件
9	反方向发出列车	CTCS-3级控车、CTCS-2级控车	灭灯	列控车载设备显示的允许运行的速度值	(1)确认区间空闲。(2)反方向行车的调度命令	
10		LKJ(GYK)控车	点灯	出站信号机(线路所通过信号机)显示的允许运行的信号		

表4-4、表4-5有关说明:

(1)表4-4中第1、第2项以及表4-5中第3、第4项,是指在出站信号机不能开放(有引导信号且引导信号不能开放)时发出列车,此时发车进路与信号机间失去了联锁关系或无联锁关系。列车调度员(车站值班员)必须在做好下列工作后,方准发布调度命令,组织发出列车。

①确认第一个闭塞分区空闲,当按隔离模式运行时,在CTCS-3级以及信号机常态灭灯的CTCS-2级自动闭塞区段,必须确认区间空闲。

②确认进路道岔位置正确及进路空闲。

(2)表4-4中第3、第4项以及表4-5中第5、第6项,是指发车进路信号机(同一发车进路上一架或多架进路信号机)因故不能开放(有引导信号时且引导信号不能开放)的情况下发出列车时,列车调度员(车站值班员)确认发车进路空闲、进路道岔位置正确后,发布调度命令发出列车的作业方式。

(3)表4-4中第5、第6项以及表4-5中第7、第8项,是指区间一架及以上通过信号机故障或区间一个及以上闭塞分区轨道电路红光带时发出列车,列车调度员(车站值班员)确认区间空闲后,对列车自动防护系统(Automatic Train Protection,ATP)控车的列车,列车以列控车载设备显示的允许运行的速度值作为行车凭证;对LKJ(GYK)控车的列车,在信号机常态点灯的CTCS-2级区段,行车凭证为出站信号机(线路所通过信号机)显示的允许运行的信号,在CTCS-3级以及信号机常态灭灯的CTCS-2级区段,行车凭证为调度命令。

(4)表4-4中第7、第8项以及表4-5中第9、第10项,是指列车在正方向运行线路上运行时,可自动追踪运行,在反方向线路上运行时,按站间间隔运行。由于我国铁路在双线区间实行左侧单方向行车制度,反方向行车时,应发布调度命令,在发车前必须确认反方向运行的线路上无迎面列车运行,区间空闲,在控制台上确认区间占用表示灯表示区间空闲后,办理改变列车运行方向手续,排列反方向发车进路,组织反方向发出列车,列车进入区间的行车凭证,对ATP控车的列车,列车以列控车载设备显示的允许运行的速度值作为行车凭证;对LKJ(GYK)控车的列车,行车凭证为出站信号机(线路所通过信号机)显示的允许运行的信号。

(5)表4-5中第1、第2项,是指开放引导信号发出列车时,应确认区间空闲、道岔位置正确及进路空闲,对ATP控车的列车,列车以列控车载设备显示的允许运行的速度值作为行车凭证;对LKJ(GYK)控车的列车,行车凭证为出站信号机(线路所通过信号机)显示的允许运行的信号。

3. 发车预告的办理

(1)调度集中区段,一个调度区段内可不办理发车预告手续。

(2)两相邻调度集中的调度区段间或者调度集中区段车站(线路所)向非调度集中区段车站(线路所)发车时,由系统自动办理发车预告;遇设备故障无法自动办理时,人工办理发车预告(相邻调度区段列车运行调整计划一致时可不办理发车预告)。非调度集中区段车站(线路所)向调度集中区段车站(线路所)发车时,车站值班员应当向列车调度员(车站控制时为车站值班员)办理发车预告。

任务三　自动站间闭塞

一、使用特点

自动站间闭塞是在半自动闭塞基础上发展起来的新型闭塞设备,区间两端站的出站信号机(线路所通过信号机)和轨道检查装置构成联锁关系,自动检查区间空闲,列车以站间(所间)区间为间隔运行,通过办理发车进路和检查列车出清区间的方式,自动实现区间闭塞和区间开通。自动检查区间功能主要通过计轴设备或区间长轨道电路来实现。

(1)计轴设备通过设置在区间(所间)两端站的计轴磁头,对进入区间和车站(线路所)的列车轴数进行记录,并经过传输线路将两端站(线路所)所记录的轴数进行核对。当两端站(线路所)记录的轴数一致时,即确认列车整列到达,区间空闲,自动开通区间。发出由区间返回的列车时,由发车站自行检查。当计轴设备记录进出区间的列车轴数不一致时,即判定区间占用。当计轴设备发生故障不能正常计轴或判定区间占用时,不能自动解除闭塞。

(2)区间长轨道电路由上、下行接近区段轨道电路(双线时为接近和发车区段轨道电路)和中间部分轨道电路三部分组成,通过轨道电路对区间是否占用、线路是否良好进行检查。在这三部分轨道电路都空闲时,排列发车进路,开放出站信号,自动完成闭塞;在列车到达前方站(返回发车站)三部分轨道电路都空闲后,自动开通区间。当区间任何一部分轨道电路处于占用状态时,不能开放出站信号机;列车虽已到达前方站(返回发车站),但不能解除闭塞开通区间。出站信号机开放后,如果区间轨道电路因故障等原因处于占用状态时,便自动关闭。

二、普速铁路行车凭证

使用自动站间闭塞法发出列车时,列车按站间间隔运行,列车进入区间的行车凭证为出站信号机或线路所通过信号机显示的允许运行的信号。

（1）自动站间闭塞发车前不需办理闭塞手续，排列发车进路开放出站信号后，即可发出列车，同时列车是按站间间隔行车，因此发车站在办理发车进路前，必须确认区间空闲和接车站未办理同一区间的发车进路。为使接车站做好接车准备工作，发车站应向接车站发出预告。

（2）自动站间闭塞区间，发车站办理预告后，接车站必须做好接车准备。如果列车预告后因特殊情况不能发出时，发车站必须通知接车站取消预告，这样，接车站可以办理其他作业。

三、高速铁路行车凭证

使用自动站间闭塞法行车，动车组列车在完全监控、引导或者部分监控模式下运行时，行车凭证为列控车载设备显示的允许运行的速度值；动车组列车按 LKJ（GYK）控车方式运行及动车组以外的列车，进入区间的行车凭证为出站信号机或者线路所通过信号机显示的允许运行的信号（在信号机常态灭灯的区段，信号机应当点灯）。

在信号机常态点灯的 CTCS-2 级自动站间闭塞区段特殊情况下办理发车的行车凭证规定见表 4-6。CTCS-3 级以及信号机常态灭灯的 CTCS-2 级自动站间闭塞区段特殊情况下办理发车的行车凭证规定见表 4-7。

信号机常态点灯的 CTCS-2 级自动站间闭塞区段特殊情况下办理发车的行车凭证表 表 4-6

序号	特殊情况	控车方式	行车凭证	发给行车凭证的依据	附带条件
1	出站信号机（线路所通过信号机）故障时发出列车	LKJ（GYK）控车	调度命令	（1）确认区间空闲。（2）确认道岔位置正确及进路空闲	以不超过 40km/h 速度运行至前方站进站信号机（线路所通过信号机）
2		隔离模式运行			
3	发车进路信号机故障时发出列车	LKJ（GYK）控车	调度命令	（1）确认发车进路空闲。（2）确认道岔位置正确	以不超过 20km/h（动车组列车为不超过 40km/h）速度运行至次一信号机
4		隔离模式运行			以不超过 40km/h 速度运行至次一信号机
5	反方向发出列车	CTCS-2 级控车	列控车载设备显示的允许运行的速度值	（1）确认区间空闲。（2）反方向行车的调度命令	
6		LKJ（GYK）控车	出站信号机（线路所通过信号机）显示的允许运行的信号		

CTCS-3 级以及信号机常态灭灯的 CTCS-2 级自动站间闭塞区段特殊情况下办理发车的行车凭证表　　　　表 4-7

序号	特殊情况	控车方式	地面信号机状态	行车凭证	发给行车凭证的依据	附带条件
1	开放引导信号发出列车	CTCS-3 级控车、CTCS-2 级控车	灭灯	列控车载设备显示的允许运行的速度值	(1)确认区间空闲(发车进路信号机开放引导信号时，为确认至次一信号机间空闲)。(2)确认道岔位置正确及进路空闲	
2		LKJ(GYK)控车	点灯	出站信号机(发车进路信号机、线路所通过信号机)显示的允许运行的信号		
3	出站信号机(线路所通过信号机)故障且引导信号不能开放时发出列车	LKJ(GYK)控车	点灯	调度命令	(1)确认区间空闲。(2)确认道岔位置正确及进路空闲	
4		隔离模式运行	点灯	调度命令		以不超过 40km/h 速度运行至前方站进站信号机(线路所通过信号机)
5	发车进路信号机故障且引导信号不能开放时发出列车	LKJ(GYK)控车	点灯	调度命令	(1)确认发车进路空闲。(2)确认道岔位置正确	以不超过 20km/h(动车组列车为不超过 40km/h)速度运行至次一信号机
6		隔离模式运行				以不超过 40km/h 速度运行至次一信号机
7	反方向发出列车	CTCS-3 级控车、CTCS-2 级控车	灭灯	列控车载设备显示的允许运行的速度值	(1)确认区间空闲。(2)反方向行车的调度命令	
8		LKJ(GYK)控车	点灯	出站信号机(线路所通过信号机)显示的允许运行的信号		

表 4-6、表 4-7 有关说明：

(1)表 4-6 中第 1、第 2 项以及表 4-7 中第 3、第 4 项，是在出站信号机不能开放(有引导信号且引导信号不能开放)时发出列车，此时发车进路与信号机间失去了联锁关系或无联锁关系。列车调度员(车站值班员)必须在做好下列工作后，方准发布调度命令，组织发出列车。

①确认区间空闲，在 CTCS-3 级以及信号机常态灭灯的 CTCS-2 级区段，必须确认区间空闲并点灯。

②确认进路道岔位置正确及进路空闲。

(2)表4-6中第3、第4项以及表4-7中第5、第6项,是指发车进路信号机(同一发车进路上一架或多架进路信号机)因故不能开放的情况下发出列车时,列车调度员(车站值班员)确认发车进路空闲、进路道岔位置正确后,发布调度命令发出列车的作业方式。

(3)表4-6中第5、第6项以及表4-7中第7、第8项,是指在自动站间闭塞区段,列车在正方向运行线路上运行时按站间间隔运行,在反方向线路上运行时仍按站间间隔运行。由于我国铁路在双线区间实行左侧单方向行车制度,反方向行车时,应发布调度命令。在发车前必须确认反方向运行的线路上无迎面列车运行,区间空闲,在控制台上确认区间占用表示灯表示区间空闲后,排列反方向发车进路,组织反方向发出列车,列车进入区间的行车凭证,对ATP控车的列车,列车以列控车载设备显示的允许运行的速度值作为行车凭证;对LKJ(GYK)控车的列车,行车凭证为出站信号机(线路所通过信号机)显示的允许运行的信号。

(4)表4-7中第1、第2项,是指开放引导信号发出列车时,应确认区间空闲、道岔位置正确及进路空闲,对ATP控车的列车,列车以列控车载设备显示的允许运行的速度值作为行车凭证;对LKJ(GYK)控车的列车,行车凭证为出站信号机(线路所通过信号机)显示的允许运行的信号。

(5)发车预告的办理。

①一个调度区段内可不办理发车预告手续。

②两相邻调度集中的调度区段间或者调度集中区段车站(线路所)向非调度集中区段车站(线路所)发车时,应由系统自动办理发车预告;若遇设备故障无法自动办理时,可以人工办理发车预告(相邻调度区段列车运行调整计划一致时可不办理发车预告)。非调度集中区段车站(线路所)向调度集中区段车站(线路所)发车时,车站值班员应当向列车调度员(车站控制时为车站值班员)办理发车预告。

任务四　半自动闭塞

一、使用特点

半自动闭塞是通过两个相邻车站(线路所)的闭塞机、出站信号机(线路所通过信号机)和轨道电路构成的联锁关系,因此半自动闭塞仅在普速铁路使用。

使用半自动闭塞设备时,出站或线路所通过信号机显示允许运行的信号,即表示区间已空闲、发车进路已被锁闭,当出发的列车压上出站方面的轨道电路,出站或通过信号机就立即自动关闭,在该列车运行到接车站,压上接车轨道电路之前,出站或通过信号机不能再开放。由于上述联锁关系,可以保证列车运行的安全,因此规定使用半自动闭塞方法行车时,列车凭出站或通过信号机显示的允许运行的信号进入区间。

1. 出站(线路所通过)信号机的开放条件

(1)双线半自动闭塞区间,发车站(线路所)必须得到前次列车到达前方站(线路所)的到达信号后,才有权发车。因为前次列车驶过接车站接车轨道电路,闭塞机就可以解锁并开通区间。所以发车站(线路所)只有得到前次列车到达前方站(线路所)的到达信号后,才能开放出站或线路所通过信号机发车。

(2)单线半自动闭塞区间,发车站(线路所)必须在闭塞机上得到接车站(线路所)的同意闭塞信号后,才能开放出站或线路所通过信号机。而接车站(线路所)只有在区间空闲时,才能发出同意闭塞信号,并在其发出同意闭塞信号后,发车站(线路所)向该区间的出站或线路所通过信号机才能开放。因此,在单线半自动闭塞区间任何一端车站(线路所),在开放出站或线路所通过信号机前,必须得到接车站(线路所)的同意闭塞信号。

2. 闭塞的取消

(1)双线半自动闭塞的车站取消闭塞

①对于集中联锁的车站,开放出站信号后如需要取消发车时,车站值班员必须通知发车人员、司机,确认列车没有出发,关闭出站信号,发车进路解锁后,将事由通知接车站,即可取消闭塞。

②对于电锁器联锁的车站,开放信号后因故需要取消闭塞时,车站值班员必须通知发车人员、司机,确认列车没有出发,关闭出站信号,按下闭塞按钮使发车表示灯亮黄灯,即可通知接车站取消闭塞;然后由接车站值班员登记破封,拉出故障按钮,再拉出闭塞按钮,办理区间复原。

(2)单线半自动闭塞的车站取消闭塞

①如发车站已请求发车(发车表示灯亮黄灯),需要取消闭塞时,经两站车站值班员联系同意后,由发车站拉出闭塞按钮(按下复原按钮),两站表示灯熄灭,闭塞机复原。

②如接车站已按下闭塞按钮(发车表示灯亮绿灯),但发车站未开放出站信号机时,由发车站拉出闭塞按钮(按下复原按钮),闭塞表示灯熄灭,闭塞机复原。

③如开放出站信号机后,需要取消闭塞时,对于集中联锁的车站,经两站联系,发车站值班员确认列车没有出发,关闭出站信号机,拉出闭塞按钮(按下复原按钮),双方闭塞表示灯熄灭,闭塞机复原;对于电锁器联锁的车站,双方站车站值班员确认列车没有出发,由发车站值班员,登记破封,使用故障按钮办理复原。

二、行车凭证

1. 正常情况下的行车凭证

使用半自动闭塞法发车时,列车进入区间的行车凭证为出站信号机或线路所通过信号机显示的允许运行的信号。

出站或线路所通过信号机显示允许运行的信号,表示区间已空闲、发车进路已被锁闭,当出发的列车压上出站方面的轨道电路时,出站或通过信号机就立即自动关闭,在该列车运行到接车站,压上接车轨道电路之前,出站或通过信号机不能再开放。由于上述联锁关系,可以保证列车运行的安全。

2. 特殊情况下的行车凭证

(1)超长列车头部越过出站信号机而未压上出站方面轨道电路时,可以使用半自动闭塞法,此时列车占用区间的行车凭证为出站信号机显示的允许运行的信号,并发给司机准许列车头部越过出站信号机发车的调度命令。

(2)发车进路信号机故障或超长列车头部越过发车进路信号机发车时,列车越过发车进路信号机的行车凭证为半自动闭塞发车进路通知书(表4-8)。

表4-8

半自动闭塞发车进路通知书

第_____号

1. 在列车头部越过发车进路信号机的情况下,准许第_____次列车由_____线发车。
2. 在_____发车进路信号机故障的情况下,准许第_____次列车越过该发车进路信号机。

站(站名印)车站值班员(签名):

年　　月　　日填发

(规格 90mm×130mm)

注:1. 白色纸,复写一式两份,司机一份,存根一份。
　　2. 不用的字句抹消。

任务五　电话闭塞

一、使用特点

电话闭塞是当基本闭塞法不能使用,根据列车调度员的命令,以电话记录的方式办理闭塞。电话闭塞的使用特点如下:

(1)电话闭塞不论单线或双线,均按站间区间办理。

(2)使用电话闭塞法全靠人工控制,闭塞手续必须在查明区间空闲后方可办理。

(3)出站信号机不能开放,接发列车进路在一般情况下也失去联锁,除人工确认进路正确外,还需要按规定对进路相关道岔加锁、填写行车凭证。

(4)为保证同一区间、同一线路、同一时间内不误用两种闭塞法,车站值班员在停用基本闭塞法,改用电话闭塞法或恢复基本闭塞法时,均须根据列车调度员的调度命令办理。

二、行车凭证

1. 路票

普速铁路（CTC 区段另有规定的除外）使用电话闭塞法行车时，列车占用区间的行车凭证，单线、双线均为路票（表 4-9）。填写路票时，当发出挂有由区间返回后部补机的列车时，另发给补机司机路票副页，作为补机司机返回发车站的行车凭证。

路票　　　　　　　　　　　　　　　　　　　　　表 4-9

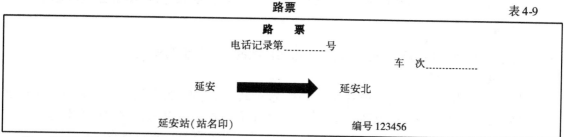

注：1. 路票为预先印好区间（站名）和编号的硬卡片。
　　2. 加盖"副"字戳记者，为路票副页。　　　　　　　　　　　（规格 75mm×88mm）

（1）路票的填发
①填发时机

为避免相对方向的两端站同时发出迎面列车，单线或双线反方向发车时，除根据"行车日志"等查明区间空闲外，还必须取得接车站的承认，在发车进路准备妥当后，方可填发路票。双线正方向首列发车时，除查明区间空闲外，也应取得接车站的承认，在发车进路准备妥当后，方可填发路票。

在双线正方向发车时（首列除外），不必取得接车站的承认，但应根据收到前次发出的列车已到达接车站的电话记录在发车进路准备妥当后，方可填发路票。

②填发要求

为了防止错填路票，原则上应由车站值班员亲自填写。因车站值班员作业繁忙或助理值班员办公室距离过远等原因时，可由《站细》指定的助理值班员填写，但应经车站值班员审核（可使用电话复诵核对，执行《站细》的规定），方可交付使用。

填写的路票必须内容齐全，字迹清楚，不得涂改。当填写错误时，应在路票上划"×"注销，重新填写。

使用路票必须选准使用的区间，正确填写电话记录号码、车次并加盖站名印。为防止双线反方向、两线或多线区间电话闭塞法行车时错误办理列车方向，双线反方向行车时，应在路票上加盖"反方向行车"章，两线、多线区间使用路票时，应在路票上加盖"××线行车"章。

对由区间返回的列车，路票应填写往返车次。当发出挂有需由区间返回的后部补机的列车，应填路票一式两份（仅编号顺序不同），发给补机的路票右上角必须加盖"副"字戳记，作为补机司机由区间返回时占用区间的行车凭证。

对使用完毕的路票，应妥善处理，以防废票肇事，具体办法执行铁路局集团公司的规定。

（2）电话记录号码

办理电话闭塞时，下列各项应发出电话记录号码，并记入"行车日志"：

①承认闭塞。

②列车到达，补机返回。

③取消闭塞。

④单线或双线反方向越出站界调车。

电话记录号码自每日0时起至24时止，按日循环编号，同一行车分界点发出的电话记录号码不得重复，编号办法执行铁路局集团公司的规定。

普速铁路CTC区段特殊行车组织办法及有关行车凭证执行铁路局集团公司的规定。

2. 调度命令

高速铁路使用电话闭塞法行车时，列车占用区间的行车凭证为调度命令。

（1）调度命令的填发

列车调度员办理发车时，应查明区间空闲，接车站（线路所）为车站控制或邻台列车调度员控制时，还应取得其承认的电话记录号码（双线正方向首列后发车为取得前次列车到达的电话记录号码）；在发车进路准备妥当后，方可发布作为行车凭证的调度命令。

车站值班员办理发车时，应查明区间空闲，并取得接车站（线路所）承认的电话记录号码，但双线正方向首列后发车为取得前次列车到达的电话记录号码（办理发车及接车的车站、线路所为同一车站值班员指挥时不办理电话记录号码），在发车进路准备妥当后，方可向列车调度员报告，请求发布作为行车凭证的调度命令。

（2）电话记录号码

办理电话闭塞时，下列各项应发出电话记录号码（办理发车及接车的车站、线路所为同一车站值班员或列车调度员指挥时除外），并做好记录。

①承认闭塞。

②列车到达。

③取消闭塞。

电话记录号码自每日0时起至24时止，按日循环编号，编号办法执行铁路局集团公司的规定。

三、电话闭塞的办理程序

（1）单线区间车站办理电话闭塞简要程序见表4-10。

单线区间车站办理电话闭塞简要程序　　　　表4-10

程序	发车站	接车站
办理闭塞	1. 确认区间空闲后，请求闭塞："××（次）闭塞"	
		2. 确认区间空闲及接车线可以接车，答："×号，×时×分，同意×（次）闭塞。"同时，记入"行车日志"
	3. 复诵并记入"行车日志"	

续上表

程序	发车站	接车站
发车与接车	4.准备发车进路	
	5.填写路票并进行自检及互检	
	6.将路票交给司机,发车。通知接车站:"××次×时×分发车"并向列车调度员报点	
		7.复诵并准备接车进路,开放信号接车
区间开通		8.列车到达,向发车站办理区间开通手续,发出电话记录:"×号,××次(×点)×(分)到,区间开通"并记入"行车日志",向列车调度员报点
	9.复诵"×号,××次×时×分到,区间开通",并记入"行车日志"	

（2）双线区间车站办理电话闭塞简要程序见表4-11。

双线区间车站办理电话闭塞简要程序 表4-11

程序	发车站	接车站
预告发车	1.根据前次发出列车到达接车站的电话记录号码预告开车:"××次预告"	
		2."同意××次预告",并填写"行车日志"
	3.准备发车进路	
	4.填写路票,并进行自检及互检	
发车与接车	5.将路票交司机,发车	
	6.通知接车站:"××次×点×分开",填写"行车日志"并向列车调度员报点	
		7.复诵:"××次×点×分开"。准备进路,开放信号接车
区间开通		8.列车到达,通知发车站:"电话记录×号,××次×时×分到,区间开通"并填写"行车日志",向列车调度员报点
	9.复诵:"电话记录×号,××次×时×分到,区间开通"并记入"行车日志"	

四、行车日志

"行车日志"是车站记录列车运行情况的原始资料。凡在车站办理列车到达、出发、通过的一切列车(包括单机、大型养路机械及重型轨道车),均须在"行车日志"内记载。"行车日志"的作用如下:

(1)记载列车到达、出发时刻,作为填记货车出入登记簿(运统4)的依据。
(2)记载列车运行实际情况,作为向列车调度员报告的资料。
(3)确认区间是否空闲的依据。

任务六　普速铁路车站一切电话中断时的行车

电话联络是行车工作的重要条件，普速铁路车站在办理闭塞和接发列车时，都需要通过电话与相邻车站（线路所）、列车调度员进行联系。由于自然灾害和其他原因，造成车站行车室内的一切电话（行车闭塞电话、调度电话、自动电话）中断，无法与相邻车站（线路所）及列车调度员取得行车联络的特殊情况，即一切电话中断。发生一切电话中断后，为了保证不间断行车，必须采用特殊行车办法。

一、一切电话中断时的行车

1. 行车办法及凭证

（1）双线按自动闭塞法行车。在双线自动闭塞区间，如闭塞设备作用良好时，此时一切电话虽然中断，但车站值班员仍能从监督器上确认和监督列车运行情况，列车运行仍按自动闭塞法行车。车站可通过列车无线调度通信设备与列车司机直接联系，了解后续列车的运行情况等，列车在车站可不停车。当列车无线调度通信设备临时故障时，为加强联系，应向司机交代情况，说明注意事项，列车必须在车站停车。

（2）单线行车按书面联络法。单线区间上、下行列车均在同一条区间正线上交替运行，一切电话中断后，区间两端站需要通过书面联络，确定列车进入区间运行的顺序。

（3）双线行车按时间间隔法。双线区间是上、下行分别按正方向行车，而且由于一切电话中断，列车调度员不能发布调度命令，不能办理列车反方向运行，所以可按时间间隔法行车。

（4）采用书面联络法、时间间隔法行车时，列车进入区间的行车凭证为红色许可证（表4-12）。红色许可证包括占用区间的"许可证"和与邻站联络确定列车运行顺序的"通知书"，司机据此可了解本列车及前后列车运行等情况。

红色许可证　　　　　　　　　　　　　　　　表4-12

```
                           许 可 证                   第_____号

   现在一切电话中断,准许第____次列车自____站至____站,本列车前于____时____分发出的第____次列
                已
   车,邻站到达通知 ─ 收到。
                未

                           通 知 书
   1. 第____次列车到达你站后,准接你站发出的列车。
   2. 于____时____分发出第____次列车,并于____时____再发出第____次列车。
                                               站(站名印)车站值班员(签名)
                                                     年    月    日    填发
```

(规格 90mm×130mm)

注：1. 红色纸，复写一式两份，司机一份，存根一份。
　　2. 不用的字句抹消。

2. 书面联络法

（1）优先发车的车站（一切电话中断后有权发出第一趟列车的车站）

一切电话中断时，单线区间两端站是通过书面联络确定列车运行的先后顺序。但是，一切电话中断后，第一趟列车如果等待书面联络后发车，则将产生很长的等待时间；如果在取得书面联络前，区间两端站任意发车，将造成列车正面冲突。为此，单线区间一切电话中断前，需规定优先发车的车站，在一切电话中断后，可优先发出第一趟列车。下列车站可以优先发车：

①已办妥闭塞而尚未发车的车站。若车站已经取得了发车权，可以优先发车。此时，若司机已有行车凭证时，则不再发给红色许可证，只发给与邻站确定下一个列车发车权的通知书。如无行车凭证时，列车应持红色许可证开往邻站。

②未办妥闭塞时，单线区间为开下行列车的车站；双线改为单线行车时，为该线原定发车方向的车站；同一线路同一方向运行的列车，有上、下行两种车次时，铁路局集团公司规定优先发车的车站。

（2）书面联络的建立

①优先发车的车站填发通知书，记明下次列车发车顺序；优先发车的车站发出的列车到达接车站后，接车站按通知书内容办理接发列车。至此，两站建立了书面联络。

②如果优先发车的车站无待发列车，应利用一切交通工具，迅速将红色许可证中的"通知书"送交非优先发车的车站，准许非优先发车的车站发车。

③发车前必须查明区间空闲。

一切电话中断前发出的列车是按正常闭塞法行车的，如果列车未到达邻站，在一切电话中断后不确认区间空闲即按一切电话中断时的方法向区间发出列车，可能造成两个列车进入同一区间。前行列车被迫停车后根据原闭塞法的要求可能退行，也可能不进行防护，给行车安全带来威胁。因此，无论单线还是双线，第一趟列车的发车站，在发出第一趟列车前必须查明区间空闲。

3. 时间间隔法

（1）双线按时间间隔法行车，是指前一列车由车站出发后，不论是否到达前方站，准许间隔一定的时间，再向该区间发出次一列车的行车办法。在一切电话中断后，为了保证行车安全，防止两端站同时向同一区间同一线路放行对向列车，规定双线按时间间隔法行车时，只准发出正方向的列车。

（2）在自动站间闭塞、半自动闭塞区间或自动闭塞设备故障停止使用的情况下，一切电话中断后发出第一趟列车时，在发车前必须查明区间是否空闲，以防止在一切电话中断前发出的列车在区间被迫停车或退行、邻站越出站界调车未完毕、邻站发出反方向列车未到达本站等尚未腾空区间，即发出第一趟列车，以致发生列车事故。

4. 发出同方向列车的间隔时间

一切电话中断后，无论单线或双线区间，均无法收到列车到达邻站的通知。发出同方向运行的列车，必须使两列车间保持一定的距离。两列车间隔时间为区间规定的运行时分另加

3min，但当区间规定运行时分少于 10min 时，其两列车的间隔时间不得少于 13min。这样，在一般情况下前行列车可以到达前方站，即使前行列车未到达前方站，也可保证有足够的安全间隔。3min 主要是接车站安排后行列车进路的时间，或前发列车在区间被迫停车的防护时间。

5. 一切电话中断时禁止发出的列车

一切电话中断时，行车指挥和站间联系都很困难，行车安全缺乏有效保证，只能开行一些必要的列车。所以禁止向一切电话中断车站相邻的区间发出可能引起不安全因素的列车。

(1) 禁止发出在区间内停车工作的列车(救援列车除外)

一切电话中断后，对列车在区间运行的情况很难掌握，如果发出在区间停车工作的列车，就可能影响邻站待发的重要列车出发。

(2) 禁止发出开往区间岔线的列车

开往区间岔线的列车开出后，如待其返回或继续开往前方站，再发出其他列车，占用区间的时间太长。从岔线返回时，也很难和车站联系。

(3) 禁止发出须由区间内返回的列车

这种列车要在区间内停车进行某种作业，占用区间时间长，返回时间不易掌握，将会影响待发的其他列车。

(4) 禁止发出挂有由区间内返回后部补机的列车

由于邻站无法掌握补机返回发车站的时间，邻站发出待发列车时，就不能确保行车安全。

(5) 禁止发出列车无线调度通信设备故障的列车

在车站一切电话中断情况下，如果再发出列车无线调度通信设备故障的列车，会明显增加不安全因素。

6. 一切电话中断时区间的封锁与开通

(1) 封锁区间

一切电话中断时间内，如因列车在区间发生事故或线路故障，造成行车中断时，必须立即组织救援和抢修，尽快恢复行车。如需要封锁区间时，由接到请求的车站值班员，以书面(应加盖站名印及车站值班员签名或盖章)通知封锁区间的相邻车站。如需要开行救援列车时，以车站值班员的书面命令(使用调度命令卷书写)作为进入封锁区间的凭证。

(2) 开通区间

抢修或救援工作完了，应及时开通封锁的区间。

①单线区间，由接到请求开通封锁区间的车站，在确认区间空闲(线路恢复正常状态)后，以书面形式通知该区间的相邻车站，然后按一切电话中断行车办法行车。

②双线区间，接到请求开通封锁区间的车站，如本站向该区间的原定发车方向为正方向时，在确认区间空闲(线路恢复正常状态)后，即可发车；如本站向该区间的原定发车方向不是正方向时，应以书面形式尽快通知相邻车站，恢复行车。

在电话联络恢复后，再将封锁区间事项报告列车调度员。

二、单线区间车站电话呼唤 5min 无人应答时的行车

单线区间的车站,经以闭塞电话、列车调度电话或其他电话呼唤 5min 无人应答时,应由列车调度员查明该站及相邻区间确无列车(包括单机、大型养路机械及重型轨道车)后,发布调度命令封锁不应答站的相邻两区间,按封锁区间办法向不应答站发出列车,列车凭调度命令进入区间。

由于事先不了解不应答站的情况,为保证进入封锁区间列车的安全,无论不应答站的进站信号机是否开放,列车都必须在进站信号机外停车。判明不应答原因及确认接车进路准备妥当后,再行进站。列车进站后,司机或车站值班员应将经过情况报告列车调度员。

任务七　行车凭证填写方法

一、路票

1. 填写步骤

路票是采用电话闭塞法行车时列车进入区间的行车凭证,所以填写时必须及时、正确。
(1)向列车调度员申请并抄收停止使用基本闭塞法,改按电话闭塞法行车的调度命令。
(2)根据闭塞表示灯、"行车日志"及各种行车表示牌确认区间空闲,向接车站请求闭塞,复诵并抄收接车站发出的电话记录号码。
(3)准备发车进路。
(4)由车站值班员或指定的助理值班员填写路票:
①确认发车进路准备妥当。
②确认接车站给出的电话记录号码正确并符合《技规》《行规》《站细》等规章的有关规定。
　a. 单线车站为接车站承认闭塞的电话记录号码。
　b. 双线反方向发车时为接车站承认闭塞的电话记录号码。
　c. 双线正方向发出第一列(首列)时,为接车站承认闭塞的电话记录号码。
　d. 双线正方向发出第二列及以后的列车时,为收到的前次列车到达接车站的电话记录号码。
③认真填写路票中的各项内容。
④车站值班员根据"行车日志"的记录,认真检查,无误后,加盖站名印。

⑤将路票递交司机。当车站发出挂有由区间返回后部补机的列车时,应另发给补机司机路票副页。

⑥执行《站细》的规定,在"路票使用登记簿"内进行登记。

2. 填写依据

路票的填写应符合《技规》《行规》《站细》等有关规定。

3. 注意事项

(1)必须在得到接车站承认的电话记录号码、发车进路准备妥当之后方可填写,决不允许事先填写。

(2)只能由车站值班员或指定的助理值班员填写,其他人员无权填写。

(3)车站值班员及助理值班员对填好的路票必须相互进行认真的核对。

(4)只能加盖站名印,不是站印(车站公章)。

二、绿色许可证

绿色许可证是自动闭塞区段特有的行车凭证,填写时必须及时、正确。

1. 填写方法

(1)出站信号机故障、未设出站信号机、列车头部越过出站(进路)信号机的情况下发车,填写绿色许可证见表4-13～表4-16。

出站信号机故障时发车　　　　　　　　　　　表4-13

许　可　证

第　1　号

在出站信号机故障的情况下,准许第　21345　次列车由　3　线上发车。

复兴站(站名印)车站值班员(签名):刘××
×××年12月2日填发

注:1.绿色纸,复写一式两份,司机一份,存根一份。
　　2.不用的字句抹消。

(规格90mm×130mm)

由未设出站信号机的线路上发车　　　　　　　表4-14

许　可　证

第　2　号

在未设出站信号机的情况下,准许第　40001　次列车由　7　线上发车。

复兴站(站名印)车站值班员(签名):刘××
×××年12月2日填发

注:1.绿色纸,复写一式两份,司机一份,存根一份。
　　2.不用的字句抹消。

(规格90mm×130mm)

列车头部越过出站信号机时发车　　　　　　　　　　　　　　　表 4-15

```
                        许 可 证
                                                    第  3  号
 在列车头部越过出站信号机的情况下,准许第  21345  次列车由  3  线上发车。

                                          复兴站(站名印)车站值班员(签名):刘××
                                                       ×××年12月2日填发
```

注:1.绿色纸,复写一式两份,司机一份,存根一份。　　　　　　　　　　　(规格 90mm×130mm)
　　2.不用的字句抹消。

列车头部越过进路信号机时发车　　　　　　　　　　　　　　　表 4-16

```
                        许 可 证
                                                    第  4  号
 在列车头部越过(进路)信号机的情况下,准许第  21345  次列车由  3  线上发车。

                                          复兴站(站名印)车站值班员(签名):刘××
                                                       ×××年12月2日填发
```

注:1.绿色纸,复写一式两份,司机一份,存根一份。　　　　　　　　　　　(规格 90mm×130mm)
　　2.不用的字句抹消。

①以上四种情况,只有当监督器表示第一闭塞分区空闲,或表示为接到前次列车到达邻站的通知,或前次列车发出后不少于 10min 时,方可填写绿色许可证。单线车站,必须得到对方站确认区间内无迎面列车的电话记录。

②从监督器上不能确认第一个闭塞分区空闲时,发车人员必须书面通知司机,以在瞭望距离内能随时停车的速度,最高不超过 20km/h,运行到前方第一架通过信号机,按其显示的要求执行。

(2)发车进路信号机发生故障时发出列车,填写绿色许可证见表 4-17。

发车进路信号机故障时发车　　　　　　　　　　　　　　　表 4-17

```
                        许 可 证
                                                    第  5  号
 在(进路)信号机故障的情况下,准许第  10111  次列车由  9  线上发车。

                                          复兴站(站名印)车站值班员(签名):刘××
                                                       ×××年12月2日填发
```

注:1.绿色纸,复写一式两份,司机一份,存根一份。　　　　　　　　　　　(规格 90mm×130mm)
　　2.不用的字句抹消。

该种情况,必须确认道岔位置正确及进路空闲后方可填写绿色许可证。列车到达次一信号机按其显示的要求执行。

2.填写依据

绿色许可证的填写应符合《技规》《行规》《站细》等有关规定。

3. 注意事项

(1) 绿色许可证只能由车站值班员或指定的助理值班员填写,其他人员无权填写。
(2) 涂改无效,不用的字句要抹消。对作废的绿色许可证要及时销毁。
(3) 车站值班员及助理值班员对填好的绿色许可证,必须相互进行认真的核对。
(4) 只能加盖站名印,不是加盖车站公章。
(5) 发车进路未准备妥当以及不具备《技规》规定的发证条件时不许下令交证。
(6) 绿色许可证的编号执行《站细》的规定。
(7) 本方法适用于单、双线自动闭塞车站。

三、红色许可证

1. 填写步骤

(1) 一切电话中断前已办妥闭塞而尚未发车,填写红色许可证见表 4-18。

一切电话中断前已办妥闭塞(有后续列车)　　　　表 4-18

| 许　可　证 | 第 __1__ 号 |

通　知　书

于 __8__ 时 __10__ 分发出第 __28002__ 次列车,并于 __8__ 时 __30__ 分再发出第 28004 次列车。

振兴站(站名印)车站值班员(签名):张××
×××× 年 12 月 6 日填发

注:1. 红色纸,复写一式两份,司机一份,存根一份。　　　　　(规格 90mm×130mm)
　　2. 不用的字句抹消。

(2) 无后续列车时红色许可证的填写见表 4-19。

一切电话中断前已办妥闭塞(后续无列车)　　　　表 4-19

许　可　证　　　　　　　　　　　　　　第 __1__ 号

通　知　书

第 __28002__ 次列车到达你站后,准接你站发出的列车。

振兴站(站名印)车站值班员(签名):张××
×××× 年 12 月 6 日填发

注:1. 红色纸,复写一式两份,司机一份,存根一份。　　　　　(规格 90mm×130mm)
　　2. 不用的字句抹消。

(3) 优先发车站发出首列。
① 有后续列车时红色许可证的填写见表 4-20。

优先发车站发出首列(有后续列车)　　　　　　　　　　　　　表 4-20

许　可　证

第 __1__ 号

现在一切电话中断,准许第 __38004__ 次列车自 __振兴__ 站至 __复兴__ 站,本列车前于 __7__ 时 __50__ 分发出的第 __38002__ 次列车,邻站到达通知已收到。

通　知　书

于 __8__ 时 __10__ 分发出第 __38004__ 次列车,并于 __8__ 时 __30__ 分再发出第 __38006__ 次列车。

振兴站(站名印)车站值班员(签名):张××

×××年12月6日填发

注:1. 红色纸,复写一式两份,司机一份,存根一份。
　　2. 不用的字句抹消。

(规格90mm×130mm)

②无后续列车时红色许可证的填写见表 4-21。

优先发车站发出首列(无后续列车)　　　　　　　　　　　　　表 4-21

许　可　证

第 __1__ 号

现在一切电话中断,准许第 __38004__ 次列车自 __振兴__ 站至 __复兴__ 站,本列车前于 __7__ 时 __50__ 分发出的第 __38002__ 次列车,邻站到达通知已收到。

通　知　书

第 __38004__ 次列车到达你站后,准接你站发出的列车。

振兴站(站名印)车站值班员(签名):张××

×××年12月6日填发

注:1. 红色纸,复写一式两份,司机一份,存根一份。
　　2. 不用的字句抹消。

(规格90mm×130mm)

(4)得到通知书,获得发车权的车站发车。

①有后续列车时红色许可证的填写见表 4-22。

非优先发车站得到通知书后发车(有后续列车)　　　　　　　　　表 4-22

许　可　证

第 __1__ 号

现在一切电话中断,准许第 __38004__ 次列车自 __振兴__ 站至 __复兴__ 站。

通　知　书

于 __8__ 时 __10__ 分发出第 __38004__ 次列车,并于 __8__ 时 __30__ 分再发出第 __38006__ 次列车。

振兴站(站名印)车站值班员(签名):张××

×××年12月6日填发

注:1. 红色纸,复写一式两份,司机一份,存根一份。
　　2. 不用的字句抹消。

(规格90mm×130mm)

②无后续列车时红色许可证的填写见表 4-23。

非优先发车站得到通知书后发车(无后续列车)　　　　　　　表4-23

许　可　证	第　1　号
现在一切电话中断,准许第　38004　次列车自　振兴　站至　复兴　站。	
通　知　书	
第　38004　次列车到达你站后,准接你站发出的列车。	
	振兴站(站名印)车站值班员:(签名):张××
	×××年12月6日填发

注:1.红色纸,复写一式两份,司机一份,存根一份。　　　　　(规格90mm×130mm)
　　2.不用的字句抹消。

（5）优先发车站无待发列车。

优先发车站无待发列车时的通知书见表4-24。

优先发车站无待发发列车时的通知书　　　　　　　表4-24

	第　1　号
通　知　书	
准接你站发出的列车。	
	振兴站(站名印)车站值班员(签名):张××
	×××年12月6日填发

注:1.红色纸,复写一式两份,司机一份,存根一份。　　　　　(规格90mm×130mm)
　　2.不用的字句抹消。

2. 填写依据

红色许可证的填写应符合《技规》《行规》《站细》等有关规定。

3. 注意事项

（1）红色许可证只能由车站值班员或指定的助理值班员填写,其他人员无权填写。

（2）在填写红色许可证之前,必须认真确认车站是否具备优先发车的权力和区间是否空闲。

（3）一切电话中断时,禁止发出《技规》有关规定的列车。

（4）涂改无效,不用的字句要抹消。对作废的红色许可证要及时销毁。

（5）车站值班员及助理值班员对填写的红色许可证,必须相互进行认真的核对。

（6）只能加盖站名印,不是站印(车站公章)。

(7) 发车进路未准备妥当时不许下令交证。

(8) 红色许可证的编号由《站细》规定。

案例分析

【典型案例】 错误填写行车凭证发出列车

1. 事件概况

×年×月×日11时11分,×站车站值班员发现在第28001次列车出站后车站下行一、二离去出现红光带(图4-1),车站值班员报告车站管理人员后,在车站管理人员未到岗盯控的情况下向列车调度员申请使用停止基本闭塞法改按电话闭塞法的调度命令,列车调度员在未加确认的情况下,下达1472号:准许×站停止基本闭塞法改按电话闭塞法行车的调度命令。11时30分,车站使用路票将28003次列车发出,构成错误填写行车凭证发出列车一般D6类事故。

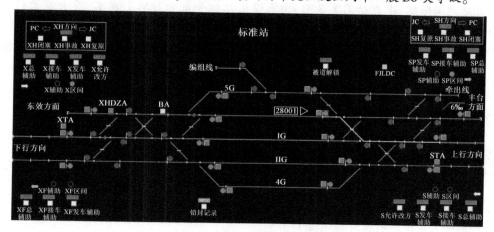

图4-1 车站红光带异常示意图

2. 事件原因分析

(1) 车站值班员业务素质低,对轨道电路故障后的非正常行车处置错误,本应按照"出站信号机故障时发出列车,并且由于从监督器上不能确认第一个闭塞分区空闲,车站应发给司机书面通知,司机以在瞭望距离内能随时停车的速度,最高不超过20km/h,运行到第一架通过信号机,按其显示的要求执行,而使用绿色许可证和书面通知发车",却错误判别为区间两架通过信号机故障,而申请停止基本闭塞法改按电话闭塞法后使用路票发车,并且车站值班员在车站管理人员未到岗盯控的情况下就着急向列车调度员申请调度命令。

(2) 列车调度员对车站值班员的请求不加判别,且因自身业务不精,也未正确判别故障类型和行车凭证,盲目下达停基改电调度命令,导致车站错误使用行车凭证发车。

(3) 电务部门日常设备巡检不到位,对轨道电路相关故障检查质量不高,导致轨道电路故障影响列车运行。

3. 事件评析

(1) 在铁路运输行车组织过程中,遇到设备故障等非正常情况时,应正确判别故障类型,并按规定使用正确的行车凭证,及时组织行车,这是正确、及时地进行非正常应急处置的保证。

(2)轨道电路红光带、道岔失去表示、信号机故障是常见的故障类型,区间一架通过信号机故障和两架通过信号机故障的行车凭证是截然不同的。本事故中"第二离去由区间通过信号机防护,而第一离去是由出站信号机防护,所以下行一、二离去出现红光带是区间一架通过信号机故障",应按照区间一架通过信号机故障、出站信号机不能开放、从监督器上不能确认第一个闭塞分区空闲这三个条件使用绿色许可证和书面凭证作为行车凭证,在对区间一架通过信号机故障修复前,对尚未进入区间的后续列车,改按站间组织行车。而车站值班员和列车调度员都错误判别为区间两架通过信号机故障。

(3)停止使用基本闭塞法改用电话闭塞法行车的情况有以下几种:

①基本闭塞设备发生故障,导致基本闭塞法不能使用、自动闭塞区间内两架及以上通过信号机故障或者灯光熄灭时。

②无双向闭塞设备的双线区间反方向发车或者改按单线行车时。

③发出由区间返回的列车,或者发出挂有由区间返回后部补机的列车时。

④自动站间闭塞、半自动闭塞区间,由未设出站信号机的线路上发车,或者超长列车头部越过出站信号机并压上出站方面轨道电路发车时。

⑤在夜间或者遇降雾、暴风(雨、雪),为消除线路故障或者执行特殊任务,开行轻型车辆时。

(4)自动闭塞区段特殊情况行车凭证表内容必须熟记。

(5)设备管理单位要加强设备的检修、维护,最大限度地保证设备安全。

复习思考题

1. 基本闭塞法有哪几种?
2. 列车进入区间的行车凭证有哪些?
3. 自动闭塞区段,列车进入闭塞分区的行车凭证是什么?
4. 自动站间闭塞区段,列车进入区间的行车凭证是什么?
5. 半自动闭塞区段,列车进入区间的行车凭证是什么?
6. 哪些情况需停用基本闭塞法改用电话闭塞法?
7. 在出站信号机不能开放的情况下,列车从车站出发的行车凭证是什么?
8. 故障按钮使用有何规定?
9. 办理电话闭塞时,哪些情况需发出电话记录号码?
10. 填写路票时有哪些规定?
11. 车站什么情况必须使用绿色许可证发车?
12. 一切电话中断后发出列车的凭证是什么?
13. 一切电话中断后哪些列车禁止发出?
14. 简述单线区间车站呼唤 5min 无人应答时的行车办法。
15. "行车日志"有何作用?

项目五

列车运行

项目内容

本项目主要介绍列车运行基本要求、接发列车、接发列车与调车、列车区间运行、接发列车作业基础技能等。

教学目标

◎ **能力目标**

能按有关规定,组织列车在车站、区间运行,实现列车按图行车。

◎ **知识目标**

了解接发列车的基本要求,掌握列车在车站、区间运行组织方法以及救援列车开行的特殊要求。

◎ **素质目标**

培养严谨的工作作风,严格遵守作业纪律。

任务一　列车运行基本要求

铁路运输是以列车的形式完成旅客和货物"位移"的。我国铁路网上,每天运行着成千上万的列车,各种客货列车运行速度不一,停站次数和停站时间不同。合理组织列车安全、迅速、经济、便利地运行是行车组织的重要内容。

一、列车乘务组

根据各种列车的任务、编组内容和运行条件的不同,必须配备直接为列车服务的工作人员组成列车乘务组。列车乘务组按下列规定组成:

(1)动车组列车应有动车组司机,其他列车应有机车乘务人员;主要负责操纵机车、动车组,完成列车牵引任务,负责本列车在区间的行车指挥工作。

(2)动车组列车应有随车机械师,其他旅客列车、特快货物班列和机械冷藏车组均应有车辆乘务人员;负责动车组列车途中检修和故障处理,负责旅客列车、特快货物班列等列车途中车辆检修和故障处理。

(3)旅客列车应有客运乘务组,客运乘务组一般由列车长、列车广播员、列车员、列车行李员及餐车工作人员等组成;负责组织旅客上、下车,保证车内卫生,提供旅客文化生活、饮食供应以及行李包裹的运送等服务工作。

二、动车组列车司机的要求

动车组列车由司机负责指挥,司机应严格执行规章制度和操作规程,加强与车站、列车调度员的联系,正确、及时地处理列车运行过程中发生的各种问题,确保列车运行安全正点。

(1)开车前,司机要选定机车综合无线通信设备通信模式和运行线路,机车综合无线通信设备、GSM-R手持终端按规定注册列车车次,并确认正确。对于装备列车运行监控装置的动车组列车,司机还应按规定输入监控装置有关数据。

(2)遵守列车运行图规定的运行时刻和各项允许及限制速度。彻底瞭望,确认信号,认真执行呼唤应答制度,严格按信号显示要求行车,确保列车安全正点。遇有信号显示不明或者危及行车和人身安全时,应立即采取减速或者停车措施。

(3)机车信号、机车综合无线通信设备、列车运行监控装置、列控车载设备必须全程运转,严禁擅自关机、隔离。在列车运行途中,遇机车信号、列车运行监控装置(列控车载设备)发生故障时,司机应立即报告车站值班员或者列车调度员。动车组列车按列车运行监控装置方式行车时,遇机车信号、列车运行监控装置发生故障,应根据实际情况掌握速度运行,运行至前方站停车处理;在自动闭塞区间,机车信号、列车运行监控装置发生故障时,列车运行速度不得超过40km/h。动车组列车按列控车载设备方式行车时,遇列控车载设备发生故障,应根据调度命令停车转为列车运行监控装置控车方式或者隔离模式运行;转为隔离模式运行时,列车运行速度不得超过40km/h。

(4)在列车运行途中,司机不能使用机车综合无线通信设备进行通话时,应立即使用GSM-R手持终端或者无线对讲设备报告车站值班员(列车调度员);如果GSM-R手持终端及无线对讲设备也不能进行通话,司机应在前方站停车报告。

(5)起动稳,加速快,精心操纵,停车准确,按规定鸣笛。

(6)注意操纵台各种仪表及车载信息监控装置的显示。

(7)正常情况在列车运行方向最前端司机室操纵,非操纵端司机室门、窗及各操纵开关、手柄均应置于断开或者锁闭位。关闭非操纵端司机室机车综合无线通信设备电源。

(8)动车组列车停车后,应使列车保持制动状态。更换动车组司机(同向换乘除外)或者司机室操纵端、使用紧急制动停车、重联或者解编后再开车时,应进行相关试验。

(9)等会列车时,不准关闭辅助电源装置,并应按规定显示列车标志。

(10)将列车运行中发生的问题及使用紧急制动装置的情况,及时报告列车调度员。

三、动车组以外的列车司机的要求

动车组以外的列车司机是机车乘务组的负责人,应带领乘务人员严格执行规章制度和操作规程,加强与车站、列车调度员的联系,正确、及时地处理列车运行途中发生的各种问题,确保列车运行安全、正点。动车组以外的列车司机在列车运行中应做到以下几点:

(1)列车在出发前输入监控装置有关数据;按规定对列车自动制动机进行试验,在制动保压状态下列车制动主管的压力1min内漏泄不得超过20kPa,确认列尾装置作用良好。

装备机车综合无线通信设备的机车司机在开车前要选定机车综合无线通信设备通信模式和运行线路。在GSM-R区段运行时,机车综合无线通信设备、GSM-R手持终端按规定注册列车车次,并确认正确。

(2)遵守列车运行图规定的运行时刻和各项允许及限制速度。彻底瞭望,确认信号,认真执行呼唤应答制度,严格按信号显示要求行车,确保列车安全正点。遇有信号显示不明或者危及行车和人身安全时,应立即采取减速或者停车措施。

(3)机车信号、列车无线调度通信设备、列车运行监控装置(轨道车运行控制设备)和列尾装置必须全程运转,严禁擅自关机。

①在运行途中,遇列尾装置、机车信号、列车运行监控装置(轨道车运行控制设备)发生故障时,司机必须立即使用列车无线调度通信设备报告车站值班员或者列车调度员,并根据实际情况掌握速度运行。

②在运行途中,遇机车信号、列车运行监控装置(轨道车运行控制设备)发生故障时,司机应控制列车运行至前方站停车处理或者请求更换机车,在自动闭塞区间,列车运行速度不超过20km/h。

③在运行途中,遇列车无线调度通信设备发生故障时,司机应在前方站停车报告。

(4)起动稳,加速快,精心操纵,停车准确,按规定鸣笛,防止列车冲动和断钩。

(5)随时检查机车总风缸、制动主管的压力。检查内燃机车柴油机的润滑油压力、冷却水的温度及其转数等情况。注意电力机车的各种仪表的显示及接触网状态。

(6)在区间内列车停车进行防护、分部运行、装卸作业或者使用紧急制动阀停车后再开车时,司机必须检查试验列车制动主管的贯通状态,确认列车完整,具备开车条件后,方可起动列车。

(7)调谐区不能准确反映列车占用状态,单机、自轮运转特种设备长度小于调谐区长度时,可能全部停留在调谐区内;单机、自轮运转特种设备紧急制动停车,会自动撒砂,因其长度短,可能全部停在撒砂的钢轨上,不能可靠分路轨道电路。在自动闭塞区间发生上述二种情况,可能会造成后方通过信号机显示升级为允许运行的信号,存在后续列车正常运行进入该闭塞分区与单机或自轮运转特种设备发生冲突的隐患。因此要求单机、自轮运转特种设备在自动闭塞区间紧急制动停车或者被迫停在调谐区内时,司机应立即通知后续列车司机向两端站车站值班员(列车调度员)报告停车位置(具备移动条件时司机应先将机车移动不少于15m),并在轨道电路调谐区外使用短路铜线短接轨道电路。

(8)等会列车时,不准关闭空气压缩机,并应按规定显示列车标志。

(9)负责货运票据的交接与保管。

(10)将列车运行中发生的问题及使用紧急制动阀的情况,及时报告列车调度员。

四、车辆乘务员的要求

车辆乘务员应按技术作业过程的规定检查车辆,并参加制动试验。在列车运行途中,应监控车辆运用状态,及时处理车辆故障,并将本身不能完成的不摘车检修工作,预报前方站列检。前方站列检应积极组织人力修复车辆故障,保持原编组运用。是否摘车检修,由当地列检决定并处理。

车辆乘务员应配备列车无线调度通信设备及响墩、火炬、短路铜线、信号旗(灯)等防护用品。车辆乘务员在值乘中还应做到:

(1)当列尾装置发生故障时,列车出发前、停车站进站前和出站后,应按规定与司机核对列车尾部风压。

(2)列车发生紧急制动停车后,联系司机,检查车辆技术状态,可继续运行时通知司机开车。

(3)向司机通报使用紧急制动阀的情况,并协助司机处理有关行车事宜。

五、随车机械师的要求

动车组随车机械师是保障动车组设备安全可靠运行的重要行车岗位,主要担负运行动车组(运营、试验、回送动车组)随车乘务工作,负责保证动车组安全的运行状态,维护正常的车内硬件环境,掌握和传递动车组设备的动态运行信息,应急处理和维修发生的设备故障,对动车组设施进行日常状态检查和质量交接。

(1)随车机械师应按技术作业过程的规定检查动车组。

(2)在列车运行途中,应监控动车组设备技术状态,及时处理车辆故障,经处置确认无法正常运行时,通知司机选择维持运行或者停车。

(3)随车机械师应配备GSM-R手持终端和无线对讲设备及响墩、火炬、短路铜线、信号旗(灯)等防护用品。随车机械师在值乘中还应做到:

①列车发生紧急制动停车后,联系司机,检查车辆技术状态,可继续运行时通知司机开车。

②向司机通报使用紧急制动装置的情况,并协助司机处理有关行车事宜。

六、列车尾部标志

为确认列车运行状态和列车的完整,列车应有尾部标志。

1. 旅客列车尾部标志

为了保证旅客列车的运行安全,便于后续列车确认,列车尾部标志应使用电灯。

为了加强灯具的保管、维修,规定动车组以外的旅客列车尾部标志灯的摘挂、保管由车辆部门负责。对中途转向的动车组以外的旅客列车,为了节省换挂标志灯的时间,应有备用标志灯,确保列车能正点运行。

动车组尾部标志灯不能摘挂,不需要对尾部标志灯进行摘挂、保管。

2. 货物列车尾部标志

为了便于作业人员确认货物列车的完整,货物列车应以列尾装置为尾部标志,未加挂列尾装置时应以吊起尾部车辆软管代替尾部标志。

七、紧急制动阀(紧急制动装置)的使用

紧急制动阀(紧急制动装置)是在遇到下列各种危及人身和行车安全的特殊情况下使用的,不能轻易使用。为慎重使用及便于检查紧急制动阀每次使用情况,平时在阀手把口施有铅封。在使用紧急制动阀时,不必先行破封,直接将阀手把向全开位置拉动,直到全开为止。在拉动过程中不得停顿和关闭阀手把,中途关闭会造成列车中部分车辆处于制动,部分车辆处于缓解,容易发生列车断钩。遇弹簧手把时,在列车完全停车以前,不得松手。

由于我国铁路采用的制动装置,不直接用总风缸的压缩空气送入制动缸,而是利用储存在副风缸中的压缩空气送入制动缸起制动作用的,不能实行连续制动,所以列车在长大下坡道上,使用紧急制动阀前,必须先看压力表。如压力表已由定压下降 100kPa 时,不得再行使用紧急制动阀,以免因制动主管风压不足造成列车失控(遇折角塞门关闭时除外)。在一般情况下,列车制动主管风压下降 50kPa 即起制动作用。风压下降说明司机已采取制动措施。

为确保列车运行安全,列车乘务人员如发现必须使用紧急制动阀的情况,应按上述方法使用紧急制动阀。使用紧急制动阀后,列车到达前方有列检作业的车站,车辆乘务员应通知客列检人员检查并重新施封。

动车组列车运行速度高,遇下列情况时,随车机械师、客运乘务组等列车乘务人员应立即报告司机采取停车措施,以避免使用紧急制动装置给动车组带来损害;来不及报告时,应使用客室紧急制动装置停车。

列车乘务人员应将使用紧急制动阀(紧急制动装置)的情况报告司机,由司机报告列车调度员。

列车乘务人员发现下列危及行车和人身安全情形时,应使用紧急制动阀(紧急制动装置)

停车：
（1）车辆燃轴或者重要部件损坏。
（2）列车发生火灾。
（3）有人从列车上坠落或者线路内有人死伤。
（4）其他危及行车和人身安全必须紧急停车时。

八、登乘机车、动车组的规定

为保证机车、动车组司机有良好的工作条件，确保列车运行安全，应严格控制乘务组以外人员登乘机车、动车组司机室。如因工作需要，在不妨碍机车乘务员、动车组司机正常工作的前提下，准许下列人员登乘机车、动车组司机室：
（1）铁路机车运用管理规则指定的人员。
（2）持有国铁集团、铁路局集团公司机务部门填发的登乘机车证者，登乘动车组司机室须凭动车组司机室登乘证。司机应认真查验证件。

任务二　接发列车

接发列车工作是铁路运输生产活动的一项重要内容，是列车运行过程中不可缺少的重要环节。所有列车都需经过发车和接车作业，方能进入区间运行或接入站内进行各项技术作业。因此，严格按照列车运行图规定的时刻，安全、正点、不间断地接发列车，是车站行车工作的主要任务。

一、主要内容及人员分工

接发列车工作的主要内容包括办理闭塞（预告）、布置与准备进路、开闭信号、交接凭证、接送列车、发车。参与车站接发列车工作的人员有车站值班员、助理值班员、列车调度员、车务应急值守人员和其他人员。其中，车站值班员（列车调度员）是车站接发列车工作的统一组织者和指挥者，接发列车有关人员必须服从车站值班员（列车调度员）的统一指挥。

当车站值班员办理接发列车（列车调度员人工办理接发列车）时，上述接发列车工作，原则上由车站值班员（列车调度员）亲自办理。由于设备条件（如设备分散，又无集中控制设备）或业务量（如行车方向多或列车集中到发）等原因，由车站值班员难以亲自办理时，除布置进路（包括听取进路准备妥当的报告）外，其他各项工作可指派助理值班员或其他人员办理。助理值班员和其他人员参与接发列车作业的分工，应在《站细》内规定。当列车调度员人工办理接发列车时，除办理闭塞、布置进路（包括听取进路准备妥当的报告）外，其他工作可在列车调度员统一指挥下,分别指派车务应急值守人员或其他人员办理。

车站值班员(列车调度员)接到邻站列车预告后,按规定及时通知有关人员到岗接车,站内平过道应加强监护。

二、车站值班员(列车调度员)的要求

办理闭塞和做好接发列车的准备工作,是保证列车安全运行的重要环节,为此,车站值班员(列车调度员)必须认真做好各项工作。

1. 办理闭塞时,必须确认区间空闲

目前的行车闭塞法,在正常情况下,可以保证在同一时间、同一区间(闭塞分区)内只有一个列车运行。但由于设备本身有缺陷,或由于行车人员一时疏忽仍有可能向占用区间发出列车。例如,采用半自动闭塞设备,因区间无轨道电路,一旦列车在区间遗留车辆,设备也反映不出来,如不认真确认列车是否整列到达,待列车压过接车轨道电路,就可以办理区间开通,再向区间发出列车,这是非常危险的。至于电话闭塞,因无设备控制,一旦疏忽,就更有可能向占用区间发车。因此,在接发列车工作中,车站值班员(列车调度员)首先要把好办理闭塞时确认区间空闲这一关。

确认区间空闲的办法,主要是通过闭塞设备、"行车日志"、各种标志牌以及有关人员的情况报告等,确认前次列车是否全部到达、补机是否返回、出站(跟踪)调车是否完毕以及有无区间封锁和轻型车辆占用等。

2. 布置进路时应正确、及时

布置接发列车进路时,车站值班员(列车调度员)必须向有关人员讲清接发列车的车次、占用线路,即某次接入某道或由某道出发。如车站一端有两个及其以上列车运行方向或双线反方向行车时,还要讲清方向、线别。布置进路的要求如下:

(1)按《行细》《站细》规定的时间,正确、及时地布置进路。

(2)布置进路时应使用《铁路接发列车作业》等规定用语,简明清楚,不得简化。布置进路的命令,不准与其他作业的命令、通知一起下达,以防混淆。如车站衔接方向有两条及以上运行线时,布置进路除讲明方向还应讲清经由线别。

(3)为防止布置进路时有关人员错听,受令人员必须复诵。车站值班员(列车调度员)要认真听取复诵,核对无误,方可命令"执行"。

3. 接车线路空闲

为了防止向占用线路接车,车站值班员(列车调度员)必须在接车前认真检查、确认接车线路空闲。具体检查确认办法,按《铁路接发列车作业》《行规》《行细》《站细》等有关规定执行。

4. 影响进路的调车作业已经停止

车站值班员(列车调度员)必须亲自或通过有关人员确认影响列车进路的调车作业已经停止。因为不及时停止影响接发列车进路的调车作业,就有可能造成到达列车站外停车或出

发列车晚点,甚至可能使列车与正在调车的机车车辆发生冲突事故。

上述工作完毕后,方可开放进站信号机,准备接车;或开放出站信号机,交付行车凭证,在确认旅客上下、行包装卸和列检作业、客车上水、吸污等作业完毕后发车。

三、进路准备人员的要求

进路准备人员必须按车站值班员(列车调度员)布置的接发列车进路命令和调车作业计划,正确、及时地准备进路,保证安全、迅速地接发列车和调车作业。

(1)进路准备人员,在扳动道岔、操纵信号时,在认真执行"一看、二扳(按)、三确认、四显示(呼唤)"制度的同时,还应执行"眼看、手指、口呼"的制度。

"一看":看道岔标志、信号手柄(按钮)位置。

"二扳(按)":将道岔、信号扳(按)至所需位置。

"三确认":扳(按)完道岔、信号手柄(按钮)后,通过表示灯或标志确认有关进路道岔开通位置是否正确;手动道岔确认闭止块是否"落槽",确认信号开放、关闭状态是否正确。

"四显示(呼唤)":确认无误后,就地显示规定的信号或按规定执行呼唤应答制度。

(2)进路准备人员于接发列车进路准备完了或信号开放后,应及时向车站值班员(列车调度员)报告进路准备情况(能从设备上确认的除外),报告用语按《铁路接发列车作业》等有关规定办理。

四、列车进路

1. 接车进路

接车进路是接入停车列车时,由进站信号机起至接车线末端计算该线路有效长的警冲标或出站信号机止的一段线路(图5-1)。有延续进路时,延续进路为接车进路的一部分。

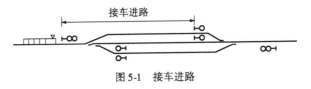

图 5-1 接车进路

2. 发车进路

发车进路是发出列车时,由列车前端起至相对方向进站信号机或站界标止的一段线路(图5-2)。

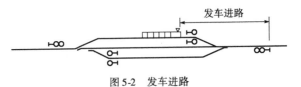

图 5-2 发车进路

3. 通过进路

通过进路是列车通过时,该列车通过线两端进站信号机或站界标间的一段线路(图5-3)。

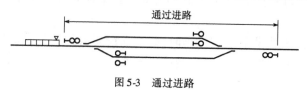

图5-3 通过进路

五、线路使用原则

为保证安全和正确地接发列车,便于进行列车技术作业,接发列车应在正线或到发线上办理,并遵循下列原则:

(1)旅客列车、挂有超限货物车辆的列车,应接入规定线路。为便于旅客乘降、行包装卸及客车上水等工作,办理客运业务的旅客列车应接入靠近站台的旅客列车到发线。

超限货物的宽度或高度超出机车车辆限界,与邻近的设备、建筑物或邻线的机车车辆有刮撞的可能,甚至会影响邻线列车运行安全,为保证列车安全运行和货物完整,不损坏设备和建筑物,必须将挂有超限货物车辆的列车接入符合《站细》规定专门接发超限货物列车的线路。

(2)动车组列车在车站办理客运业务时,必须固定股道、站台、停车位置。动车组列车遇特殊情况需变更办理客运业务的固定股道时,必须经调度所值班主任(值班副主任)准许。

动车组列车运行速度快、等级高,因此对在车站办理客运业务的动车组列车均须明确固定股道、站台、停车位置。遇设备故障、自然灾害、列车晚点等不可抗力原因必须调整动车组列车固定股道时,必须经调度所值班主任(值班副主任)准许,不发布调度命令。

(3)动车组列车、特快旅客列车应在正线上办理通过,其他通过的列车原则上应在正线上办理通过。

因为正线道岔一般处于直向位置,线路条件好,允许通过的速度较高,可以保证司机有良好的瞭望条件。同时,列车直向通过道岔,能减少轮缘磨耗,保证列车的高速运行和安全。

(4)原规定为通过的旅客列车由正线变更为到发线停车、通过,以及动车组列车、特快旅客列车遇特殊情况必须变更基本进路时,必须经列车调度员准许,并预告司机;如来不及预告司机时,应使列车在站外停车后,再开放进站信号,将列车接入站内。

因为原规定为通过的旅客列车由正线变更为到发线接车时,列车要从经道岔直向改为经道岔侧向运行。经道岔直向运行时允许速度高,而经侧向运行时允许速度低,如司机没有思想准备,列车由正线经道岔直向通过改为到发线经道岔侧向接车,可能难以降低到要求的速度,容易超速运行,带来安全隐患。动车组列车、特快旅客列车较其他旅客列车运行速度和等级高,应按基本进路办理,当车站因特殊原因必须变更基本进路时,列车运行进路上的速度要求可能会发生变化,应告知司机提前作好准备。

因此,为保证旅客列车运行安全,原规定为通过的旅客列车由正线变更为到发线停车、通过及动车组列车、特快旅客列车遇特殊情况必须变更基本进路时,必须经列车调度员准许,并预告司机,以便司机做好降低速度的准备。如来不及预告司机时,不得开放进站信号,使列车在站外停车后再开放进站信号,把列车接入站内。

(5)动车组列车按列控车载设备方式行车时,禁止在未设置列控信息的股道及进路上接发。

动车组列车按列控车载设备方式行车时,必须在设置有列控信息的股道及进路上接发,因为当股道及进路上未设置列控信息时,会造成列控车载设备收不到控车信息,从而触发制动,危及动车组列车运行安全。

六、信号机开闭时机

严格按规定时机开闭信号机是保证安全正点接发列车的一项重要工作。因此,在《行细》《站细》内应明确规定信号开闭时机。

信号开放后,即锁闭有关进路上的道岔;信号关闭后,有关道岔即解锁。如果信号开放过早,会提前占用咽喉区,影响调车作业及其他工作;如果信号开放过晚,会造成列车在信号机外减速或停车,不仅影响正点率,而且威胁安全。因此,信号机开放时机,应是列车正点到达车站或从车站出发前的一个合理时间。

计算进站信号机开放时机时,主要是确定列车运行进站距离所需的时间,如图5-4所示。

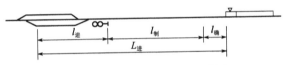

图5-4 进站信号机开放时机示意图

注:$l_{确}$-司机确认进站信号机或预告信号机显示时间内所走行的距离,m;$l_{制}$-为该站进站信号机前规定的制动距离,m;$l_{进}$-进站信号机至接车线末端出站信号机或警冲标的距离,m;$L_{进}$-列车通过的进站距离,m。

用分析计算法计算开放进站信号机时机的公式如5-1所示。

$$t_{开} = t_{到} - t_{进}$$
$$= t_{到} - 0.06 \times \frac{l_{确} + l_{制} + l_{进}}{v_{进}}$$
$$= t_{到} - 0.06 \times \frac{L_{进}}{v_{进}} \quad (5\text{-}1)$$

式中:$t_{开}$——列车到达车站前最晚开放进站信号机的时刻;

$t_{到}$——按规定列车到达车站的时刻;

$t_{进}$——列车走完进站距离的时间,min;

$L_{进}$——列车通过的进站距离,m;

$v_{进}$——列车走完进站距离的平均速度,km/h;

0.06——将 km/h 化成 m/min 的系数。

在一般情况下,考虑列车运行可能早到,应附加一定时间,适当提前开放进站信号的时机。

发车时,车站值班员(列车调度员人工办理时)开放出站信号,应能保证完成包括确认出站信号机的显示、显示及确认发车信号等作业所需的时间,使列车由车站按规定时刻出发,这就是开放出站信号机的时机。

非集中联锁的车站,若关闭信号机过早,有可能危及行车安全;若关闭信号过晚,会妨碍其他进路的准备,影响车站工作效率。因此,车站值班员(列车调度员)必须严格按规定关闭信号。

七、列车进站停车的要求

列车进站后,应停于接车线警冲标内方,以防止侧面冲突及影响邻线接发列车和调车作业。在设有出站信号机的线路上,列车头部不得越过该信号机。

(1)列车进站后,车站应确认列车尾部是否进入警冲标内方或是否过轨道绝缘。如列车尾部没有进入警冲标内方或压轨道绝缘时,应使用列车无线调度通信设备等通知司机或向司机显示向前移动信号,指挥列车移动到警冲标或轨道绝缘内方停车。

(2)当超长列车尾部停在警冲标外方,相对方向需要接入列车时,而在进站信号机外制动距离内为超过6‰的下坡道,接车线末端又无隔开设备时,为了防止对向列车进站后由于司机操纵不当越过出站信号机或警冲标,与超长列车发生冲突,必须使对向列车在站外停车后,再接入站内。超长列车在规定条件下会车示意图如图5-5所示。

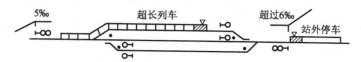

图 5-5 超长列车在规定条件下会车示意图

当超长列车尾部停在警冲标外方,其邻线未设调车信号机,又无隔开设备,由相对方向进行调车时,必须派人以停车手信号进行防护,防止调车车列与超长列车尾部发生侧面冲突。

八、车站发车的要求

1. 动车组列车

动车组列车由列车长确认旅客上下完毕后,通知司机关闭车门;列车进站停车时,司机按动车组停车位置标停车,确认列车停稳、对准停车位置后开启车门。按钮不在司机操作台上的,由列车长通知随车机械师关闭车门;列车到站停稳后,由随车机械师开启车门。如自动开关门装置故障或者特殊情况需单独开关车门时,由司机通知列车工作人员手动开关车门。

动车组列车在车站出发,动车组列车司机在确认行车凭证和开车时间,车门关闭后,即可起动列车。

2. 动车组以外的列车

(1)普速铁路(CTC区段另有规定的除外)动车组以外的列车在车站发车前,有关人员应做到:

①发车进路准备妥当,行车凭证已交付,出站(进路)信号机已开放,发车条件完备后,车站值班员(助理值班员)方可显示发车信号。

②司机应确认行车凭证及发车信号显示正确后,方可起动列车。

③语音记录装置良好的车站,准许使用列车无线调度通信设备发车。

(2)高速铁路动车组以外的列车在车站发车前,有关人员应做到:

①司机确认行车凭证正确,发车条件完备后,直接起动列车。

②办理客运业务时,车站客运人员确认旅客乘降、上水、行包装卸完毕后,通过无线对讲设备通知司机,司机必须得到车站客运人员的报告后,方可起动列车。

3. 普速铁路立岗接送列车的要求

(1)列车在车站到发时,接发列车人员应携带列车无线调度通信设备、持手信号旗(灯),在《站细》规定的地点立岗接送列车。

(2)接送列车时,应注意列车运行和货物装载状态,发现车辆燃轴、抱闸、制动梁脱落、篷布绳索脱落、货物窜动或倾斜、倒塌等危及行车安全的情况时,应要立即采取措施或通知有关人员使列车停车,并报告列车调度员。如发现货物列车列尾装置丢失时,应报告列车调度员,列车调度员应使列车在前方站停车处理。

(3)当发现旅客列车尾部标志灯光熄灭时,应通知车辆乘务员进行处理。在自动闭塞区段通知不到时,应使列车停车处理。

(4)当不能从设备上确认列车接近车站、进站和出站时,接发车人员应及时向车站值班员报告列车进出站情况,报告的时机、内容、用语按《铁路接发列车作业》的规定执行。

(5)列车到达、发出或通过后,车站值班员应及时向邻站和列车调度员报点,并记入"行车日志"。设有计算机报点系统的车站,报点方法执行有关规定。

(6)遇有超长、超限列车、制动力部分切除的动车组列车、单机挂车和货物列车列尾装置灯光熄灭等情况,应通知接车站。

九、发车进路的取消

普速铁路遇特殊情况需取消发车进路时,车站值班员应先通知发车人员。严禁在没有通知发车人员的情况下,关闭已开放的出站信号机。如已开放信号或发车人员已通知司机发车,而列车尚未起动时,还应通知司机,待司机明了,对司机持有行车凭证的,应收回行车凭证后,方可取消发车进路。当出发列车已经起动时,禁止取消发车进路。

高速铁路出站信号机已开放或行车凭证已交付,如需取消发车进路,列车调度员(车站控制时为车站值班员)应与司机联系,确认列车尚未起动,收回行车凭证后,再取消发车进路。

十、接发列车作业标准

1.《铁路接发列车作业》

接发列车作业直接关系着列车运行安全正点和运输效率。不间断地接发列车,严格按列车运行图行车是车站的基本任务之一。根据我国铁路不同的行车闭塞方法、人员配备和作业方法等情况,在充分考虑正常情况下的作业方法和非正常情况下的特定措施的前提下,结合不同闭塞法、不同联锁类型和不同的劳动组织形式,制定了《铁路接发列车作业》(TB/T 30001—2020)标准。《铁路接发列车作业》(TB/T 30001—2020)规定了双线自动闭塞集中联锁设备车站、单(双)线半自动闭塞集中联锁设备车站、单(双)线半自动闭塞色灯电锁器联锁设备车站、自动站间闭塞集中联锁设备车站、单(双)线电话闭塞无联锁设备(联锁设备失效)车站、单(双)线自动闭塞分散自律控制模式下车站操作方式车站、自动站间闭塞分散自律控制模式下车站操作方式车站的接发列车作业程序、岗位作业技术要求。

该标准的实施,不仅完善了接发列车作业组织,提高了接发列车作业安全和效率,而且提升了接发列车作业管理水平,因此,接发列车作业人员必须严格执行。

2.《铁路车机联控作业》

"车机联控"是车务、机务等行车有关人员使用列车无线调度通信设备,按规定联络,提示行车安全信息、确认行车要求的互控方式。《铁路车机联控作业》(TB/T 30003—2020)规定了铁路车机联控的设备、作业人员、作业程序及用语,国家铁路、合资铁路、地方铁路、专用铁路、铁路专用线在车机联控作业中,车务、机务等有关人员应严格执行。

任务三　接发列车与调车

一、正线、到发线上调车作业

车站的正线、到发线主要办理列车接发、通过、会让。在正线、到发线上调车时,应符合下列要求:

(1)应经过车站值班员(列车调度员)的准许。车站值班员负责掌握正线、到发线的使用,了解列车运行情况,对保证不间断地接发列车负有直接责任。因此,占用或影响正线、到发线的调车,必须经过车站值班员的准许,特别是设有车站调度员的车站更应注意,以免妨碍列车的接发。在调度集中区段,由列车调度员办理接发列车,掌握车站的正线、到发线运用的情况下,在正线、到发线上调车时,必须取得列车调度员的准许。

(2)在接发列车时,车站值班员应掌握调车作业的实际情况,并应按《站细》《行细》中规定的时间,确认影响列车进路的调车作业已停止,再排列接发列车进路,开放信号。

占用或穿越上述列车进路直接影响接发列车的调车活动,以及在接发超限货物列车进路的邻线,线间距离不足5000mm的线路上调车,或接发非超限列车而在线间距离不足5000mm的邻线调动有超限货物的车辆等情况,均称为影响列车进路的调车作业。

(3)影响列车进路的调车作业,应在《站细》《行细》规定的开放信号时机前停止,严禁抢钩作业。

二、接发旅客列车时的调车作业

在接发旅客列车时,除遵守正线、到发线调车作业及影响接发列车进路的调车作业等相关规定外,为防止其他调车作业中的机车车辆因溜逸、冒进信号等进入接发列车进路,与正在进出站的旅客列车发生冲突,规定在接发旅客列车时,与接发列车进路没有隔开设备或脱轨器的线路,不准向能进入接发列车进路的方向调车。

为了尽可能压缩非生产等待时间,并考虑本务机车在停留线路内摘挂、列车拉道口等作业机车车辆移动范围小、目的明确,允许接发旅客列车时,在与接发列车进路没有隔开设备或脱轨器的线路,进行本务机车摘挂、列车拉道口作业,但必须严格控制速度,只能在本线路内进行。

有特殊困难的车站,确实需要调车时,应根据作业特点和设备实际由铁路局集团公司制定相应的安全措施。

三、越出站界调车

越出站界调车是受车站调车设备限制,在区间空闲(自动闭塞为第一个闭塞分区空闲)的情况下,越过进站信号机或站界标进入区间调车的一种方法。由于是进入区间,不同一般的站内调车作业,为了保证列车运行和调车作业的安全,应遵守下列要求。

1. 普速铁路越出站界调车

(1)双线区间正方向越出站界调车

①当双线区间为自动闭塞时,必须从监督器上确认第一个闭塞分区空闲,车站值班员口头准许并通知司机,即可出站调车。

②当双线区间为半自动闭塞时,必须区间空闲,车站值班员口头准许并通知司机,即可出站调车。

上述双线区间的两种情况,因发车权属于正方向办理越出站界调车的车站,对方站不能发车,所以可不与对方站办理占用区间闭塞手续,只要区间(自动闭塞为第一个闭塞分区)空闲,车站值班员口头准许并通知司机即可。

(2)双线区间反方向越出站界调车

双线区间反方向越出站界调车时,因正常情况下占用区间的权限不属于本站,同时列车运行情况由列车调度员掌握,必须取得占用区间的权限,即停止基本闭塞法改用电话闭塞法(得到列车调度员发布的停止基本闭塞法改用电话闭塞法的调度命令),确认区间空闲后,由车站值班员与邻站办理电话闭塞手续,发给司机出站调车通知书,方可出站调车。

(3)单线区间越出站界调车

①当单线区间为自动闭塞时,闭塞系统必须在发车位置,由办理越出站界调车的车站控制发车权,只要第一个闭塞分区空闲,经车站值班员口头准许并通知司机,即可出站调车。

②当单线区间为半自动闭塞时,区间必须空闲,得到停止基本闭塞法改用电话闭塞法的调度命令,与邻站办理电话闭塞手续取得占用区间的权限,并发给司机出站调车通知书,方可出站调车。

(4)单线或双线在区间已改为电话闭塞法行车的情况

单线或双线在区间已改为电话闭塞法行车的情况下,越出站界调车时必须经列车调度员口头准许,在确认区间空闲,与邻站办理闭塞手续取得占用区间的权限,发给司机出站调车通知书后,方可出站调车。

出站调车通知书由车站值班员填写,当调车机车距行车室较远时,可由扳道员、助理值班员等按车站值班员的指示填写。调车通知书如图5-6所示。

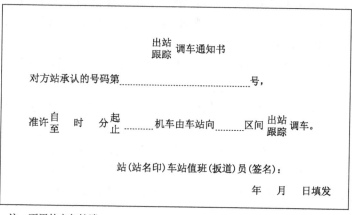

图5-6 调车通知书

(5)越出站界调车作业完毕后应将出站调车通知书收回注销

越出站界调车作业完毕,应将出站调车通知书收回注销。具体收回注销办法执行铁路局集团公司的规定。当出站调车车列回站待避列车后,如需继续出站调车时,应重新办理手续。

越出站界调车时,为了防止错办,车站值班员应在控制台上揭挂"出站调车"标志牌(安全帽)。

2. 高速铁路越出站界调车

(1)越出站界调车时,必须区间(自动闭塞区间正方向为第一个闭塞分区)空闲,单线区间闭塞系统必须在发车位置;由列车调度员发布准许越出站界调车的调度命令后,方可进行。

(2)越出站界调车期间,相邻站(线路所)禁止向该区间放行列车。越出站界调车作业完毕,司机或调车指挥人应报告列车调度员(车站负责办理调车进路时为车站值班员或车务应急值守人员)。车站值班员、车务应急值守人员应及时报告列车调度员,列车调度员通知两端站(线路所)后方可组织行车。

(3)需在未设调车信号机的线路上调车作业时,根据需要可按越出站界调车作业办理,办理列车进路(进、出站信号机常态为灭灯时,应点灯),由列车调度员发布准许越出站界调车的调度命令,司机根据调度命令和进、出站信号机的显示进行调车作业。

四、跟踪出站调车

跟踪出站调车是指在列车由车站发出后,尚未到达前方站(线路所),间隔一定的距离或时间,即跟随前行列车,越出站界在规定距离内进行的调车作业。

跟踪出站调车只能在普速铁路的单线区间或双线正方向的线路上办理,并按下列要求进行,以确保安全:

(1)为使跟踪出站调车不影响列车运行,在办理时必须经列车调度员口头准许。

(2)为了更好地掌握区间占用情况,防止跟踪出站调车的机车车辆返回车站前,两站错误办理闭塞,办理跟踪出站调车时,必须在取得邻站车站值班员的承认的电话记录号码后,方可填写跟踪调车通知书,组织跟踪出站调车。

(3)发给司机的跟踪调车通知书。填写时应将"出站"字样抹消。跟踪调车通知书允许由扳道员、助理值班员等根据车站值班员的指示填发。

(4)办理跟踪出站调车时,为了防止错办,车站值班员应在控制台上揭挂"跟踪调车"标志牌(安全帽)。

(5)跟踪调车作业完毕,车站值班员确认跟踪调车通知书收回后,向邻站发出电话记录号码。列车虽已到达邻站,但跟踪调车通知书尚未收回时,禁止办理区间开通手续。

(6)承认跟踪出站调车及跟踪出站调车完毕发出电话记录号码及发出的时间填写在"行车日志"相应栏内。

(7)跟踪出站调车,因调车与列车运行是平行作业,能够缩短调车等待时间,充分利用通过能力。但由于调车与列车运行先后进入同一区间或闭塞分区,因而存在不安全因素,必须对跟踪出站调车进行严格的限制:

①跟踪出站调车只准在普速铁路的单线区间及双线区间正方向办理,双线区间反方向线路上不准办理。因为双线区间反方向行车已是特殊情况行车,再跟踪反方向运行的列车出站调车,增加不安全因素。

②为保证跟踪出站调车的车列与前行列车保持一定距离,只有前发列车尾部越过预告、接近信号机或靠近车站的第一个预告标后,方可跟踪出站调车。如受地形地物影响,看不见预告信号机或站界标,确认前发列车位置有困难时,应按《站细》规定的间隔时间进行。

③跟踪出站调车的机车、车辆最远不得越出站界500m。这是考虑前发列车有途中退行的可能。按《技规》规定,退行列车在未得到后方站车站值班员准许时,不得退行到车站的最外方预告标或预告信号机的内方,也就是不能退到距进站信号机800~1100m以内,这样退行的列车与跟踪调车的机车车辆尚有300~600m的安全间隔距离。

④出站方向区间内有瞭望不利的地形或有长大上坡道时,禁止跟踪出站调车。因为出站方向区间内有瞭望不利的地形时,调车作业或由区间退回的列车瞭望困难,一旦出现问题,不能及时停车,容易发生冲突等事故;因为区间有长大上坡道时,一旦前发列车制动失效,即有溜回的可能时,如再跟踪出站调车,就可能发生冲突。

区间有长大上坡道禁止跟踪出站调车的站名由铁路局集团公司公布。"长大上坡道"是指《技规》中"长大下坡道"的反向。

⑤前发列车需由区间返回或挂有区间返回的后部补机时,禁止跟踪调车,以防止返回的列车或补机与正在跟踪出站调车的机车车辆发生冲突。

⑥当一切电话中断时,禁止跟踪调车。这是因为电话中断后行车联络办法比较复杂,难以保证行车安全。

⑦遇降雾、暴风雨雪等恶劣天气时,因瞭望困难,作业不便,禁止跟踪出站调车。

⑧为确保动车组安全,禁止动车组跟踪出站调车作业。

任务四　列车区间运行

一、列车运行限制速度

为了保证列车安全运行,司机在操纵机车、动车组时,应注意不使列车超过规定的限制速度。根据信号的显示、机车牵引方式和接车线的特点,分别规定了不同情况下列车运行(动车组列车按列控车载设备方式行车时除外)的限制速度(表5-1)。

列车运行限制速度　　　　　　　　　　　　表5-1

项目	速度
四显示自动闭塞区段通过显示绿黄色灯光的信号机	在前方第三架信号机前能停车的速度
通过显示黄色灯光的信号机及位于定位的预告信号机	在次一架信号机前能停车的速度
通过显示一个黄色闪光灯光和一个黄色灯光的信号机	该信号机防护进路上道岔侧向的允许通过速度
通过减速地点标	普速铁路:标明的速度,未标明时为25km/h; 高速铁路:按运行揭示或行车调度命令执行,未收到命令时为25km/h
推进	30km/h
退行	15km/h
接入站内尽头线,自进入该线起	30km/h

(1)根据四显示自动闭塞区段的灯光排列顺序(绿、绿黄、黄及红),当列车通过显示绿黄灯光的通过信号机时,表述列车运行前方有两个闭塞分区空闲。因此要求列车应以在前方第三架通过信号机前能停车的速度运行。

(2)当列车通过显示黄色灯光的信号机,以及普速铁路列车位于定位的预告信号机时,由于次一信号机可能在关闭状态,因此,司机应按在次一信号机前能停车的要求掌握列车运行速度。

(3)列车通过一个黄色闪光灯光和一个黄色灯光的信号机时,表示运行前方经过18号及其以上道岔侧向运行,运行速度为该信号机防护进路上道岔侧向的允许通过速度。

（4）当列车通过减速地点标时，普速铁路应按减速信号牌上标明的速度运行，如减速地点标上未标明速度时，以及高速铁路应按运行揭示或行车调度命令执行，未收到调度命令时，均应按不超过25km/h的运行速度通过减速地点标；司机应根据牵引的列车长度，由减速地点标开始按限制速度运行，待全列车通过限速地段终点的减速地点标以后，方可加速。

（5）列车推进运行时，因机车在列车后部，车列在前，司机瞭望困难，故规定列车运行速度不得超过30km/h。

（6）列车退行，其运行方式为向原列车运行方向的反方向运行，并兼有列车推进运行的特点，是列车遇到灾害等情况，被迫采取的运行方式。所以限制速度应比推进运行时更低，列车运行速度不得超过15km/h。

（7）列车接入站内尽头线时，为防止制动不当，越过线路终端，造成机车、车辆脱轨及建筑物损坏等。所以规定自列车进入该尽头线时起，其运行速度不得超过30km/h。

二、高速铁路动车组列车运行

1. 动车组重联和解编

动车组列车重联后，司机应到动车组列车运行方向的操纵端，按规定程序作业后激活驾驶台，确认车载信息监控装置重联后的显示状态。根据所担当列车车次在列车运行监控装置（列控车载设备）内输入相关参数，并选择CIR通信模式（运行线路），按规定进行车次注册。

重联动车组列车解编操作，主动车组必须一次移动5m以上距离后方可停车。根据动车组运行方向（同方向发车或背向发车）及所担当列车车次在列车运行监控装置（列控车载设备）输入相关参数，并选择CIR通信模式（运行线路），按规定进行车次注册。

2. 动车组列车按隔离模式运行

（1）动车组列车按隔离模式运行时，完全依靠司机人工控制列车运行。因此，动车组列车按隔离模式由车站（线路所）开往区间时，必须确认区间空闲后；按站间组织行车，列车运行速度不得超过40km/h，列车按地面信号显示运行，常态灭灯的区段应点灯，待该列车到达前方站（线路所）后方可放行后续列车。

（2）在较大上坡道地段，动车组列车运行速度不得超过40km/h，存在动车组无法越过接触网分相无电区的情况，列车调度员可根据司机请求发布调度命令，列车以不超过80km/h的速度越过接触网分相。

3. 邻线开行路用、救援列车的行车

在动车组列车运行时段内，特殊情况需开行路用、救援列车（利用动车组、单机担当救援时除外）时，列车调度员口头通知邻线会车范围内运行的动车组列车司机以不超过160km/h的速度运行。

4. 设备故障（列车设备故障除外）时的行车

遇发生影响行车的设备故障（列车设备故障除外）时，原则上应先处理故障，后组织行车。

当设备故障暂时无法修复,确需组织行车时,应根据有关行车限制条件组织行车。

动车组运行中发生设备故障时,司机应根据车载信息监控装置的提示,按步骤及时处理;若需要由随车机械师处理时,司机应通知随车机械师。经处置确认无法正常运行时,司机应按车载信息监控装置的提示和随车机械师的要求,选择维持运行或停车等方式,并报告列车调度员(车站值班员)。

在动车组运行中,司机发现或得到车载轴温系统轴温(热轴)报警时,应立即停车;当接到地面红外线轴温探测系统的热轴预报,经随车机械师根据车载轴温检测系统确认轴承温度超过报警温度时,司机应立即停车,向列车调度员(车站值班员)报告。

5. 动车组列车通过小半径曲线时的行车

动车组列车单节车辆长度为 25~27m,由于受车辆长度和轴距的限制,动车组一般情况下不得通过半径小于 250 m 的曲线。当通过曲线半径为 300m 曲线时,限速 35km/h;当通过曲线半径为 250m 曲线时,限速 30km/h;特殊情况通过曲线半径为 200m 曲线时,限速 25km/h;当通过 6 号对称双开道岔时,限速 15km/h;不得侧向通过小于 9 号的单开道岔和小于 6 号的对称双开道岔。

6. 动车组车底回送的办理

(1)动车组车底回送按旅客列车办理,原则上采用自走行方式。动车组采用无动力回送时,可根据回送技术条件加挂回送过渡车;使用客运机车牵引,回送过渡车应挂于机后第一位。8 辆编组的动车组可两列重联回送。未装备列车运行监控装置的动车组需在 CTCS-0/1 级区段回送时,应采取无动力回送方式。

(2)动车组回送运行时,应安排动车组列车司机及随车机械师值乘。有动力回送时,非担当区段应指派带道人员。

(3)动车组回送不进行客列检作业。

(4)动车组安装过渡钩回送时,按规定限速运行,尽可能避免实施紧急制动。发生紧急制动后,本务司机应通知随车机械师,经随车机械师检查过渡车钩状态良好后方可继续运行。

(5)动车组回送时,相关动车段(所)、造修单位应提出限速、回送方式(有动力、无动力)、可否折角运行等注意事项。

三、高速铁路作业人员需下车办理行车时的处理

列车在区间被迫停车后,司机、车辆乘务员(随车机械师)或其他乘务人员需下车处理时,由于邻线列车运行速度高,为了确保下车人员的人身安全,列车调度员应发布邻线列车限速 160km/h 的调度命令,限速位置按停车列车位置前后各 1000m 确定;司机在接到列车调度员已发布相关调度命令的口头指示后,通知有关作业人员办理。需组织旅客疏散时,由于旅客疏散控制难度大,如果邻线再运行列车时,势必危及旅客人身安全,所以必须扣停邻线列车;司机在接到列车调度员已扣停邻线列车的口头指示后,通知有关作业人员办理。

四、跨线运行

（1）未装备列车运行监控装置的动车组在 CTCS-0/1 级区段按机车信号模式运行时，应严格执行以下要求：

①以地面信号机显示为行车凭证，列车运行速度不超过 80km/h，运行中加强对地面信号瞭望和确认。

②遇地面信号机未开放或显示不明时，及时采取停车措施。

③运行区段有低于 80km/h 的运行揭示或临时限速调度命令时，司机应认真确认地面限速标志，高速铁路司机按运行揭示或临时限速调度命令执行，人工控制列车运行速度。

（2）在 CTCS-2 级区段与 CTCS-0/1 级区段分界处，设置了级间转换应答器。当应答器故障或动车组自身原因造成在 CTCS-2 级区段与 CTCS-0/1 级区段级间自动转换失败时，司机应立即报告列车调度员（车站值班员），并按下述规定办理：

①由 CTCS-2 级区段向 CTCS-0/1 级区段运行时，由于动车组还是在列控车载设备方式控车下，进入 CTCS-0/1 级区段后地面没有控车信息，会触发紧急制动，司机应停车后根据调度命令手动转换。

②由 CTCS-0/1 级区段向 CTCS-2 级区段运行时，当列车进入 CTCS-2 级区段运行时，因为列车仍可按 LKJ 方式运行，因此可维持按 LKJ 方式继续运行。

（3）CTCS-3 级区段与 CTCS-2 级分界处，设置了级间转换应答器。当应答器故障或动车组自身原因造成在 CTCS-3 级区段与 CTCS-2 级区段级间自动转换失败时，司机应立即报告列车调度员（车站值班员），并按下述规定办理：

①由 CTCS-3 级区段向 CTCS-2 级区段运行时，由于动车组还在 CTCS-3 级列控车载设备方式控制下，动车组列车是通过无线闭塞中心向动车组传送行车许可；进入 CTCS-2 级区段后，由于脱离无线闭塞中心覆盖的范围，动车组列车无法收到行车许可，会触发紧急制动，因此司机应停车后手动转换控制模式。

②由 CTCS-2 级区段向 CTCS-3 级区段运行时，当列车进入 CTCS-3 级区段运行时，因为列车还是按 CTCS-2 级列控车载设备方式控车，能按照司机控制台显示的目标距离、目标速度控制列车运行，所以可维持按 CTCS-2 级继续运行。

（4）为了统一高速铁路车站与衔接的普速铁路等其他线路车站间的行车凭证，便于车站和司机执行，高速铁路车站（线路所）向衔接的其他线路车站（线路所）发出列车时，有关行车凭证按高速铁路有关规定执行；高速铁路衔接的其他线路车站（线路所）向高速铁路车站（线路所）发出列车时，有关行车凭证按其他线路有关规定执行。

五、列控限速管理

1. 列控限速

（1）用于列车运行控制系统的限速设置（数据格式）称为列控限速。列控限速由列车调度员通过CTC进行设置或取消,并采用双重口令,由列控系统执行。

(2)列控限速数据包括线路号、相关受令车站、限速位置、限速值、限速执行方式、限速开始和结束时间等。侧线列控限速应增加车站号信息。

(3)列控中心控制的每个有源应答器只管辖一定范围内的限速。限速区可以设置在区间、站内正线、站内侧线或区间跨站内正线。

2. 列控限速设置

(1)列控限速按档分为不同的限速等级,最低为45km/h。

(2)在设置列控限速时,应按照不高于限速值的原则选择相应限速等级进行设置,但低于45km/h的限速按45km/h设置。

(3)列控限速的设置和取消按规定流程办理。

①当调度命令的限速值低于列控车载设备显示的目标速度时,动车组列车司机应按调度命令控制列车运行。遇实际限速与运行揭示调度命令(临时限速调度命令)限速相符,而列控限速归档造成列控限速与运行揭示调度命令(临时限速调度命令)限速不符时,列车调度员不再向动车组列车司机发布临时限速调度命令。

②对低于45km/h的限速,装备LKJ的动车组列车,限速命令已写入IC卡时,动车组列车司机应根据调度命令在限速地段前一站停车改按LKJ(GYK)控车方式运行,司机按限速调度命令和LKJ设置控制列车通过限速地段;若限速命令未写入IC卡时,动车组列车司机应根据限速调度命令人工控制列车通过限速地段。对于未装备LKJ的动车组列车,动车组列车司机应根据限速调度命令人工控制列车通过限速地段。

3. 列控限速设置不成功时的处理

(1)对装备LKJ的动车组列车,在列控限速设置不成功时,列车调度员应关闭(车站控制时为通知车站值班员关闭)进入该限速地段前一站的出站信号,发布动车组列车改按LKJ(GYK)控车方式行车的调度命令。司机在该站停车转换为LKJ(GYK)控车方式,按以下方式运行:

①动车组列车司机在出乘前已收到该限速的运行揭示调度命令时,列车调度员与司机核对限速的运行揭示调度命令无误后,方可放行列车,司机按运行揭示调度命令和LKJ设置控制列车运行速度,通过限速地段。

②动车组列车司机在出乘前未收到该限速的运行揭示调度命令时,列车调度员应向司机发布限速调度命令(最高不超过40km/h),核对无误后,方可放行列车。司机应按限速调度命令人工控制列车通过限速地段。

(2)对未装备LKJ的动车组列车,列控限速设置不成功时,列车调度员应关闭(车站控制时为通知车站值班员关闭)进入该限速地段前一站的出站信号,向司机发布限速调度命令(最高不超过40km/h),核对无误后,方可放行列车。司机应按限速调度命令人工控制列车通过限速地段。

六、高速铁路临时限速管理

(1)需临时限速时,应由有关单位(人员)提出限速申请或由自然灾害及异物侵限监测系统报警提示。列车调度员应按规定发布临时限速调度命令,并设置列控限速(针对某一列车的限速除外);若来不及时,应立即通知司机限速运行,司机按列车调度员通知的限速要求控制列车运行。

(2)在同一处所(地段),当多个单位、自然灾害及异物侵限监测系统提出的限速要求不一致时,列车调度员应按最低限速值发布临时限速的调度命令。

(3)对于24h内不能取消的临时限速,限速登记单位或设备管理单位应提出限速申请,报告主管业务部(室),由主管业务部(室)审核后提交调度所发布运行揭示调度命令。列车调度员确认在途列车司机已收到该运行揭示调度命令后,方可不再向该列车司机发布临时限速调度命令。

(4)需变更已纳入运行揭示调度命令管理的限速时,设备管理单位应及时登记,同时向铁路局集团公司主管业务部(室)提出新的限速条件或恢复常速申请,调度所根据主管业务部(室)提出的申请,重新发布运行揭示调度命令。

任务五 接发列车作业基础技能

一、"行车日志"填写方法

1."行车日志"简介

"行车日志"是列车运行全过程的原始记录,内容应当反映列车在前方站预告、发出,以及在本站到达(通过)、出发时刻等基本情况,必须及时、准确、认真地登记。"行车日志"示意图如图5-7所示。

运统-2

值班员	时间	姓名

中间站列车运行日志

年　　月　　日　星期　　天气

到达															
列车车次	接车股道	时分				摘车辆数				占用区间许可号码	电话记录号码				
		同意邻站发车	邻站发车	本站到达		运用车		非运用车	守车		承认闭塞	列车到达 补机返回	取消闭塞	出站(跟踪)调车	出站(跟踪)调车完毕
				规定	实际	空车	重车								
1	2	3	4	5	6	7	8	9	10	11	12	13	14	15	16

出发																		本务机调车时分	列车停站超过规定时刻的原因	记事
列车车次	发车股道	时分				挂车辆数				列车编组		占用区间许可号码	电话记录号码							
		邻站同意发车	本站出发		邻站到达	运用车		非运用车	守车	换长	总量(吨)		承认闭塞	列车到达 补机返回	取消闭塞	出站(跟踪)调车	出站(跟踪)调车完毕			
			规定	实际		空车	重车													
17	18	19	20	21	22	23	24	25	26	27	28	29	30	31	32	33	34	35	36	37

图5-7 "行车日志"示意图

2."行车日志"填写要求

(1)凡办理行车的车站(场)及线路所,均需使用"行车日志"作为记录列车运行情况的原始资料。凡占用区间、在本站(场)及线路所办理出发(通过)、到达的一切列车(包括单机、各种轨道车)均应在"行车日志"内记录。

(2)"行车日志"必须由该行车处所负责办理闭塞的车站值班员或助理值班员亲自填记，真实地记录列车办理预告、邻站发出、本站到达、通过、出发、邻站到达时刻以及接车线路、区间占用线别等信息(设有计算机报点系统的按有关规定办理)，填记时应依时间顺序连续记载，不得间断。

①填记时间及车站值班员姓名。

②列车到达或通过。列车接受预告(承认闭塞)，在"行车日志""到达"栏中对应的"列车车次"栏填记车次，在"同意邻站发车"时分栏填记预告(承认闭塞)时间。列车开过来填记"行车日志""邻站发车"时分栏填记邻站发车时间。列车到达在"本站到达(实际)"栏中填记到达时间。通过列车需在"出发"栏相应的"邻站同意发车"栏中填记与发车站办理预告(闭塞)的时间，通过列车的通过时间填记在"出发"栏的"本站出发(实际)"栏中。

③列车出发。列车出发向邻站预告(办理闭塞)，在"出发"栏相应的"邻站同意发车"栏中填记与发车站办理预告(闭塞)的时间，列车出发时间填记在"出发"栏的"本站出发(实际)"栏中。

④货车用蓝(黑)色笔填记，客车用红色笔填记。其他规章中有要求的事项在"记事栏"中填记。

⑤使用电话闭塞时，按规定发出电话记录号码，双方站均应将号码记入"行车日志"的"电话记录号码"栏相应的项目内。

⑥路票、绿色许可证、红色许可证等行车凭证编号应填记在"行车日志"的对应栏内，反方向运行的列车到、发时刻记入"行车日志"时，应填写在"记事"栏内注明"反"字。

⑦遇有超长、超限列车、制动力部分切除的动车组列车、单机挂车和货物列车列尾装置灯光熄灭等情况，应填写在"记事"栏内并通知接车站。

(3)填记"行车日志"不准涂改，填记错误应画"—"删除线，另起一行重新登记。使用完毕后保存一年。

(4)TDCS设备故障时填写"行车日志"的要求。

①TDCS显示正常，但不能报点时，车站值班员填记纸质"行车日志"，人工向邻站和调度报点。

②TDCS黑屏(系统死机)时，车站值班员应与列车调度员、邻站车站值班员、本站助理值班员(内勤、外勤)共同核对区间及站内列车占用状况，填记纸质"行车日志"，人工向邻站和调度报点。

行车日志的填写

二、"行车设备检查登记簿""行车设备施工登记簿"填写方法

1."行车设备检查登记簿""行车设备施工登记簿"简介

"行车设备检查登记簿"(图5-8)、"行车设备施工登记簿"(图5-9)是铁路营业线行车设备施工、维修、检查、故障处理时办理有关登销记的原始记录，是记录行车设备使用单位、管理

单位和施工单位在行车设备维修、施工及故障处理等环节中相关信息的台账,是确认行车设备使用条件的重要依据,也是加强行车设备养护、提高设备质量、明确责任划分、确保行车安全的一项重要内容。

登记单位(部门):　　　　　　　年　月　日　时　分　　　　　　　　运统-46

项目	通知时间		到达时间		通知方法	专职联络员到达后签名	消除不良及破损后的时分、签名				
	月日	时分	月日	时分			破损及不良的原因	处理后的设备状态	设备管理单位及车站签名	月日	时分
设备名称编号											
故障状态											
影响范围											
作业内容											
给点时间											

图 5-8 "行车设备检查登记簿"示例

		请求施工登记			承认施工	施工后开通检查、销记		施工开通
施工编号	施工项目	月日	时分	(1)影响使用范围(需要的限速或封锁条件)。(2)专职联络员签名。(3)车站值班员签名	所需时分	(1)命令号及发令时间。(2)施工起止时间。(3)车站值班员签名。(4)专职联络员签名	月日	时分	(1)恢复使用范围和条件(开通后恢复常速确认)。(2)专职联络员签名。(3)车站值班员签名	(1)开通(恢复常速)命令号码及开通时间。(2)专职联络员签名。(3)车站值班员签名

图 5-9 "行车设备施工登记簿"示例

"行车设备施工检查登记簿"(简称"运统-46")是极为重要的行车簿册之一,涉及施工行车安全及设备安全。当前,国铁集团开发了电子"运统-46"系统,主要是解决"行车设备施工登记簿"中信息自动收集、车站行车室与行车调度台的施工信息互通,同时对接合部环节中相关台账信息的流程化、规范化。

2. "行车设备检查登记簿""行车设备施工登记簿"的设置及保管

(1)车站行车室(综合自动化驼峰调度大厅行车控制台)、作业楼"行车设备施工登记簿"

按电务、工务、供电(电气化区段)专业各设一本,其他专业共用一本;"行车设备检查登记簿"设置一本。车站调度员室(调车区长室)是否设置在《站细》中明确。

段管线行车室(包括机调室、作业楼、闸楼等)、动车段(所)调度室"行车设备施工登记簿""行车设备检查登记簿"各设一本。

正式启用电子"运统-46"的车站,不填记纸质"运统-46",但必须配置纸质"运统-46"备用。

(2)车站设置的"行车设备检查登记簿""行车设备施工登记簿"由设置地点的车站值班员(含车务应急值守人员,下同)、驼峰值班员、车站调度员(调车区长)负责保管。

"行车设备检查登记簿""行车设备施工登记簿"应编写页码,严禁撕毁、刮抹、涂改登销记内容,填记内容修改时须加盖双方私人名章,使用完毕后保存一年。

3."行车设备检查登记簿""行车设备施工登记簿"填记场所

(1)站内固定行车设备施工维修作业或故障时,在车站办理填记;区间固定行车设备施工维修作业或故障时,在一端车站办理填记;施工维修涉及多个区间时,应在施工计划中明确"行车设备检查登记簿""行车设备施工登记簿"填记车站。

(2)段管线内设备的施工维修作业或故障时,在段管线行车室(包括机调室、作业楼、闸楼等)办理填记,无行车室时在车站办理填记。

(3)施工销记场所应与施工登记场所一致。

4."行车设备检查登记簿""行车设备施工登记簿"使用范围

(1)有计划的施工维修作业,填记"行车设备施工登记簿"。

(2)普速铁路遇下列情况,应填记"行车设备检查登记簿":

①固定行车设备故障。

②符合规定的天窗点外维修。

③临时抢修作业。

④对固定行车设备的全面检查和专项检查。

⑤启封使用加封设备或使用设有计数器的设备。

⑥区间存在轨道电路分路不良或工务换轨后轨道电路分路不良。

⑦电务部门日常检查、道岔清扫等需操动道岔、电源转换以及倒屏试验。

⑧工务部门雨天出巡。

⑨其他需使用"行车设备检查登记簿"登记的情况。

5."行车设备检查登记簿""行车设备施工登记簿"填写要求

(1)纸质"行车设备检查登记簿""行车设备施工登记簿"填记基本要求

①使用黑色或蓝色钢笔、圆珠笔顶格填写,字句间不留空格,字迹清晰、工整(可使用盖章方式),不用栏可不填写。

②填记内容错漏时,可圈掉错误内容或添加字句,但必须由专职联络员和列车调度员或车站值班员(含车站调度员、调车区长等,下同)双方分别在更改处加盖红色私人名章。无名章时,应将整项登记内容作废重写。

③因故不能给点时,在承认栏或给点时间栏注明不能给点原因并签认。

行车设备检查
登记簿的填写

④一张表格填记不下时,另起一张续填;换本时,未销记的项目由原登记单位转抄至新本。

⑤填记时刻以签认时 TDCS 系统、行车室(作业楼)时钟显示的时间为准。

⑥里程表示方法为:K××+××至K××+××。

(2)"行车设备施工登记簿"填记要求

①施工维修时,由施工维修单位驻车站联络员负责办理登销记,配合单位、设备管理单位联络员必须办理签认。

②两个及以上单位共用施工天窗时,主体施工单位联络员负责填记,共用天窗的单位、配合单位联络员均须及时办理签认。

③办理施工维修填记时,施工维修单位联络员应于施工维修开始前 40min 登记"行车设备施工登记簿",确认无误并签认后,交车站值班员签认。施工维修单位可将打印并裁剪好的施工或维修日计划粘贴于"请求施工登记"栏,并在骑缝处加盖联络员红色私人名章。

④"施工编号"栏填记施工日计划编号;"施工项目"栏按施工(维修)日计划填记施工项目,纳入日计划的维修作业可填记"天窗修"。

⑤"作业申请栏":如需接触网停电,应注明"需接触网停电";施工维修需其他单位配合时,应注明"需××部门配合"字样。

⑥车站值班员在"承认施工"栏填记相关内容并签认,待专职联络员签认后,将调度命令交专职联络员,由专职联络员通知现场作业负责人。

⑦驻站联络员在调度命令下达的施工结束时间前 30min 在"行车设备施工登记簿"内填记施工销记内容,待施工结束具备开通条件时,根据施工负责人指令,再填记销记时间并签认。在施工单位填记销记内容后,车站值班员(列车调度员)应及时确认销记内容和有关行车条件,具备开通条件后,按规定签认、开通。

施工完毕办理销记时,联络员必须确认所有施工(维修)作业项目(包括配合单位、作业项目)作业完毕,人员、机具已撤离,现场清理完毕,经现场作业负责人确认达到放行列车条件,申请销点后,方可办理销点手续。遇特殊情况不能按规定时间结束施工或维修时,联络员原则上提前 20min 以上办理延点申请。

⑧施工维修单位遇特殊情况取消某项施工维修计划时,联络员应在施工栏填记"因××原因取消该项计划",并由联络员、车站值班员(列车调度员)签名确认。

⑨车站值班员(列车调度员)应认真核对"行车设备施工登记簿"填记内容,确认无误后按规定签认。在车站填记时,车站盯岗人员须认真审核填记内容并逐项签名。

(3)电子"运统-46"填记要求

①施工主体单位填记电子"运统-46"申请施工维修时,应对施工日期与计划号、施工地点、里程、开通后限速条件、施工内容及影响范围等情况逐项进行核对,确认无误后方可进行施工申请前的登记签名操作。承认施工时,车站值班员在关联调度命令完毕,确认施工条件具备后,点击承认施工,依次让施工主体单位、配合单位、盯控人员进行签名操作。

②车站值班员获取调度命令时,须仔细核对下令时间,如与 TDCS 系统下令时间不一致,应手工修改一致。

③遇特殊原因需取消施工维修作业时,由施工主体单位选择要取消的计划,点击"取消",并填记原因。

④施工维修作业需延迟开通或分步申请施工时,由申请单位点击"增加登记组"登记原因或申请施工的内容,申请单位与车站值班员进行签认。签认完毕后由车站值班员向列车调度员发送请求。

⑤遇施工维修作业需分步申请开通时,由申请单位点击"增加开通",按照施工维修开通流程进行销记。

⑥遇施工维修作业完毕但设备未全部开通或开通后限速等情况,先不点击任何"结束";待全部开通或恢复常速时,选择原施工维修登记表,点击"增加登记组",由施工维修主体单位按照施工维修开通流程进行登记。

⑦遇电子"运统-46"系统故障或停电时,应立即启用纸质"行车设备施工登记簿"填记,并按照以下要求办理:

a. 办理申请或承认施工时故障,应立即启用纸质"行车设备施工登记簿"重新填记。

b. 办理施工销记时故障,应立即启用纸质"行车设备施工登记簿"填记销记内容,待电子"运统-46"系统恢复正常后,打印该条计划的"请求施工登记"栏和"承认施工"栏内容,粘贴于纸质"行车设备施工登记簿"相应栏目下。

c. 因电子"运统-46"系统故障或停电而中途终止电子"运统-46"登销记的施工维修计划,待系统恢复正常后,由施工主体单位点击"取消",填记"因电子'运统-46'系统故障或停电取消该条计划的电子'运统-46'登销记"。

(4)"行车设备检查登记簿"填记要求

①设备故障时,车站值班员应及时通知设备管理单位,并在"行车设备检查登记簿""通知方法"栏内填记通知方式。设备管理单位联络员到达后填写"到达时间"、签名确认,并填记"影响范围"。

②设备故障需通知多个单位时,车站值班员只填记一次"行车设备检查登记簿",各设备管理单位分别填记并签认。

③设备故障需要点进行处理时,设备管理单位在"作业内容"栏填记作业内容及要点时间并签认(注明签认时刻),车站值班员在"给点时间"栏内填记给点时间并签认(注明签认时刻)。

④设备故障处理完毕销记时,专职联络员应在"破损及不良的原因"和"处理后的设备状态"栏填记设备故障原因和处理后的状态,并与车站值班员签认,各栏首行应对齐;故障原因暂无法查明时,应注明"原因待查",并于查明后及时填记原因。

⑤设备故障不能及时修复时,设备管理单位应根据实际情况立即登记设备故障原因,并在"处理后的设备状态"栏登记设备停用情况及封锁、限速、降弓通过等行车限制条件。

⑥设备故障分步销记时,应在上次销记(含签认)内容的下一行接续填记。

⑦轨道电路不能正常解锁时,在"行车设备检查登记簿"内登记原因。

⑧普速铁路电务部门日常检查、清扫、注油需在天窗外操动道岔时,应提前在"行车设备检查登记簿"上登记需操动的道岔号码,由车站值班员根据列车运行及调车作业情况安排,作业过程中不再逐组办理要点、给点手续。如操动道岔检查试验需瞬间断表示,电务应在登记时注明"道岔瞬间断表示不影响正常使用"。

⑨车站管理人员每旬末对"行车设备检查登记簿"进行一次检查,并在检查时最后一页空白处填写检查情况、存在问题、检查日期并签名(本旬无登记时可不填写)。

三、故障按钮、总辅助按钮的使用

1. 作业步骤

（1）明确使用时机。

①故障按钮：在半自动闭塞区间，遇接车站轨道电路发生故障、闭塞设备停电后恢复供电、列车因故退回原发站等情况时使用，以办理人工复原。

②总辅助按钮：设有双向闭塞设备的自动闭塞区间，遇轨道电路发生故障等情况需改变闭塞方向时使用。

（2）遇到上述情况应及时向列车调度员报告，并申请抄收允许使用故障按钮或总辅助按钮的调度命令。

（3）使用时，要先确认计数器号码，再破封按压（拉出）按钮，在"行车设备登检查登记簿"内登记。

在"行车设备检查登记簿"中登记时，要记在左侧页，内容要简明扼要，并记明使用时间和使用人签字。例如，"因××原因，使用××按钮，计数器号码由××号变为××号"。

（4）使用后，要及时通知电务人员加封，同时双方在"行车设备检查登记簿"内登记、签字。

①车站值班员在"行车设备检查登记簿"的左侧页上记明通知时间、通知方式和被通知人姓名。

②电务人员到达后首先确认按钮的使用情况，核对车站值班员在"行车设备检查登记簿"内的登记内容，并在"行车设备检查登记簿"左侧页上签字，在右侧页上记明到达时间。

③对按钮进行施封，并在"行车设备检查登记簿"中登记、签字。例如，"对××按钮施封完毕，计数器号码为××号"。

④车站值班员在对按钮的施封状态和电务在"行车设备检查登记簿"中的登记内容检查确认后签字。

2. 作业依据

执行《铁路接发列车作业》《铁路车机联控作业》《技规》《行规》《站细》等有关规定。

3. 注意事项

（1）按钮的使用必须得到列车调度员的命令许可。

（2）按钮的使用原因必须在"行车设备检查登记簿"中进行登记。

（3）按钮使用完毕后必须及时通过电务人员加封。

四、进站信号机外方制动距离范围以内换算坡度的计算

1. 计算方法

（1）确定制动距离的采用长度。

(2)确定列车的采用长度。

(3)根据线路平面图,确定在制动距离范围以内曲线的各个要素。比如,曲线各控制点的位置、半径 R、曲线长度 L、缓和曲线长度 L_0 等。

(4)根据线路纵断面图,确定各坡段的长度、坡度值、各变坡点的位置等。

(5)计算单位曲线附加阻力,求出曲线当量坡度。

(6)计算单位坡道附加阻力,求出坡道当量坡度。

(7)计算进站信号机外方制动距离范围以内的换算坡度。

2. 计算依据

(1)《技规》有关规定。

(2)《铁路线路设计规范》(TB 10098—2017)。

3. 注意事项

(1)因为缓和曲线的半径(p)是个变值,所以在计算单位曲线附加阻力时,一条缓和曲线所产生的阻力相当于长度为 L_0 的 $1/2$、半径为 R 的圆曲线所产生的阻力。

(2)单位曲线附加阻力取值为"+"号。

(3)单位坡道附加阻力的取值为面向进站方向,上坡为"+",下坡为"-"。

4. 典型实例

【例 5-1】 如图 5-10 所示,制动距离和列车长度采用 800m 计算,本站能否办理相对方向同时接车?为什么?

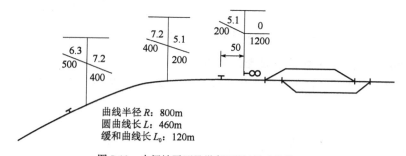

图 5-10 中间站平面及纵断面图(尺寸单位:m)

(1)计算 800m 制动距离内的单位曲线阻力。

从图 5-10 中可以看出,平面曲线的最外方曲线头距离进站信号机为

$$2 \times 120 + 460 + 50 = 750 (\text{m})$$

所以,整条曲线全部位于制动距离范围以内。因为曲线长度(L)<列车长度(l),则

$$w_r = \frac{700}{R} \cdot \frac{L}{l_{列}}$$

$$= \frac{700}{800} \times \frac{0.5 \times (120 + 120) + 460}{800}$$

$$= 0.634 (\text{N/kN})$$

(5-2)

0.5 表示缓和曲线产生的阻力相当于圆曲线的 $1/2$。

(2) 计算 800 m 制动距离内单位坡道阻力。

$$w_i = \frac{\pm i_1 L_i^1 \pm i_2 L_i^2 \pm \cdots \pm i_n L_i^n}{l_{列}}$$

$$= \frac{-5.1 \times 200 - 7.2 \times 400 - 6.3 \times (800 - 200 - 400)}{800}$$

$$= -6.45(\text{N/kN})$$

(3) 计算 800m 制动距离内的换算坡度。

$$i_{换}‰ = (w_r + w_i)‰$$
$$= (0.634 - 6.45)‰$$
$$= -5.816‰$$

从以上结论看出，本站可以办理相对方向同时接车。因为在进站信号机外方 800m 的制动距离范围以内，进站方向为 5.816‰ 的下坡道，没有超过 6‰，按照《技规》规定，可以办理。

【例 5-2】 如图 5-11 所示，请计算进站信号机外方 800m 的制动距离范围以内的换算坡度值。设列车长度 $l = 800$m。

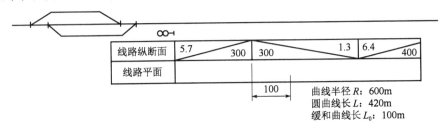

图 5-11 中间站平面及纵断面图 (尺寸单位:m)

(1) 计算 800m 制动距离内的单位曲线阻力。

从图 5-11 中可以看出，左边一条缓和曲线在制动距离之内，而 420m 的圆曲线只有 300m 位于制动距离之内。曲线长度 < 列车长度，则

$$w_r = \frac{700}{R} \cdot \frac{L}{l}$$

$$= \frac{700}{800} \times \frac{0.5 \times 100 + 300}{800}$$

$$= 0.510(\text{N/kN})$$

0.5 表示缓和曲线产生的阻力相当于圆曲线的一半。

(2) 计算 800m 制动距离内单位坡道阻力。

$$w_i = \frac{\pm i_1 L_i^1 \pm i_2 L_i^2 \pm \cdots \pm i_n L_i^n}{l_{列}}$$

$$= \frac{-5.7 \times 300 - 1.3 \times 300 - 6.4 \times (800 - 300 - 300)}{800}$$

$$= -3.25(\text{N/kN})$$

(3)计算800m制动距离内的换算坡度。

$$i_{换}‰ = (w_r + w_i)‰$$
$$= (0.510 - 3.25)‰$$
$$= -2.74‰$$

从以上结论看出,本站进站信号机外方800m的制动距离范围以内,进站方向为2.74‰的下坡道。

五、站内股道容车数的计算

1. 计算方法

(1)确定车站各条线路的固定使用及实际有效长。
(2)确定线路上是否设有脱轨器等有关设备。
(3)按照线路用途分别计算各线的容车数:
①到发线按线路有效长减去机车长度(含多台)和30m安全停车附加距离后,分别除以车辆换算单位。
②调车线按有效长的75%分别除以车辆换算单位。
③货物线、加冰线、洗刷消毒等线路,应按各线路实际有效长计算容车数。以上线路若为尽头线时,还应减去10m的安全距离。
④调车线的最大换算容车数按线路实际有效长计算。
⑤牵出线的最大换算容车数按线路有效长减去1台调车机长度和10m安全距离后计算。
(4)容车数的小数部分均舍去。

2. 计算依据

(1)《铁路货车统计规划》有关规定。
(2)《铁路车站及枢纽设计规范》(TB 10099—2017)有关规定。

3. 注意事项

(1)计算中引用的"车辆换算单位"不仅要结合线路的固定使用,还要符合生产需要。例如,线路是供客车停留,还是供货车停留等。
(2)在计算旅客列车到发线的容车数时,必须考虑"机车停留位置标"的设置位置。

4. 典型实例

【例5-3】 某单线横列式中间站如图5-12所示。各线的有效长分别为1道850m、2道910m、3道956m、4道270m、5道315m、6道425m。区段内列车由内燃机车单机牵引,要求分别以11m及14.3m为"车辆换算单位"计算各线的容车数。

从图5-12中可以看出,本站为中间站,站内的调车作业将使用本务机车(内燃机车中的最大长度为23.1m)。到发线的有效长不受脱轨器、机车停留位置标等的限制,经过计算,各线的容车数见表5-2。

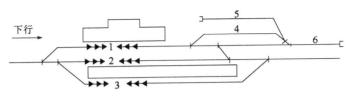

图 5-12 中间站示意图

各线的容车数 表 5-2

股道编号	有效长	股道容车数		备注
		以 11m 计算	以 14.3m 计算	
1	850	72	55	$L_效 - L_机 - 30$
2	910	77	59	$L_效 - L_机 - 30$
3	956	82	63	$L_效 - L_机 - 30$
4	270	24	18	$L_效$
5	315	27	21	$L_效 - 10$
6	425	35	27	$L_效 - L_机 - 10$

案例分析

【典型案例 5-1】 错办信号致使列车停车

1. 事件概况

×年×月×日 23 时 10 分,×站车站值班员办理 OD3654 次经××线走 B 线入所的调车进路,因 CTC 系统提示与 D3645 次、D3705 次列车进路序列交叉,无法办理入所。23 时 10 分 17 秒,车站值班员删除了有交叉的 D3645 次接入 26 道进路序列;23 时 10 分 30 秒,车站值班员在删除有交叉的 D3705 次进 22 道进路序列时,错误点击了"人工触发"菜单命令,触发了 D3705 次进 22 道进路序列,开放了××下行线进 22 道进站信号。进路触发后,因当前车次为 D3645 次,CTC 系统报警"车次号不一致"。车站值班员发现此情况后立即呼叫 D3645 次司机停车,D3645 次 23 时 14 分区间停车,23 时 42 分从区间开车,构成错办信号致使列车停车一般 D5 类交通事故。

2. 事件原因分析

(1) 基本规章制度不执行。××站 2 号车站值班员在删除 D3705 次进 22 道进路序列时,违反高铁《技规》和《行细》"操纵信号设备时,执行'一看、二按(点)、三确认、四显示(呼唤)'应答制度"以及"各动作之间须有间隔停顿,不得同时进行其他作业;点击按钮时,须确认其显示正确后,方可操纵另一按钮"的规定,错误点击"人工触发"菜单命令,导致 D3645 次开放进 22 道信号,造成列车被叫停在区间,是事故发生的主要原因。

(2) 岗位联控互控不落实。××站 1 号车站值班员在 2 号车站值班员办理信号操作时,未能认真履行岗位职责,没有对操作过程进行互控,未能及时发现和制止错误操作行为,是事故发生的重要原因。

3. 事件评析

（1）车站值班员（车务应急值守人员）应正确、及时地准备进路；在扳动道岔、操纵信号时，要做到"眼看、手指、口呼"，认真执行"一看、二扳（按）、三确认、四显示（呼唤）"应答制度。

（2）作业过程中应严格执行《铁路接发列车作业》，遇作业量大、需同时办理多条进路时，应按照先后顺序，分别办理，各动作之间须有间隔停顿，不得同时进行其他作业；点击按钮时，须确认其显示正确后，方可操纵另一按钮。

（3）当班作业人员，应严格遵守联防互控制度，按照岗位职责要求和作业分工，及时发现并组织错误行为，确保作业安全。

【典型案例 5-2】 车站值班员错办动车组列车发车进路

1. 事件概况

×年×月×日6时30分，×站车站值班员擅自代替内勤助理值班员人工排列10道C××次往××Ⅰ线发车进路时，错误点击了进路终端按钮SSZ（应按压SZ），排列了往××Ⅲ线的进路。6时32分，列车开车后，车站值班员发现进路错误，立即呼叫司机停车，C××次越过10道出站信号机，走行481m，停于南岔区D30信号机前K9+405处，后车站组织司机换端操纵于6时58min返回10道停车，7时16分重新开车，耽误本列48min，构成铁路交通一般C类事故。

2. 事件原因分析

（1）车站值班员违反了《铁路接发列车作业》中关于发车作业开放信号的规定，没有布置内勤助理值班员办理C××次10道往Ⅲ线的发车进路，没有执行接发列车程序，而是擅自代替内勤助理值班员排列发车进路、开放信号，失去了联防互控作用。

（2）车站值班员违反《××铁路集团公司调度集中区段行车安全补充措施》规定，没有优先使用人工触发，而是擅自通过人工点击始、终端按钮的方式人工排列发车进路，没有发挥CTC系统卡控作用。

（3）排列进路、开放信号时，没有执行《铁路接发列车作业》关于"一看、二按（点击）、三确认、四显示（呼唤）"和"眼看、手指、口呼"应答制度，错误排列了发车进路，是导致事故发生的直接原因。

3. 事件评析

（1）车站值班员在接发列车时，按照《行细》《站细》规定的时间，正确、及时地布置进路。布置进路应使用规定的用语，不得简化。布置进路的命令不能与其他作业的命令、通知一起下达，受令人复诵。当两个及其以上人员同时接受准备进路的命令时，应指定一人复诵。车站值班员（车务应急值守人员）或列车调度员要认真听取复诵，核对无误后，方可命令"执行"。

（2）作业人员必须按车站值班员（车务应急值守人员）或列车调度员布置的接发列车进路命令，正确、及时地准备进路；在扳动道岔、操纵信号时，要"眼看、手指、口呼"，认真执行"一看、二扳（按）、三确认、四显示（呼唤）"应答制度。

（3）当班期间，所有作业人员必须坚守岗位，严格履行岗位职责，不得随意调班、换岗、脱岗，严禁睡岗，遇特殊情况，必须按照规范的管理办法进行顶替，并将相关情况交接清楚。

复习思考题

1. 列车乘务组如何构成？
2. 列车运行时，动车组司机、机车司机有哪些要求？
3. 什么时候应使用紧急制动阀（紧急制动装置）？
4. 接发列车时，车站值班员（列车调度员）应办理哪些事项？
5. 列车进路有哪些规定？
6. 接发列车线路使用的原则是什么？
7. 列车进站停车的要求有哪些？
8. 正线、到发线上调车作业应遵守哪些规定？
9. 什么是越出站界调车？如何办理？
10. 什么是跟踪出站调车？如何办理？
11. 动车组按隔离模式如何运行？
12. 动车组车底回送有哪些要求？
13. 简述列车（动车组列车除外）运行途中发生车辆故障时的应急处理方法。
14. 区间作业人员需下车办理行车时应如何处理？
15. 简述列控限速设置不成功时的处理方法。

项目六

调度指挥

项目内容

本项目主要介绍铁路运输调度机构、调度工作计划、调度命令、调度指挥方法等。

教学目标

◎ **能力目标**

根据列车运行图、《技规》和《调规》等相关规定,正确组织指挥列车运行。

◎ **知识目标**

了解铁路运输调度基本要求,掌握运输调度工作必须遵循的基本原则、工作方法、作业程序。

◎ **素质目标**

培养"大局"的意识,树立"调度工作无小事"的观念。

任务一　运输调度机构

铁路是国民经济大动脉、国家重要基础设施和大众化交通工具,是综合交通运输体系骨干,在我国经济社会发展中的地位至关重要。铁路运输具有高度集中的特点,各工作环节须紧密联系、协同配合。铁路运输组织工作,必须贯彻安全生产的方针,遵循集中领导、统一指挥、逐级负责的原则。

一、运输调度的基本任务

铁路运输调度部门是铁路日常运输组织的指挥中枢,分别代表各级领导组织指挥日常运输工作。铁路运输调度的基本任务包括如下几个方面:

(1)贯彻执行国家运输政策,完成国家重点运输任务,如军事运输、重点物资运输等。

(2)科学合理地组织客货运输,提高客货运输服务质量。

(3)组织列车按列车运行图行车,保障铁路运输安全。

(4)正确编制和执行运输工作日常计划,经济合理地使用机车车辆等运输设备,充分利用现有通过能力,提高铁路运输效益。

因此,各级调度人员必须精心组织、科学调度,努力增运增收、节支降耗。凡与运输有关各部门、各工种都必须在运输调度的统一组织与指挥下,进行日常生产活动。

二、运输调度指挥人员的要求

调度指挥必须遵循安全生产的原则。铁路局集团公司调度人员必须做到:

(1)熟悉有关站段及列车的技术设备、作业过程、各项技术作业标准及各站接发列车的相关规定,正确地组织指挥列车运行。

(2)值班中应集中精力、坚守岗位,严格落实岗位安全生产责任制,遵守安全生产规章制度和操作规程,及时、正确地处理各种问题。

(3)遇有铁路交通事故、设备故障、自然灾害、天气不良、施工维修、临时限速(指未纳入运行揭示调度命令的限速)、区间装卸等情况和对区间封锁或区间开通的处理,列车调度员应严格遵守有关规定,值班主任(值班副主任)应加强检查。

(4)遇有铁路车辆运行安全监控系统报警时,红外线(5T)、车辆、动车调度员应立即按规定进行处理;列车调度员接到报告后,必须确认车次,并按规定处理。

(5)当得到现场关于列车、线路等出现危及行车安全的报告时,应及时指示有关人员采取停车等安全措施,查明情况,妥善处理。

(6)超限超重货物车辆的挂运,必须纳入调度日(班)计划。根据超限超重货物运输确认电报和超限超重车辆挂运通知单确定的运行条件,由列车调度员发布调度命令。

(7)装载剧毒品货物车辆的挂运,必须纳入调度日(班)计划,重点布置、预报、交接,跟踪掌握。

(8)限速机车车辆,必须根据限速机车车辆挂运电报及规章制度的有关规定安排挂运。纳入调度日(班)计划的,按调度日(班)计划挂运、交接;未纳入调度日(班)计划时,铁路局集团公司管内须由调度所主任(副主任)准许后方可安排挂运;跨铁路局集团公司(以下简称跨局)交接时,由相邻铁路局集团公司(以下简称邻局)计划调度员共同确认挂运电报及规章制度的有关规定,并经两局集团公司调度所值班主任协商同意后方准安排交接。

三、运输调度机构设置

国铁集团铁路运输调度工作实行分级管理、集中统一指挥。铁路运输调度指挥体系主要由国铁集团、铁路局集团公司和运输站段三级组成。

国铁集团设运输调度指挥中心(以下简称调度中心),铁路局集团公司设调度所,运输站段宜设生产调度指挥中心(以下简称指挥中心),编组(区段)站宜设调度车间(调度室),指挥中心可与运输站段既有生产指挥机构合设或合署办公。铁路局集团公司施工管理办公室(以下简称施工办)设在调度所。

专业运输公司设生产(运输)调度部,下属分公司可设运营调度部。专业运输公司是指中铁集装箱运输有限责任公司、中铁特货物流股份有限公司、中铁快运股份有限公司。

国铁集团调度设值班主任、行车、客运、客运行包、货运、军运、特运、集装箱、施工、机车、车辆、动车、工务、电务、供电等调度台。

铁路局集团公司调度设值班主任、值班副主任、计划、列车、客运、货运、特运、集装箱、施工、机车、车辆、动车、红外线(5T)、工务、电务、供电等调度台,根据需要可设置快运、篷布、军运、客运行包等调度台。根据各工种调度台工作量情况,有关调度台可合并设置,具体由铁路局集团公司确定。各工种调度可根据需要设置主任调度员岗位。

运输站段指挥中心调度设主任(值班主任)、生产调度、专业调度等调度岗位,或在既有生产指挥机构内设调度岗位;编组(区段)站设值班站长、车站调度员、货运调度员等调度岗位。具体由铁路局集团公司确定。

国铁集团、铁路局集团公司(专业运输公司)、运输站段调度分别代表国铁集团、铁路局集团公司(专业运输公司)、运输站段负责日常运输组织指挥工作。

国铁集团值班主任、铁路局集团公司值班主任、运输站段指挥中心值班主任或编组(区段)站值班站长分别领导一班调度工作。在日常运输组织工作中,下级有关部门和人员必须服从上级调度的指挥,执行上级调度指令。

国铁集团调度统一指挥各铁路局集团公司和专业运输公司完成运输生产经营任务;铁路局集团公司调度统一指挥铁路局集团公司管内运输生产单位完成运输生产经营任务;运输站段(编组站、区段站除外)调度按规定组织(督促)、协调本站段有关作业人员完成运输生产任务;编组(区段)站调度统一指挥本站区作业人员完成运输生产任务。各级调度应根据调度岗位的作业特点合理确定班制。国铁集团、铁路局集团公司、编组(区段)站主要工种调度全路统一实行四班制(国铁集团有特殊要求的除外)。

在日常运输组织工作中,各级调度按照业务分工,设置了若干不同职名的调度员,分别负责一定的工作。铁路局集团公司调度所一般设有:

(1)列车调度员,负责管辖区段内列车运行的组织指挥工作,实现按图行车,保证列车运行安全。

(2)计划调度员,负责管辖范围内的阶段计划的编制、下达和组织实现。

(3)货运调度员,负责管辖区段内的装卸车组织以及管内重车的输送。

(4)客运调度员,负责旅客运输组织和客车运用工作。

此外,根据需要还设有施工调度员、篷布调度员、特运调度员、机车调度员、工务调度员、电务调度员、电力调度员、车辆调度员、动车调度员等。××铁路局集团公司调度所(施工办)行政组织管理结构示意图如图6-1所示。

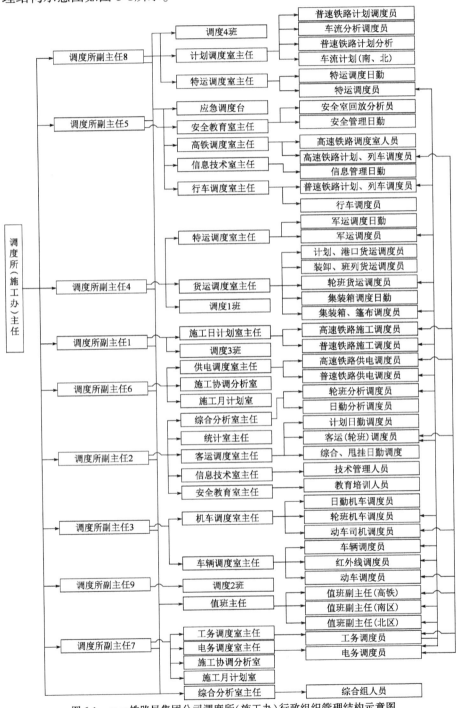

图6-1 ××铁路局集团公司调度所(施工办)行政组织管理结构示意图

任务二　调度工作计划

为实现按列车运行图行车,按货物列车编组计划编组列车,按月度生产经营计划组织运输,完成调度日(班)计划规定的各项任务,各级调度必须加强调度工作计划。

一、高速铁路调度日计划

高速铁路调度日计划是一日内的运输工作计划,包括列车开行计划和施工、维修计划。高铁日计划起止时间为0:00—24:00。

1. 列车开行计划的主要内容

(1)列车开行车次。
(2)临时定点列车始发站、终到站、沿途客运业务办理站及到(发)时分、动车组(吸污、上水)股道运用计划。
(3)开行列车所对应的车组(型号、车组号)、动车组车底运用方案及路用列车开行计划。
(4)重点事项。

2. 施工计划主要内容

(1)施工编号、等级、项目。
(2)施工日期、作业内容、地点(含线别、区间、车站、股道、道岔、行别、里程)和时间。
(3)施工限速(含施工邻线限速)、影响范围、行车方式变化及设备变化。
(4)施工单位(含配合单位)、施工负责人。
(5)施工作业车进出施工地段方案。
(6)区间及站内装卸路料计划。

3. 维修计划主要内容

维修计划主要内容包括作业项目、地点、时间、作业单位、配合作业单位、作业负责人、影响范围、路用列车进出区间方案等。

二、普速铁路调度日(班)计划

调度日(班)计划是日常运输组织工作的基础,应按货物列车编组计划、列车运行图、月度运输生产经营计划、施工计划进行编制,保证均衡地完成运输生产和施工任务。

调度日(班)计划是一日(班)内的运输工作计划。铁路局集团公司调度日(班)计划[以下简称日(班)计划]包括货运工作计划、列车工作计划、机车车辆工作计划和施工日计划。铁路局集团公司货运工作计划、列车工作计划、机车车辆工作计划起止时间为当日 18:00 至次日 18:00,分为两个班计划:当日 18:00 至次日 6:00 为第一班计划,次日 6:00 至 18:00 为第二班计划。铁路局集团公司施工日(班)计划起止时间为 0:00—24:00。

1. 货运工作计划主要内容

(1)各站装车需求受理数(包括发站、托运人、品类、到站、到局、运费、限制口、车种别受理数)。

(2)各站卸车计划(包括到站、车种、卸车数,整列货物应有收货人及品类)。

(3)快运班列、企业自备车等直达列车和成组装车的列数及辆数。

(4)篷布、集装箱运用计划。

(5)专用货车使用计划。

2. 列车工作计划

(1)列车到、发及运行计划,包括列车车次、发站、到站、发到时分、编组内容、特定运行径路,始发列车车辆来源。

(2)分界站列车交接计划,包括列车车次、交接时分、各列车中去向别重车数(到邻局的摘挂车流分到站)和车种别空车数。

(3)管内工作车输送计划、各站配空挂运计划和摘挂列车的甩挂作业计划。

(4)专用货车的调整、挂运计划。

(5)装载超限超重、军运物资(人员)、剧毒品、运输警卫方案货物车辆,有运行条件限制的机车车辆,自轮运转特种设备挂运和专列开行计划。

(6)旅客列车的临时加开、停运、变更径路、途中折返、车辆甩挂、客车(动车组)回送计划。

(7)机车车辆试运行计划。

(8)路用列车运行计划。

3. 机车车辆工作计划

(1)各区段(含跨局)机车周转图,包括机车交路、机型及机车号。

(2)机车沿线走行公里、机车运用台数和机车日车公里。

(3)机车出(入)厂、检修、回送计划及重点要求。

(4)各车辆检修基地(含站修)扣修、修竣车辆取送计划。

(5)各沿线车站停留故障车辆检修计划。

(6)跨局及铁路局集团公司管内客、货检修车回送计划及重点要求。

(7)动车组车底运用方案。

4. 施工日计划

(1)施工计划编号、等级、项目。

(2)施工日期、作业内容、地点(含线别、区间、车站、股道、道岔、行别、里程)和时间。

(3)施工限速(含施工邻线限速)、影响范围、行车方式变化及设备变化。

(4)施工单位(含配合单位)、施工负责人。

(5)施工作业车进出施工地段方案。

三、普速铁路阶段计划

阶段计划是保证实现调度日(班)计划的行动计划,分为铁路局集团公司计划调度员编制的阶段计划和编组(区段)站车站调度员编制的阶段计划。阶段计划根据调度日(班)计划内容,按照货物列车编组计划、列车运行图以及《技规》《行规》《站细》等相关规定编制,3h 为一阶段下达。铁路局集团公司计划调度员编制的阶段计划主要包括以下内容:

(1)列车到、发及运行计划,包括列车车次、发站(车场)、到站(车场)、发到时分、编组内容、特定运行径路,始发列车车辆来源。

(2)分界站列车交接计划,包括列车车次、交接时分、编组内容(重车分去向、空车分车种)。

(3)管内工作车输送计划、各站配空挂运计划和摘挂列车的甩挂作业计划。

(4)装载超限超重、军运物资(人员)、剧毒品、运输警卫方案货物车辆,有运行条件限制的机车车辆,自轮运转特种设备挂运和专列开行计划。

(5)机车车辆试运行及路用列车开行计划。

(6)重点注意事项。

四、3~4h 列车运行调整计划

3~4h 列车运行调整计划是列车调度员组织列车运行调整的综合部署,也是实现列车运行图、货物列车编组计划、月度运输生产经营计划和日班计划的具体行动计划。

3~4h 列车运行调整计划按阶段进行编制,通常分为 3h 阶段计划或 4h 阶段计划。一般枢纽台采用 3h 阶段计划,其他台采用 4h 阶段计划。

3~4h 列车运行调整计划主要包括以下内容:

(1)车站列车到、发时分和列车会让计划(采用计算机下达的为实时调整计划)。
(2)列车在中间站作业计划。
(3)列车在区间、站内装卸车计划。
(4)施工、维修计划及天窗时间安排。
(5)重点注意事项。

任务三　调度命令

调度命令(表 6-1)是各级调度在组织指挥日常运输工作中对下级调度或站段,以及有关人员按规定发布的有关完成日常运输生产任务的具体部署和指挥行车工作的命令。行车调度命令是行车调度处理日常行车工作中有关问题以及在非正常情况下组织指挥行车有关部门、单位和人员办理行车工作、指示作业方法和安全注意事项的带有约束性的指令,是行车各部门具体办理行车工作的根据,是行车调度人员组织指挥行车工作和安全生产的必要手段,也是考察行车调度人员组织指挥工作的过程及工作质量的依据。它体现了铁路行车工作集中领导、统一指挥的原则。

调度命令   表6-1

____年____月____日____时____分 第____号

受令处所		调度员姓名	
内容			

(规格 110mm×160mm)   受令车站: 车站值班员:

国铁集团、铁路局集团公司、运输站段调度在组织指挥日常运输工作中,应及时、正确地发布与运输有关的调度命令,下级调度以及行车有关人员必须坚决执行。

一、需要发布调度命令的情况

遵循调度集中、统一指挥的原则,一个调度区段内由本区段列车调度员统一指挥,指挥列车运行的命令(运行揭示调度命令除外)和口头指示,只能由列车调度员发布。为确保列车运行安全、正点,确保按计划完成施工任务,积极、妥善地处理各种突发事件,列车调度员在发布命令或口头指示前应通过现场有关人员充分了解列车的运行情况、现场设备状况、施工计划以及突发事件影响的范围,为现场人员具体组织、落实创造良好的条件。《技规》规定需要发布行车调度命令的情况,普速铁路行车调度命令项目表见表6-2,高速铁路行车调度命令项目表见表6-3。

普速铁路行车调度命令项目表   表6-2

顺序	命令项目	受令者	
		司机	车站值班员
1	封锁、开通区间		○
2	向封锁区间开行救援列车、路用列车	○	○
3	临时变更或恢复原行车闭塞法		○
4	双线反方向行车、由双线改为单线或恢复双线行车		○
5	变更列车径路		○
6	发出在区间内停车或由区间返回的列车	○	○
7	开往区间内岔线的列车	○	○

续上表

顺序	命令项目	受令者 司机	受令者 车站值班员
8	发出临时由区间内返回后部补机的列车	○	○
9	列车需临时降弓运行	○	○
10	因行车设备故障、灾害或施工以及列车中挂有限速的机车车辆等,需要使列车临时限速运行(纳入运行揭示调度命令或本务机车、动车组自身设备原因限速时除外)	○	○
11	动车组列车空调失效需打开部分车门限速运行	○	○
12	车站使用故障按钮、总辅助按钮		○
13	超长列车或列车挂有装载超限货物的车辆	○	○
14	单机附挂车辆		○
15	半自动闭塞区间,超长列车头部越过出站信号机(未压上出站方面的轨道电路)发车	○	○
16	在非到发线上接发列车	○	○
17	调度日(班)计划以外,临时加开或停运列车(单机除外)	○	○
18	双线区间在区间内进行跨线装卸作业时,对开入其邻线的列车	○	○
19	双线区间在区间内有除雪机、起重机工作时,对开入其邻线的列车	○	○
20	双线区间在区间内发生冲突、脱轨、火灾、爆炸事故,对开入其邻线的列车	○	○
21	列尾装置故障(丢失)的货物列车继续运行	○	○
22	改按天气恶劣难以辨认信号的办法行车或恢复正常行车	○	○
23	动车组列车转入或退出隔离模式(被救援时除外)	○	○
24	动车组列车在列控车载设备控车和列车运行监控装置控车之间人工转换	○	○
25	临时利用本务机车调车作业	○	○
26	利用天窗施工、维修作业		○
27	施工、维修作业较指定时间延迟结束		○
28	运行揭示调度命令与实际限速、行车方式或设备不符时	○	○
29	正线、到发线接触网停电或送电(接触网倒闸、跳闸后试送电、向中性区送电或弓网故障排查除外)		○
30	正线、到发线接触网停电后准许登顶作业	○	○
31	双管供风旅客列车运行途中改为单管供风	○	○
32	列车调度员认为有必要记录的上述以外的命令	有关人员	

注:1. 画○者为受令者。
2. 天窗维修作业在指定的时间内完成并销记后,列车调度员不再发布维修作业结束恢复行车的调度命令。
3. 动车组列车改按列车运行监控装置方式运行需将列控车载设备隔离时,列车调度员仅发布改按列车运行监控装置方式行车的调度命令。
4. 因调车作业动车组控车模式转换,不发布调度命令。自动站间闭塞法行车转为半自动闭塞法行车及转回的调度命令,可不发给司机。

高速铁路行车调度命令项目表 表 6-3

顺序	命令项目	受令者 司机	受令者 车站值班员
1	封锁、开通区间		○
2	向封锁区间开行救援列车、路用列车	○	○
3	临时变更或恢复原行车闭塞法		○
4	停止使用基本闭塞法发出列车	○	○
5	双线反方向行车、由双线改为单线或恢复双线行车		○
6	变更列车径路		○
7	动车组列车在区间被迫停车后返回(退回)后方站		○
8	向区间发出停车作业的列车		○
9	在车站、区间临时停车上、下人员	○	○
10	列车需临时降弓运行	○	
11	因行车设备故障、灾害或施工以及列车中挂有限速的机车车辆等,需要使列车临时限速运行(纳入运行揭示调度命令或本务机车、动车组自身设备原因限速时除外)	○	○
12	动车组列车空调失效需打开部分车门限速运行	○	
13	车站使用总辅助按钮		○
14	准许列车越过故障的进站、出站、进路信号机或线路所通过信号机(能开放引导信号时除外)	○	○
15	调度日计划以外,临时加开或停运列车(单机除外)	○	○
16	按地面信号显示运行的列车改按天气恶劣难以辨认信号的办法行车或恢复正常行车	○	○
17	动车组列车转入或退出隔离模式(被救援时除外)	○	○
18	动车组列车在列控车载设备控车和LKJ(GYK)控车之间人工转换	○	○
19	越出站界调车	○	○
20	利用天窗施工、维修作业		○
21	施工、维修作业较指定时间延迟结束		○
22	运行揭示调度命令与实际限速、行车方式或设备不符时	○	
23	正线、到发线接触网停电或送电(接触网倒闸、跳闸后试送电、向中性区送电或弓网故障排查除外)		○
24	正线、到发线接触网停电后准许登顶作业	○	○
25	动车组列车按隔离模式运行需以不超过80km/h的速度越过接触网分相	○	
26	双管供风旅客列车运行途中改为单管供风	○	○
27	列车调度员认为有必要记录的上述以外的命令	有关人员	

注:1. 画○者为受令者。
2. 受令者为车站值班员的调度命令,不发给集控站车务应急值守人员;集控站转为车站控制由车站值班员指挥行车时应发给车站值班员,并须将前发有关调度命令一并发给车站值班员。
3. 动车组列车改按LKJ(GYK)控车方式运行需将列控车载设备隔离时,列车调度员仅发布改按LKJ(GYK)控车方式行车的调度命令。
4. 仅发给车站值班员的命令只涉及集控站时不发布(转为车站控制时除外)。因调车作业动车组控车模式转换,不发布调度命令。

二、口头指示

除调度命令以外,调度员在日常生产指挥中向有关人员发布的完成运输生产任务的具体部署和指挥行车工作的口头指令,称为口头指示。口头指示和调度命令具有同等作用,有关人员必须坚决执行。发布口头指示,应正确、及时、清晰、完整。

三、调度命令的发布

行车调度命令是铁路行车中遇非正常情况下采取的作业方式的指令。列车调度员必须严格按规定发布调度命令,有关行车人员必须严格执行调度命令。

1. 发布调度命令的基本规定

(1)调度命令发布前,应详细地了解现场情况,听取有关人员的意见,命令内容、受令及抄知处所必须正确、完整、清晰。

(2)使用计算机、传真机、调度命令无线传送系统发布调度命令时,必须严格遵守"一拟写、二审核(按规定需要监控人审核的)、三签发(按规定需要领导、值班主任或值班副主任签发的)、四发布、五确认签收"的发布程序。命令接受人员确认无误后应及时反馈回执。

列车调度员应使用调度命令无线传送系统向司机发布书面调度命令,司机应及时签认接收,不再与列车调度员核对,若有疑问时,应立即询问列车调度员。调度命令无线传送系统发生故障时,可按规定使用语音记录装置良好的列车无线调度通信设备发布,司机接到命令后,须与列车调度员核对。由车站交付的调度命令,车站值班员可使用调度命令无线传送系统或按规定使用语音记录装置良好的列车无线调度通信设备向司机转达。

(3)使用电话发布调度命令时,必须严格遵守"一拟写、二审核(按规定需要监控人审核的)、三签发(按规定需要领导、值班主任或值班副主任签发的)、四发布、五复诵核对、六下达命令号码和时间"的发布程序。使用电话发收调度命令时,应填记"调度命令登记簿"(见表6-4,列车调度员使用调度命令系统记录时除外),指定受令人员中一人复诵,并记明发收人员姓名及时刻。

调度命令登记簿　　　　　　　　　　表6-4

月日	发出时刻	命令			复诵人姓名	接受命令人姓名	调度员姓名	阅读时刻(签名)
		号码	受令及抄知处所	内容				

(规格190mm×265mm)

（4）已发布的调度命令遇有错、漏或变化时，尚未开始执行的，必须取消前发命令，重新发布调度命令；已开始执行的，应立即停止执行错误或变化内容，并及时发布调度命令进行修正。

（5）调度命令书写不正确时，应重新书写。

（6）发布有关线路、道岔限速的调度命令，必须注明具体地点、限速里程及限速值。铁路局集团公司可对特殊或紧急情况不注明里程的场景结合具体情况制定相关办法。

（7）发布救援调度命令，必须注明被救援列车或车列的救援端里程。

（8）使用常用行车调度命令模板、常用运行揭示调度命令模板、常用局间客调命令模板拟写调度命令时，可根据需要对命令模板内容进行增加或删减。

2. 发布调度命令应注意的重要环节

行车调度命令是保证列车安全正点运行的重要措施，是列车调度员在调整列车运行时的必要手段。能否正确、及时地发布调度命令，事关行车安全和运输效率，也是衡量列车调度员业务水平高低的重要标志。因此，列车调度员对于调度命令的发布工作不可忽视，必须认真、严肃对待。

怎样才能做到正确、及时地发布调度命令呢？根据实际工作的经验，列车调度员在发布调度命令时，应力求做到以下几个方面。

（1）情况清楚

在发布命令前，应详细了解现场当时的线路、设备、列车或机车车辆所处的状态，需要进行作业的性质、要求和必要性，了解有关领导的指示和调度日（班）计划的要求，并认真听取行车有关领导、其他工种调度和现场有关行车人员的意见，对现场的实际情况做出全面、正确的判断，确定该不该发布调度命令和应如何正确发布调度命令，做到情况不清不发调度命令。

（2）规章明确

规章制度是列车调度员发布调度命令的依据。当需要发布调度命令时，调度员应根据《技规》《行规》《调规》等有关规章和相关文件、电报的规定，正确、及时地发布相应的调度命令。

（3）内容确切

调度命令的内容应严密、确切、详细、完整。调度命令中一般应包括作业的主体、对象、时间（包括起止时间）、地点（包括起止地点）、具体方法和安全注意事项。这些内容不得模棱两可、不明不白，防止命令下达后，被受令人误解或曲解而出现漏洞。

（4）受令人齐全

调度命令发出后，有关受令人将以调度命令为依据进行作业，为了保证这些部门和人员工作时协调一致，发布调度命令时，必须受令人齐全，不可遗漏。

（5）措辞简明

发布调度命令时，措辞必须简明扼要、用词准确、文理通顺，应使用简洁明确的语言表述调度命令的全部内容。同时，应注意不要随意简化、省略必要的内容。调度命令应尽可能规范化、标准化，以利于列车调度员迅速下达和受令人迅速抄收，使命令执行人正确理解和执行调度命令。

(6)记载完整

调度命令的号码、发布时间、受令人及转抄受令人、复诵人、命令内容、发令人等,必须在调度命令登记簿中逐项记载齐全,并书写清楚。

四、调度命令交付

(1)列车调度员向司机发布调度命令时,应在列车进入关系区间(车站)前向司机发布或指定车站向司机交付,如来不及时应使列车停车进行发布或交付。

(2)具备调度命令无线传送系统的,列车调度员(车站值班员)应使用调度命令无线传送系统向值乘司机发布(转达)调度命令。

(3)语音记录装置良好条件下,符合使用列车无线调度通信设备发布(转达)调度命令内容的,列车调度员(车站值班员)可使用列车无线调度通信设备向列车司机发布(转达)调度命令。

(4)不具备上述条件时,本区段有停车站,列车调度员指定车站值班员在列车进入关系地点前的停车站交付调度命令;本区段无停车站或来不及时,在列车进入关系地点前的车站停车交付调度命令。

五、调度命令的编号方法

调度命令号码的编制应按不同工种分别规定。铁路局集团公司行车调度命令按日循环,运行揭示调度命令及其他专业调度命令按月循环,国铁集团各工种的调度命令按月循环(其中,国铁集团货运和列车工作日计划命令按年循环)。

调度命令日期的划分,以0:00为界。调度命令循环号码的起讫时间,以0:00区分。各级调度命令应保管一年。

1. 国铁集团普速铁路调度命令号码

(1)货运和列车工作日计划命令号码:0001~0399。

(2)车流调整命令号码:0401~0499。

(3)行车调度命令号码:0501~1799。

(4)专运调度命令号码:1801~1899。

(5)客运调度命令号码:1901~2599。

(6)货运调度命令号码:2601~2699。

(7)快运班列调度命令号码:2701~2799。

(8)客运行包调度命令号码:2801~2899。

(9)奖励命令号码:2901~2940(每日使用一个号码,按"2901-××"格式,××按序号进行排序)。

(10)工务调度命令号码:2941~2970。

(11)电务调度命令号码:2971~3000。

(12) 机车调度命令号码：3001～3299。

(13) 车辆调度命令号码：3301～3399。

(14) 军运调度命令号码：3401～3699。其中，军运及军列空车底回送命令号码：3401～3499，长大货物车（D型车）使用、回送及超限专列命令号码：3501～3599，其他特定车组回送命令号码：3601～3699。

(15) 特运调度命令号码：3701～3999。其中：机械冷藏车使用及回送命令号码：3701～3799，重点石油装车命令号码：3801～3899，国铁集团所属罐车调整命令号码：3901～3999。

(16) 供电调度命令号码：4001～4099。

(17) 停、限装及恢复装车命令号码：4101～4399。

(18) 备用车命令号码：4401～4999。

(19) 集装箱命令号码：5001～5699。

(20) 施工命令号码：5701～5899。

(21) 备用命令号码：5901～5999。

2. 国铁集团高速铁路调度命令号码

(1) 计划调度命令号码：6001～6999。

(2) 行车调度命令号码：7001～7999。

(3) 动车调度命令号码：8001～8999。

(4) 备用命令号码：9001～9999。

铁路局集团公司与国铁集团调度命令号码不得重复，具体执行铁路局集团公司的规定。

任务四　调度指挥方法

铁路运输调度担负着组织客货运输、保证国家重点运输、提高客货服务质量、确保运输安全的重要责任，对完成铁路运输生产经营任务、提高铁路运输企业效益起着至关重要的作用。

一、调度指挥的基本原则

1. 安全生产的原则

在行车调度指挥工作中，必须遵循安全生产原则，正确指挥列车运行；不能发布没有安全保障依据的命令和指示。当得到有关危及行车安全的信息时，要正确、及时、妥善处理，以保证高速铁路和旅客列车安全为重点，组织列车安全运行。

2. 按图行车的原则

列车正点率既是铁路运输产品质量的重要技术指标，也是铁路运输组织管理水平的综合体现。只有按列车运行图行车,才能保持正常的运输秩序,进而保证列车的正点率。

3. 单一指挥的原则

铁路行车工作是一个由相互联系、相互影响的多单位(部门)、多工种所组成的完整系统。在这个系统中,各单位(部门)、各工种间的紧密联系和协调一致,对于保证行车安全和运输效率有着决定性的意义。铁路行车调度是为适应铁路行车特点而设置的铁路行车工作的统一指挥者。在列车运行调整工作中,与行车有关的人员,必须服从所在区段当班列车调度员的集中统一指挥。

4. 下级服从上级的原则

在列车运行组织与调整过程中,相邻调度台、相邻铁路局集团公司之间应保持紧密联系,以保证列车的正常交接。对出现的问题,双方要主动协商解决,当出现意见不一致的情况时,由上一级调度进行仲裁。调度台间由值班主任解决;铁路局集团公司间分界站出现的问题,由国铁集团解决。一经上级调度决定,有关人员必须无条件执行。

5. 按等级调整的原则

列车调度员要按列车运行图指挥列车运行,当列车不能按列车运行图运行时,除特殊情况外,原则上按速度等级由高到低排序,同速度等级的列车原则上按以下等级顺序:

(1)动车组列车。
(2)特快旅客列车。
(3)特快货物班列。
(4)快速旅客列车。
(5)普通旅客列车。
(6)军用列车。
(7)货物列车。
(8)路用列车。

另外,开往事故现场救援、抢修、抢救的列车,应当优先办理;特殊指定的列车或列车种类,其等级应当在指定时确定。

二、列车调度员基本作业程序

列车调度员是一个调度区段行车工作的组织者和指挥者。列车调度员的主要职责是组织、指挥本区段车务、客运、货运、机务、车辆、工务、电务、供电等部门的有关行车人员,组织实现列车运行图、货物列车编组计划和运输生产经营计划。为此,列车调度员必须做到:

(1)检查各站执行列车运行图和货物列车编组计划的情况,及时发布有关行车命令和口头指示。

(2)严格按列车运行图指挥行车;遇列车发生晚点时,应积极采取措施,组织有关人员恢复正点。

(3)注意列车在车站到发及区间内的运行情况,正确、及时地处理临时发生的问题。

为了更好地完成上述工作,有关人员必须执行列车调度员的调度命令,服从调度指挥。列车调度员不仅应熟悉所辖区段内的天(天气候变化)、地(线路、站场等技术设备)、人(主要行车人员)、车(机车车辆)、图(列车运行图),还应熟悉有关规章制度。在接班前应详细了解情况;在值班过程中应加强与邻台列调、机调、客调等联系,及时制定和组织实施 3~4h 列车运行调整计划,及时向主要站、段、邻台进行列车到达时刻的预确报,掌握列车运行及车站作业情况,正确、及时地填记列车实际运行图,按规定提供编制日(班)计划的资料;交班前要为下一班打好交班基础,为接班列车调度员创造良好的工作条件。列车调度员基本作业程序见表6-5。

列车调度员基本作业程序　　　　表6-5

时间	作业项目	作业内容
7:30—7:50 (18:30—18:50)	班前准备	(1)阅读有关命令、文电及领导重点指示; (2)了解军运、重点列车注意事项及超限列车限制条件和挂运车次; (3)了解分界口列车交接情况,车流接续,本台列车运行、编组及摘挂作业情况,中间站存车及股道运用、停运列车分布; (4)行车设备使用状态、有关施工和区间路料卸车及区间限速情况; (5)了解跨班的调度命令发布和交付情况; (6)了解旅客列车接入情况及货物列车车位; (7)了解本辖区段内装卸作业和配空计划; (8)了解机车交路情况; (9)其他与本岗位有关的事宜
7:50—8:10 (18:50—19:10)	参加接班会	(1)认真听取上一班值班主任对重点事项的交班; (2)汇报本岗位工作情况,针对存在的问题,提出完成任务的方法; (3)听取相关台和其他工种调度情况介绍; (4)听取值班主任布置本班的工作任务和有关的重点注意事项; (5)听取领导传达上级文件、电报、命令及完成军运和各项任务的指示要求
8:10—8:20 (19:10—19:20)	接班	(1)按规定程序检查、使用调度管理信息系统; (2)检查备品、图表和卫生; (3)听取交班者的交班事项,若情况不明不准接班; (4)在交接本上互相签字
8:00—9:00 (20:00—21:00) 12:30—13:00 (0:30—1:00) 16:30—17:00 (4:30—5:00)	编制 3~4h 列车运行调整计划	(1)收集编制阶段计划的相关资料; (2)编制 3~4h 阶段计划: ①根据列车运行图按照先客后货、先跨局后管内和按列车的等级顺序的原则铺画列车运行计划线; ②车站列车到达、出发时分和列车会让计划; ③列车在中间站作业计划; ④区间天窗综合维修施工计划和装卸计划; ⑤重点列车注意事项
9:00(21:00) 13:00(1:00) 17:00(5:00)	下达 3~4h 列车运行调整计划	(1)对所辖区段的车站、机务段(折返段)等有关作业人员点名; (2)校对钟表; (3)列车到发车次、预计时分、编组内容、机车交路及型号; (4)会让计划、摘挂列车和调小机车外出作业计划; (5)列车保留及恢复运行情况; (6)对重点事项,列车调度员通过录音电话或口头详细布置给有关站段和人员,并要求有关人员进行复诵

续上表

时间	作业项目	作业内容
8:20—19:10 (19:20—8:10)	实施3~4h 列车运行调整计划	(1)列车运行组织： ①充分利用线路容许速度,组织晚点列车恢复正点或赶点； ②选择合理的会让站、越行站,在线路容许速度内加速放行列车； ③组织列车进行快速、平行作业,以缩短列车在站作业时间； ④组织好施工点前、点后的列车运行； ⑤按规定,组织反方向行车及列车合并运行； ⑥对非正常情况的列车运行组织指挥,严格按规定程序和要求作业,不得盲目求快； ⑦及时收取列车在车站运行实绩和作业后的列车编组内容并预报前方作业站 (2)调度命令发布： ①详细了解现场情况(包括电化区段是否影响电力牵引)； ②拟写调度命令； ③按规定审核签认； ④发布调度命令(电话发布命令的在复诵核对后再发命令号码和时间)； ⑤按规定落实有关命令是否已经交付 (3)施工维修组织： ①阅读施工电报； ②核对施工计划(包括天窗施工计划,下同)； ③与车站核对施工申请； ④发布限速调度命令(包括施工前、施工后)； ⑤发布准许天窗维修或施工封锁调度命令； ⑥确认施工完毕； ⑦落实是否具备区间开通的条件； ⑧发布施工完毕开通的调度命令 (4)区间装卸组织： ①核对区间装(卸)计划； ②落实装卸车负责人、劳力是否到位； ③发布准许进入区间作业的命令； ④电气化区段填写电调表； ⑤电力机车牵引的列车,接到列车到达指定卸车地点的报告后,办理停电手续； ⑥接到电调停电号码后,下达准许上车作业的命令； ⑦得到并确认作业完毕后请求送电； ⑧发布有关命令 (5)其他工作： ①向有关站段通报旅客列车晚点情况； ②加强与司机出、退勤的联系,根据列车运行情况按时叫班； ③及时、正确、完整地填记各种图表； ④及时完成其他规定内容的工作
14:00—14:30 (2:00—2:30)	提供编制日(班) 计划资料	(1)在途列车编组内容、预计到达编组站、区段站的时间； (2)按重车分去向,空车分车种,推定本区段各站18:00(6:00)现在车分布情况

续上表

时间	作业项目	作业内容
19:10—19:20 (8:10—8:20)	交班	(1) 整理有关文电重要事项并填写交班日志本; (2) 整理室内卫生; (3) 与接班人员按交班日志的内容逐项交班; (4) 在交接本上互相签字
19:20—19:30 (8:20—8:30)	参加交班会	(1) 汇报本岗位工作情况,总结经验教训; (2) 听取值班主任对本班工作的情况总结及存在的问题; (3) 听取主任(正班主任助理)对本班工作的情况总结及存在的问题

三、调度指挥的基本方法

为维护列车运行秩序,实现按列车运行图行车,列车调度员首先应抓列车始发正点,这是保证列车运行的基础。

(一) 组织列车正点出发

1. 组织旅客列车始发正点

在组织列车正点出发的工作中,保证旅客列车始发正点是实现按列车运行图行车的首要条件,因为旅客列车等级高,一旦晚点就会影响整个区段的列车始发或运行,所以列车调度员应该高度重视旅客列车始发正点的组织工作。

在具体的组织工作中,对于在本区段始发的旅客列车,列车调度员应加强与各方面的联系工作。在开车前 1 h 左右,对客车底的取送、机车的整备工作、行包等的装卸、旅客组织工作等情况进行检查,一旦发现问题应及时采取措施进行处理,保证列车正点开出。

对由邻区段接入的旅客列车,列车调度员要及时向邻台(邻局)了解列车正、晚点情况,提前做好列车运行调整计划。当遇有旅客列车晚点时,应设法组织快速作业,与客运调度员密切配合,组织列车乘务员双开车门、组织旅客快上快下、行包快装快卸,及时准备好换挂的机车,缩短列车停站时间,保证列车正点发车。

2. 组织货物列车始发正点

为了保证货物列车始发正点,列车调度员应抓好车流和机车这两个环节,重点应做好以下工作:

(1) 在编制日(班)计划时,列车出发计划要切合实际,车站作业时间、车流和机车要有保障,避免计划晚点。

(2) 在运行组织上,对编组列车所需车流,组织按时送达,并注意技术站列车的均衡到发,保证车站的正常作业,为按时编组列车创造条件;同时,列车调度员应注意督促车站按时编组,及时技检。

(3) 对始发列车所需的机车,列车调度员应加速放行,保证机车有足够的整备时间,并督促机务段组织机车按时出库。

(4) 加强与车站的联系,督促车站按时做好发车的各项准备工作,确保按时发车。

（二）列车运行调整的方法

列车始发正点是保证按列车运行图行车的基础，但由于各种原因（如停车待发、停车待接、作业延误、途中运缓等），使列车不一定都能按列车运行图规定的时刻正点运行，当出现上述情况时，需要列车调度员对列车运行进行调整，尽可能使晚点列车恢复正点运行。

列车调度员在进行列车运行调整时，所采用的方法一般有以下几种。

1. 充分利用线路、机车、车辆的允许速度，组织缩短列车区间运行时分

为了使晚点列车恢复正点运行，或为了使列车赶到指定地点会车、待避，或为了赶机车交路、车流接续等，在列车编组、机车类型及技术状态、乘务人员技术水平、线路情况以及天气状况等条件允许的情况下，说明运行调整的意图，提出对本次列车赶点的要求，在司机同意配合的情况下，方可组织实施。

例如，在某单线区段，按列车运行图规定 10001 次列车要在 B 站停会 K168 次列车，实际工作中因 K168 次列车晚点 36min，影响 10001 次列车的正点运行。列车调度员预先了解到这种情况后，经过周密的计算分析，提前在 A 站通知 10001 次列车司机并征得同意，要求在 A—B、B—C 两区间"赶点"4min，至 C 站会 K168 次列车，如图 6-2 所示。

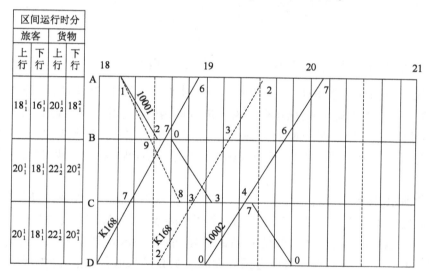

图 6-2　组织列车加速运行调整方法

注：图中实线为计划线，虚线为调整线（下同）。

2. 选择合理的会让站，加速放行列车

当有列车发生早点、晚点或停运、加开时，往往有必要变更会让站、越行站，以提高铁路运输质量和运输效率。

如图 6-3 所示，按列车运行图规定 22001 次列车在 C 站会 22002 次列车让 K225 次列车，现由于 22001 次列车在 A 站早开 15min，此时可将 22001 次列车与 22002 次列车的会车地点改在 D 站，这样就不必在 C 站会 K225 次列车，提前到达终点，而 22004 次列车也能早到 A 站。在双线区段，适当组织列车早开，可以减少待避次数，进而有利于提高列车运行速度。

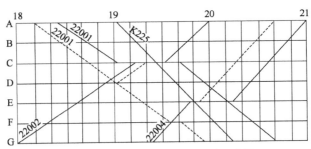

图 6-3 列车早点时,变更会让地点示意图

如图 6-4 所示,11005 次列车图定在 18:50 到达 C 站停会 11006 次列车,但因 11005 次列车晚点 40min,此时可将会车地点由 C 站改为 B 站,这样就保证了 11006 次列车的正点运行。

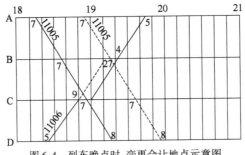

图 6-4 列车晚点时,变更会让地点示意图

3. 组织列车进行快速、平行作业,缩短列车在站作业时间

一般来说,列车在运行途中往往需要进行一些技术作业。例如,旅客列车在途中需要进行行包装卸和旅客上下车等客运作业,摘挂列车需要进行车辆甩挂等作业。当遇有列车发生晚点或加开、停运需要压缩某列车的停站时间时,列车调度员应事先周密计划部署,与车站和司机提前联系说明情况,取得有关人员的支持,组织快速平行作业,压缩列车在站作业时间,保证列车正点运行。

如图 6-5 所示,按列车运行图计划规定 45415 次摘挂列车在 B 站作业并等会 T208 次旅客列车,在 C 站也要进行甩挂作业。现因 T208 次列车晚点,若仍按图定计划在 B 站等会 T208 次列车,就会大大延长 45415 次列车在 B 站的停留时间,造成该列车晚点。此时,为了保证 45415 次列车正点运行,列车调度员应有预见性地组织 B 站采取各种措施(如提前准备好待挂车辆,尽可能进行平行作业等)抓紧 45415 次列车的作业,缩短列车在 B 站的作业停留时间,提前开到 C 站等会 T208 次。这样既保证了 45415 次列车在 C 站的正常作业时间,也使其能按图定时间正点到达终点。

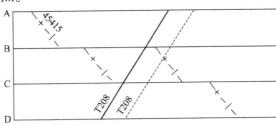

图 6-5 缩短列车在站停留时间示意图

4. 组织反方向行车及列车合并运行

(1) 双线列车反方向运行是列车调度员调整列车运行的一种方法。它是充分运用现有技术设备、提高区间通过能力、组织列车按图行车的有力措施。调整列车运行时,为了避免列车晚点及作业需要,根据不同方向的列车密度,选择有利时机,可组织适当的列车反方向行车。

在组织列车反方向行车时,因其属于非正常行车组织办法,不安全的因素较多,所以列车调度员要检查督促车站及有关人员注意行车安全,严格按有关作业程序和要求进行组织。

如图6-6所示,按列车运行图规定42158次列车要在C站待避2416次列车,又要会25665次列车,现25665次列车因故停运,同时,42158次列车在B站的甩挂作业量较大,在此种情况下,列车调度员可组织利用下行线的空闲时间,在保证安全的前提下,组织42158次列车在C—B区间反方向运行,这样就可以保证42158次摘挂列车在B站有充分的作业时间,并保证其正点运行。

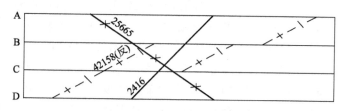

图6-6　组织列车反方向运行示意图

(2) 组织列车合并运行是将两个在途列车(包括单机)合并成一条运行线运行,是列车调度员在调整列车运行时,为了缓和区间通过能力和车站到发线使用紧张时采取的一种运行调整方法。一般来说,对单机、小运转列车或牵引辆数较少而前方又无作业的列车采用此方法。

如图6-7所示,将单机51008次列车与32326次列车合并,不仅节省了一条运行线,还可以增加32326次列车的牵引力。

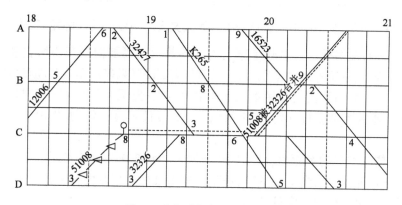

图6-7　组织列车合并运行示意图

当技术站接车线路紧张时,把编组辆数较少的列车(如摘挂列车、小运转列车等)保留在技术站附近的中间站,与同方向的次一列车合并运行,可以缓和接车线路紧张的矛盾。

(三)动车组列车调整

1. 动车组列车临时加开、停运、变更径路、途中折返、定员(含席别,下同)变化、反编组运行或变更客运业务停站的有关规定

(1)高速铁路调度日计划尚未下达时

①铁路局集团公司主办业务部(室)商相关业务部(室)确定方案,使用外局动车组时,还需征得支配局车辆部门同意,开行跨局临时定点列车还应征得有关局运输、机务、客运部门同意。遇临时停运或定员减少,列车开行前不足3日时,应经铁路局集团公司分管运输副总经理(总调度长)同意。

②铁路局集团公司管内且使用本局动车组时,铁路局集团公司以调度命令调整,必要时以文电调整。

③跨局或使用外局动车组时,按以下方式办理:

a. 因施工原因产生的调整,由铁路局集团公司以文电申请,国铁集团调度中心以文电公布。

b. 列车运行图内列车(高峰线、施工原因调整和已纳入春、暑运方案除外)调整跨度1个月以上时,由铁路局集团公司以文电申请,国铁集团业务部门以文电公布。

c. 其他情况,由铁路局集团公司客运部或铁路局集团公司计划调度员向国铁集团计划调度员提出申请,经国铁集团调度与客运部门协商一致后,以调度命令调整。

④铁路局集团公司计划调度员向有关单位发布或转发调度命令,并抄送铁路局集团公司客运部(客票管理所)、统计和节能环保所、铁路客户服务中心、快运公司及相关调度台。

(2)高速铁路调度日计划下达后,遇突发情况时

①铁路局集团公司管内且使用本局动车组时,铁路局集团公司以调度命令调整。

②跨局或使用外局动车组时,铁路局集团公司计划调度员向国铁集团计划调度员提出申请,以调度命令调整。

③铁路局集团公司计划调度员向有关单位发布或转发调度命令,并抄送铁路局集团公司客运部(客票管理所)、统计和节能环保所、铁路客户服务中心、快运公司及相关调度台。

2. 变更车底(车型、定员均不变)或根据有关文电(调度命令)确定车底

(1)动车(车辆)段根据有关文电、调度命令或检修运用需要向动车组所在铁路局集团公司动车调度员提出申请;使用外局动车组时,应提前与支配段联系确认车底和随车机械师情况。

(2)铁路局集团公司管内且使用本局动车组时,经铁路局集团公司动车调度员审核后,计划调度员纳入高速铁路调度日计划,来不及纳入高速铁路调度日计划时,由计划调度员发布调度命令。

(3)跨局且使用本局动车组时,经铁路局集团公司动车调度员审核后,按以下方式办理:

①高速铁路调度日计划尚未下达时,铁路局集团公司动车调度员通报有关局动车调度员,有关局计划调度员纳入高铁调度日计划。

②高速铁路调度日计划下达后,铁路局集团公司动车调度员向国铁集团动车调度员提出申请。国铁集团动车调度员发布调度命令,铁路局集团公司计划调度员转发该调度命令。

(4)当使用外局动车组时,铁路局集团公司动车调度员与客服调度员审核后,由铁路局集

团公司计划调度员向国铁集团计划调度员提出申请。国铁集团计划调度员发布调度命令,铁路局集团公司计划调度员纳入高速铁路调度日计划;若来不及纳入高速铁路调度日计划时,由计划调度员发布调度命令。

3. 变更车底(车型变化、定员不变)

(1)动车(车辆)段根据检修运用需要向动车组所在铁路局集团公司动车调度员提出申请,使用外局动车组时应提前与支配段联系确认车底和随车机械师情况。

(2)铁路局集团公司管内且使用本局动车组时,经铁路局集团公司动车调度员与机车调度员(动车司机调度员)审核后,计划调度员纳入高速铁路调度日计划;若来不及纳入高速铁路调度日计划时,由计划调度员发布调度命令。

(3)跨局时,铁路局集团公司动车调度员与机车调度员(动车司机调度员)共同审核后,由铁路局集团公司计划调度员向国铁集团计划调度员提出申请。国铁集团计划调度员发布调度命令,铁路局集团公司计划调度员纳入高速铁路调度日计划;若来不及纳入高速铁路调度日计划时,由计划调度员发布调度命令。

(4)使用外局动车组时,经铁路局集团公司动车调度员与机车调度员(动车司机调度员)、客服调度员共同审核后,由铁路局集团公司计划调度员向国铁集团计划调度员提出申请。国铁集团计划调度员发布调度命令,铁路局集团公司计划调度员纳入高速铁路调度日计划;若来不及纳入高速铁路调度日计划时,由计划调度员发布调度命令。

4. 动车组回送的变更

(1)动车组回送应固定运行径路,铁路局集团公司管内由铁路局集团公司公布,跨局由国铁集团公布。遇特殊情况需经非固定运行径路或运行条件有特定要求时(有关规章文电已明确时除外),铁路局集团公司管内由铁路局集团公司、跨局由国铁集团以文电形式明确。

(2)动车组回送申请单位应根据有关文电、检修计划、运用交路调整、试验方案等,于回送前1日的14:00前(因故障等临时产生的回送不受该时间限制)向始发站所在铁路局集团公司动车调度员申请。

(3)铁路局集团公司管内回送时,经铁路局集团公司动车调度员与机车调度员(动车司机调度员)审核、值班副主任批准后,计划调度员纳入高铁调度日计划;因故障产生的临时回送,来不及纳入高速铁路调度日计划时,由计划调度员发布调度命令,列车调度员按规定发布相关调度命令。

(4)跨局回送时,经铁路局集团公司动车调度员与机车调度员(动车司机调度员)审核、值班副主任同意后,铁路局集团公司计划调度员向国铁集团计划调度员提出申请。国铁集团计划调度员商国铁集团机车调度员后发布调度命令,铁路局集团公司计划调度员纳入高速铁路调度日计划;若来不及纳入高速铁路调度日计划时,由计划调度员发布调度命令,列车调度员按规定发布相关调度命令。

5. 试运行列车的开行

(1)动车(车辆)段根据有关文电、试运行方案等,于试运行前1日的12:00前向铁路局集团公司动车调度员提出申请(影响列车运行标尺及铁路局集团公司规定需发布文电的其他情形,还应有铁路局集团公司有关文电)。

(2)铁路局集团公司管内开行时,经铁路局集团公司动车调度员与机车调度员(动车司机调度员)审核、值班副主任批准后,计划调度员纳入高速铁路调度日计划;调度日计划下达后,因特殊原因确需临时开行时,由申请部门报铁路局集团公司分管运输副总经理(总调度长)批准。

(3)跨局开行时,经铁路局集团公司动车调度员与机车调度员(动车司机调度员)审核、值班副主任同意后,由铁路局集团公司计划调度员向国铁集团计划调度员提出申请。国铁集团计划调度员发布调度命令,铁路局集团公司计划调度员纳入高速铁路调度日计划。

6. 高速综合检测列车运行调整

(1)遇特殊情况,需临时调整高速综合检测列车运行时,国铁集团高速综合检测列车主管业务部门确定运行调整方案,向国铁集团计划调度员提出书面申请。

(2)国铁集团计划调度员根据提报的申请,经值班主任批准后,发布高速综合检测列车运行调整(3日内)的调度命令。

(3)国铁集团高速综合检测列车主管业务部门应及时发布高速综合检测列车后续运行调整的电报。

7. 动车组列车需进行应急上水或吸污作业

铁路局集团公司客服调度员接到动车组列车需进行应急上水或吸污作业的报告时,经调度所值班主任(值班副主任)准许,及时向有关站段发布应急上水或吸污作业的调度命令,并抄送有关列车调度台,通知列车长,列车长转报司机、随车机械师。不具备作业条件或来不及安排时,值班主任(值班副主任)立即报国铁集团调度,并由客服调度员通知列车长。

《 案例分析 》

【典型案例】 漏传调度命令耽误列车

1. 事件概况

×年×月×日15时34分,G20次列车到达甲站Ⅲ场20道,变更开G19次列车经××线运行。16时14分,列车调度员原计划发布8888号调度命令"准许甲站Ⅲ场至乙站出发场10道间加开G19次、G33次列车,按现时分运行",其间由于列车调度员接到所辖车站电话,忙乱之中未注意将8888号调度命令部分内容删除,错误发布为"准许甲站Ⅲ场至乙站出发场10道间加开G33次列车,按现时分运行",18:34分G19次列车甲站Ⅲ场发车,司机未收到8888号调度命令,列车调度员也未意识到G19次列车司机未接收8888号调度命令。20时23分,G19次列车运行途中,司机反映未收到调度命令至乙站出发场10道停车,20时44分列车调度员重新发布调度命令后开车,20时53分到达乙站出发场10道。构成铁路交通一般D14类事故。

2. 事件原因分析

列车调度员在发布调度命令前由于忙中出错,未认真核对命令内容,导致漏发调度命令。

3. 事件评析

(1) 调度命令无小事,相关人员必须认真对待。

(2) 列车调度员在发布调度命令前,应详细了解现场情况,听取有关人员的意见,命令内容、受令处所必须正确、完整、清晰。

(3) 使用计算机、传真机、调度命令无线传送系统发布调度命令时,必须严格遵守"一拟写、二审核(按规定需监控人审核的)、三签发(按规定需领导、值班主任或值班副主任签发的)、四发布、五确认签收"的发布程序,命令接受人员确认无误后应及时反馈回执。

(4) 列车调度员应使用调度命令无线传送系统向司机发布书面调度命令,司机应及时签认接收,不再与列车调度员核对;若有疑问时,司机必须立即询问列车调度员。调度命令无线传送系统故障时,原则上使用语音记录装置良好的列车无线调度通信设备发布(不适于使用语音记录装置良好的列车无线调度通信设备发布的调度命令项目由各铁路局集团公司规定),司机接到命令后,须与列车调度员核对。由车站交付的调度命令,车站值班员可使用调度命令无线传送系统或按规定使用语音记录装置良好的列车无线调度通信设备向司机转达。

(5) 列车调度员发布行车调度命令,应一事一令,不得发布无关内容。

复习思考题

1. 铁路运输调度的基本任务是什么?
2. 铁路运输调度机构是如何设置的?
3. 铁路局集团公司调度主要有哪些职责?
4. 调度日(班)计划的主要内容有哪些?
5. 列车运行调整计划的主要内容有哪些?
6. 哪些情况需发布调度命令?
7. 调度命令发布的基本规定有哪些?
8. 调度命令发布应注意哪些环节?
9. 调度命令循环号码的起止时间如何规定?
10. 国铁集团调度命令如何编号?
11. 调度指挥的基本原则有哪些?
12. 铁路局集团公司列车调度员必须做好哪些工作?
13. 组织货物列车始发正点时,列车调度员应重点做好哪些工作?
14. 列车调度员在进行列车运行调整时,应采用哪些方法?
15. 动车组列车如何进行调整?

项目七

高速铁路灾害天气行车

项目内容

本项目主要介绍大风天气、雨水天气、冰雪天气、地震监测报警时以及天气恶劣难以辨认信号时的行车组织。

教学目标

◎ **能力目标**

能根据灾害程度,正确、及时地处置,确保铁路运输畅通。

◎ **知识目标**

了解和掌握灾害天气时行车处置办法,正确组织行车。

◎ **素质目标**

培养认真负责、思维敏捷、处事果断的工作作风。

任务一　大风天气行车

非正常行车主要是因行车设备故障、列车运行条件变化以及施工维修等原因而临时采用的行车办法。发生这些情况时,由于时间紧迫,情况复杂多变,若不熟悉处置方法,容易引发行车事故。高速运行的列车,在大风特别是侧向风环境中,运行稳定性降低,车体侧向偏移量加大,不利于行车安全。为此,我国高速铁路安装了自然灾害及异物侵限监测系统风速监测子系统,根据系统监测到的风速报警信息,行车人员应采取相应的措施,确保行车安全。

一、大风天气限速要求

高速运行的动车组列车,在大风特别是侧向风环境中,运行稳定性降低,车体侧向偏移量加大不利于行车安全,必须根据不同的风速采取相应的安全措施。

(1)在环境风速不大于15m/s时,动车组列车可以按正常速度运行;当环境风速不大于20m/s时,动车组列车的运行速度不得超过300km/h;当环境风速不大于25m/s时,动车组列车的运行速度不得超过200km/h;当环境风速不大于30m/s时,动车组列车的运行速度不得超过120km/h;在环境风速大于30m/s时,严禁动车组列车进入风区。

(2)动车组高速运行时,受线路平纵面及风力等影响,车体会有一定的侧向偏移。高速铁路均为1250mm的高站台,动车组在邻靠站台的线路上运行时,存在与站台接触摩擦危及行车安全的风险,所以必须根据站台限界情况限制列车运行速度。正线、到发线中心线距站台边缘为1750mm办理动车组列车通过时,在环境风速不大于15m/s情况下,动车组列车运行速度不得超过80km/h;当环境风速超过15m/s时,动车组列车运行速度不得超过45km/h,并注意运行。

二、风速监测子系统大风报警信息时的处置

风速监测子系统中的风速计安装在轨面上4m左右,监测的风速数据为3s滑动平均瞬时风速,未考虑风向的因素,该监测风速数据暂作为环境风速值采用。同时,既有系统中大风报警及解除时限暂采用以下阈值设定:风速值达到报警门限10s报警,风速值低于报警门限10min解除报警。列车调度员接到风速监测子系统大风报警信息时,应及时进行处置。

(1)遇风速监测子系统提示大风报警信息时,列车调度员根据报警限速提示及时组织列车临时限速运行,向相关列车发布临时限速调度命令。如果列车已进入或即将进入限速区段,来不及发布调度命令时,列车调度员应立即通知司机限速运行。司机接到限速运行的通知或收到限速调度命令后,均应按要求采取降速措施。

(2)当风速监测子系统发出禁止运行的报警信息时,列车调度员(车站控制时为列车调度员通知车站值班员)应及时关闭有关信号,拦停、扣停列车,对于在区间运行的列车应立即通知司机停车。司机接到通知后,应立即采取停车措施。

(3)风速监测子系统监测点是固定设置,没有全部覆盖监测所有地点。列车运行途中,司机遇大风后,应根据情况控制列车运行速度,并报告列车调度员。列车调度员通知后续首列车司机在该地段注意运行;司机控制列车驶离大风区域后,应及时向列车调度员报告情况,以便列车调度员掌握大风区域和风速情况,组织后续列车安全运行。

(4)在大风天气,列车调度员按风速监测子系统报警提示发布限速调度命令,遇风速不稳或同一地段多处风速报警时,列车调度员可合并设置,按最低限速值发布限速调度命令。

(5)风速监测子系统限速报警解除后,列车调度员应当及时取消前发限速调度命令,恢复正常行车。

三、风速监测子系统故障时的处置

风速监测子系统故障(如调度监控终端黑屏、灰屏、死机、通信中断、风速风向现场监测设备故障等)时,系统不能提供大风报警及限速、禁止运行等报警信息,列车调度员应做好两方面工作:一方面应立即组织修复;另一方面应按照天气预报信息继续组织列车运行,具体信息由工务部门提供。

(1)列车调度员在发现风速监测子系统故障时,应立即通知设备管理单位,并在"行车设备检查登记簿"内登记。设备管理单位应立即查明原因、尽快修复。设备管理单位发现风速监测子系统故障时,应立即报告列车调度员,并在调度所"行车设备检查登记簿"内登记,迅速组织查明原因、尽快修复。

(2)列车调度员在发现或接到设备管理单位通知风速监测子系统故障时,应根据天气预报信息组织列车运行:

故障区段如遇天气预报7级及以上大风天气时,工务部门应及时列车调度员提交天气预报信息,列车调度员按照天气预报的最大风级向相关列车发布限速调度命令。相关限速规定如下:当最大风速达7级时,列车运行速度不得超过300km/h;当风速达到8级、9级时,列车运行速度不得超过200km/h;当风速达到10级时,列车运行速度不得超过120km/h;当风速达到11级以上时,禁止列车进入风区。限速里程由工务部门根据故障情况以及天气预报信息确定后,通知列车调度员。

任务二　雨水天气行车

工务部门应根据现场环境、气候特点、设备状况等,结合历年防洪经验,确定并公布防洪重点地段。

一、雨水天气限速要求

(1)遇有降雨天气,重点防洪地段1h降雨量达到45mm及以上时,列车运行速度不得超过120km/h。

(2)当1h降雨量达到60mm及以上时,列车运行速度不得超过45km/h。

(3)当1h降雨量降至20mm及以下,且持续30min以上时,可逐步解除限速。

二、列车通过防洪重点地段时的安全措施

防洪重点地段多是汛期灾害多发区域,如洪水、泥石流、山体滑坡、塌方落石等,线路、桥

隧、路基、道床等的稳定性会受到影响。因此,列车通过防洪重点地段时,司机应加强瞭望,并随时采取必要的安全措施。

(1)动车组列车运行中,司机发现积水高于轨面时,应立即停车,根据现场情况与随车机械师共同确认行车条件或请求救援,并立即报告列车调度员(车站值班员),车站值班员报告列车调度员。列车调度员(车站值班员)立即通知已进入区间的后续列车停车,并不再向该区间放行列车。司机接到通知应立即采取停车措施,避免将动车组列车停在隧道内等有潜在危险的地段。

(2)当洪水漫到路肩时,列车司机应按规定操纵列车限速运行,并立即报告列车调度员(车站值班员),车站值班员报告列车调度员。列车调度员(车站值班员)立即通知已进入区间的后续列车注意运行;遇有落石、倒树等障碍物危及行车安全时,司机应立即停车,并报告列车调度员,列车调度员立即通知已进入区间的后续列车停车,并不再向该区间放行列车。障碍排除并确认安全无误后,方可恢复运行。

(3)当列车遇到线路塌方、道床冲空等危及行车安全的突发情况时,列车司机应立即停车或采取其他应急处置措施,并立刻通知追踪列车、邻线列车及列车调度员(邻近车站),有关人员得到报告后,应立即采取措施。配备列车防护报警装置的列车应立即使用列车防护报警。

三、雨量监测子系统报警时的处置

遇强降雨天气时,路基、桥隧、通信信号、供电等铁路基础设施会受到影响,可能危及行车安全,必须根据不同的雨量采取相应的安全措施。

(1)遇自然灾害及异物侵限监测系统雨量监测子系统提示雨量监测报警信息时,列车调度员根据报警提示要求及时组织列车临时限速运行,立即向相关列车发布限速运行的调度命令,并通知工务、电务、车辆、供电等专业调度,及时通知有关设备管理单位检查设备。如果列车已进入或即将进入限速区段,来不及发布调度命令时,列车调度员应立即通知司机限速运行。司机接到限速运行的通知或收到限速调度命令后,无论列控限速设置与否,均应采取降速措施。

(2)列车调度员在得到工务及其他相关专业调度台检查无异常的报告后,及时取消限速或解除线路封锁。

四、雨量监测子系统故障时的处置

自然灾害及异物侵限监测系统雨量监测子系统故障(如调度监控终端黑屏、灰屏、死机、通信中断、雨量现场监测设备故障等)时,系统不能提供雨量报警及限速运行的信息,列车调度员应做好两方面工作:一方面应立即组织修复,另一方面应根据工务部门提供的降雨信息组织列车运行。

(1)列车调度员发现雨量监测子系统故障时,应立即通知设备管理单位,并在"行车设备检查登记簿"内登记,设备管理单位应立即查明原因、尽快修复;设备管理单位发现雨量监测子系统故障时,应立即报告列车调度员,并在调度所"行车设备检查登记簿"内登记,迅速组织查明原因、尽快修复。

(2)列车调度员发现或接到设备管理单位通知雨量监测子系统故障时,由工务部门根据降雨情况在调度所"行车设备检查登记簿"内登记限速或封锁,列车调度员根据工务部门的登记组织列车限速运行或封锁线路。

任务三　冰雪天气行车

冰雪天气条件下,积雪或结冰等会导致设备稳定性降低,动车组下部积雪、结冰会降低转向架高速运行的性能,脱落时会击打地面设备,地面应答器、接触网受流、车地通信等设备会受到影响。此外,动车组高速运行中还可能出现被冰雪击打等情况,影响列车运行和行车安全,必须根据不同的情况采取相应的安全措施。

一、冰雪天气限速要求

(1)当运行区段降中雪或积雪覆盖轨枕板或道砟面时,无砟轨道区段列车运行速度不得超过250km/h,有砟轨道区段列车运行速度不得超过200km/h;当运行区段降大雪、暴雪时,无砟轨道区段列车运行速度不得超过200km/h,有砟轨道区段列车运行速度不得超过160km/h。中雪、大雪、暴雪的界定,以气象部门公布或观测为准。

(2)当无砟轨道区段轨枕板积雪厚度100mm以上时,列车运行速度不得超过200km/h;有砟轨道区段道砟面积雪厚度50mm以上时,列车运行速度不得超过160km/h。

(3)接触网导线结冰受电弓取流不畅时,列车运行速度不得超过160km/h。

(4)动车组转向架结冰需要列车限速时,无砟轨道区段列车运行速度不得超过250km/h,有砟轨道区段列车运行速度不得超过200km/h。

二、雪深监测子系统报警时的处置

列车调度员接到自然灾害及异物侵限监测系统雪深监测子系统报警信息、有关设备管理单位或司机、随车机械师等有关人员的冰雪天气报告后,应按规定进行快速、准确的处置,加强信息传递、相互联系和协作配合,确保列车运行安全。

(1)雪深监测子系统报警雪深值达到警戒值时,系统发出报警信息和限速提示,列车调度员应根据提示信息,及时对即将进入报警区域的列车发布限速运行的调度命令。如果来不及发布调度命令时,列车调度员应立即通知司机限速运行。

(2)安装动车组运行故障动态图像检测系统(Train of EMU Failures Detection System,TEDS)的区段,TEDS监控中心要加强对动车组转向架结冰、积雪等情况的监测分析,发现动车组转向架结冰需要限速运行时,应立即将车次及限速要求等按规定报告动车调度员,动车调度员应立即通知列车调度员,由列车调度员通知相关列车司机限速运行。司机接到通知应立即按要求限速运行,并通知随车机械师。

列车运行过程中,随车机械师发现动车组车底异响、动车组被击打等异常情况需要列车限速时,应立即通知司机限速。司机根据随车机械师的限速要求运行,并向列车调度员报告被击打地点里程,列车调度员不再发布限速调度命令,并且通知动车调度员并提示后续首列列车司机(通过司机通知随车机械师)在该被击打地点注意列车运行状态,动车调度员应立即通知前方 TEDS 监测点进行重点监测。列车通过该被击打地点后,司机(随车机械师将检查情况报告司机)应及时上报有关运行情况,以便列车调度员组织后续列车运行。

(3)我国绝大多数高速铁路在设计、建设时都会考虑降雪问题,设有电加热的道岔融雪装置。降雪时应根据线路积雪情况及时启用道岔融雪装置。

当降雪量较大,达到中雪及以上,车站道岔转动困难时,应尽可能减少道岔扳动,车站可采取固定接发列车进路的方式办理接发列车作业,上、下行各固定一条进路接发列车;始发、终到列车较多的车站执行有困难时,可选择交叉干扰少、道岔位置改变少的几条线路相对固定地办理接发列车作业;较大客运站尽量停靠便于上水、吸污的线路。

(4)需要人工上道除雪时,上道、下道作业应执行登记签认制度。列车调度员应当根据相关单位的申请,停止本线接发列车及调车作业,邻线列车运行速度不得超过160km/h。

(5)道床积雪时,在高速运行列车的带动下,可能影响动车组列车车地通信(如应答器和应答器信息接收单元)和电子监测设备正常使用;接触网结冰会引起动车组或电力机车受电弓取流不畅,产生电流电压不足、瞬间断电、电弧等问题,影响正常受电和牵引运行。列车在运行过程中,司机发现道床积雪、接触网结冰受电弓取流不畅时,应先采取减速措施,并及时向列车调度员汇报。列车调度员通知工务、电务、车辆、供电等相关专业调度,由专业调度及时通知有关设备管理单位,设备管理单位及时查明情况,需要列车限速时,按规定办理限速申请。列车调度员根据各设备管理单位的限速申请,发布限速调度命令。

(6)供电部门应加强降雪天气下的设备巡视检查,掌握接触网导线结冰情况,需要列车限速时,应立即登记"行车设备检查登记簿",向列车调度员提出限速申请,列车调度员及时发布限速调度命令。需要对接触网进行除冰作业时,供电部门应填写"行车设备检查登记簿",向列车调度员提出除冰作业申请,列车调度员应按登记要求和条件及时安排接触网除冰车辆上线运行。

遇接触网导线覆冰时,为防止接触网长时间停电,加重导线覆冰,根据需要可停止天窗停电作业,并在天窗时间内开行动车组、电力机车,通过接触网导线与受电弓的摩擦、受流进行热滑融冰。

(7)随车机械师在始发、折返站发现动车组转向架结冰、受电弓无法升起、动车组被击打等异常情况需要处理时,应及时通知司机,由司机报告列车调度员,列车调度员通知动车调度员,动车调度员根据随车机械师反映情况和车辆运用情况提出更换车底或限速申请,并组织入库动车组除雪融冰。

(8)降雪结束后,提出限速的设备管理单位应根据现场实际做好对有关行车条件的检查确认,及时提速或恢复常速运行。在具备提速条件或限速情况消除时,应向列车调度员提出申请,列车调度员及时发布相关调度命令。铁路局集团公司应当规定雪后恢复常速运行的具体程序和办法。

三、雪深监测子系统故障时的处置

雪深监测子系统故障(如调度监控终端黑屏、灰屏、死机、通信中断、雪深现场监测设备故障等)时,系统不能检测和提供降雪报警及限速运行的信息,列车调度员应做好两方面工作:一方面应立即组织修复,另一方面应根据降雪信息组织列车运行,具体信息由工务、电务部门提供。

(1) 列车调度员发现雪深监测子系统故障时,应立即通知设备管理单位,并在"行车设备检查登记簿"内登记,设备管理单位应立即查明原因、尽快修复;设备管理单位发现雪深监测子系统故障时,立即报告列车调度员,并在调度所"行车设备检查登记簿"内登记,迅速组织查明原因、尽快修复。

(2) 列车调度员发现或接到设备管理单位通知雪深监测子系统故障时,由工务、电务部门根据降雪情况和需要,提出限速或提速申请,在调度所"行车设备检查登记簿"内办理登记,并可根据积雪量变化情况,提出提速或进一步限速的申请。列车调度员按规定发布相关调度命令。

任务四　地震监测报警时行车

地震是危害极大的自然灾害。当发生地震时,高速铁路轨道、路基、道床、边坡、挡墙、桥隧、通信及信号设备极可能受到损害,列车运行稳定性降低,直接危及行车安全,必须立即停车,采取应急处置措施。

(1) 列车调度员接到地震监测子系统地震监控报警信息或接到现场地震报告后,应立即关闭有关信号(车站控制时为通知关闭有关信号),通知相关列车停车。列车司机组织列车乘务人员根据现场实际情况,采取应急处置措施。

(2) 列车调度员立即报告值班主任(值班副主任),通知工务、电务、供电、通信、房建等设备管理单位检查。设备管理单位检查处理后,根据设备管理单位登记的行车限制条件组织行车。

任务五　天气恶劣难以辨认信号时行车

一、天气恶劣时的处置

遇天气恶劣,信号机显示距离不足 200m 时,司机或车站值班员须立即报告列车调度员。

列车按地面信号显示运行时,列车调度员应及时发布调度命令,改按天气恶劣难以辨认信号的办法行车。

二、天气恶劣时的行车办法

(1)列车按机车信号的显示运行。当接近地面信号机时,司机应确认地面信号,遇地面信号与机车信号显示不一致时,应立即采取减速或停车措施。

(2)当无法辨认出站(进路)信号机显示时,在列车具备发车条件后,司机凭机车信号的显示起动列车,在确认出站(进路)信号机显示正确后,再行加速。

(3)天气情况转好时,应及时报告列车调度员发布调度命令,恢复正常行车。

《案例分析》

【典型案例】 清扫道岔积雪人员安全防护不到位挡停列车

1. 事件概况

×年×月×日×时×分,×局集团公司×线T295次旅客列车运行至×站,因站区降大雪,×电务段×信号工区和车站组织人员清扫道岔积雪,其间由于列车距离车站较远,驻站联络员去洗手间,当列车二、三接近时返回,通知现场防护员"××次列车接近,下道避车",当时道岔积雪即将清扫完毕,现场防护员想等清扫完毕再下道避车,3min后由于现场清扫道岔人员下道避车不及时,司机紧急制动停车,构成铁路交通一般D9类事故。

2. 事件原因分析

(1)现场防护员接到列车接近的报告,存在侥幸心理,盲目图快、继续违章作业,未做到加强瞭望,未立即组织人员下道避车,是事故的直接原因。

(2)驻站联络员在通知现场防护员"××次列车接近,下道避车"后,未接到室外下道完毕的回复,未再进行催促、确认,没有立即提示列车即将进站的重要信息。

(3)车站和信号工区没有针对室外道岔清雪最应确保的人身安全工作进行安全预想,提前做好防范准备。

(4)车站值班主任清雪预案落实不到位,室外未设车站现场防护员,而是与电务单位共用现场防护员;车站值班员应急处置不到位,没有确认车站清雪人员下道情况。

3. 事件评析

(1)全路基本每年都有因防护不到位导致的挡停列车、人员伤亡等事故案例,可见施工维修、清扫道岔等作业的安全防护不容忽视。

(2)现场防护人员在执行防护任务时,应佩戴标志,携带通信设备及必备的防护用品,随时观察施工现场和列车运行情况;当发现异常情况时及时通报车站值班员和施工负责人;接到列车接近的报告,立即组织人员下道避车,宁早勿晚。驻站联络员应与现场防护人员保持联系,如联系中断,现场防护人员应立即通知施工负责人停止作业。

(3)铁路局集团公司《劳动安全守则》规定,"本线来车时,下道避车距离:120～160km/h时,不少于1400m……。道岔清扫员(含清雪人员)守则规定,站区清扫道岔作业,必须做到一人清扫,室外一人专职旁站防护"。《站细》规定,道岔清扫制度(需要在除雪预案和协议中明确),多个单位在同一个地点作业时,原则上应分别按规定进行防护。

(4)加强作业前的安全预想,严格执行清雪组织办法;车务冬季清雪作业严格按照责任区进行作业,车站值班员接到驻站防护员室外中断报告时立即喊停相关列车,并报告列车调度员。

复习思考题

1. 发生非正常行车的原因有哪些?
2. 动车组列车遇大风天气行车时的限速有何要求?
3. 风速监测子系统故障时,列车调度员应如何处理?
4. 雨量监测子系统报警时如何行车?
5. 动车组列车运行中,司机发现积水高于轨面时,应如何处置?
6. 雨量监测子系统故障时,列车调度员应如何处理?
7. 防洪重点地段限速有哪些要求?
8. 列车通过防洪重点地段时的安全措施有哪些?
9. 冰雪天气对行车有哪些影响?
10. 遇冰雪天气时如何行车?
11. 冰雪天气限速有哪些要求?
12. 雪深监测子系统故障时,列车调度员应如何处理?
13. 地震监测报警时,列车调度员如何组织行车?
14. 接到天气恶劣报告时如何处置?
15. 天气恶劣难以辨认信号时如何行车?

项目八

高速铁路设备故障行车

项目内容

本项目主要介绍信号通信、牵引供电、机车车辆等设备故障时的行车。

教学目标

◎ **能力目标**

能根据设备故障,正确、及时地处置,确保铁路运输畅通。

◎ **知识目标**

了解和掌握各类设备故障情况下的行车组织方法。

◎ **素质目标**

培养认真负责、思维敏捷、处事果断的工作作风。

任务一　信号通信设备故障行车

一、列控车载设备不能正常使用

(1)动车组列车运行中遇列控车载设备故障并导致列车停车后,司机应当报告列车调度员(车站值班员),并通知随车机械师。车站值班员报告列车调度员。司机转换冗余切换开关(开关不在司机室时,司机通知随车机械师进行转换)启动冗余设备或者将列控车载设备断电

30s后重新启动,设备恢复正常时,报告列车调度员,继续运行。

(2)已在区间内运行的装备LKJ的动车组列车因列控车载设备故障,不能恢复正常运行但能提供机车信号时,司机应当报告列车调度员(车站值班员),车站值班员报告列车调度员。在信号机常态点灯的CTCS-2级区段,列车调度员发布改按LKJ方式行车的调度命令,动车组列车改按LKJ方式运行。在CTCS-3级及信号机常态灭灯的CTCS-2级区段,列车调度员在确认该列车至前方站(线路所)间空闲后,发布改按LKJ方式行车的调度命令,动车组列车改按LKJ方式运行。

(3)已在区间内运行的未装备LKJ的动车组列车列控车载设备故障,不能恢复正常运行时,司机应当报告列车调度员(车站值班员),车站值班员报告列车调度员。列车调度员(车站值班员)不再向该区间放行列车,并通知已进入区间的后续列车立即停车。当确认该列车至前方站(线路所)间空闲后,列车调度员发布改按隔离模式运行的调度命令,列车改按隔离模式,按地面信号显示以不超过40km/h的速度运行至前方站(线路所)。该列车到达前方站(线路所)后,列车调度员方可通知后续列车恢复运行。

(4)动车组列控车载设备故障不能恢复正常运行在车站出发时,装备LKJ的动车组列车改按LKJ方式运行,未装备LKJ的动车组列车改按隔离模式运行。

(5)因设备故障,动车组列控车载设备在CTCS-3级与CTCS-2级间进行转换时,司机应当报告列车调度员。

二、LKJ、GYK、机车信号故障

(1)动车组列车改按LKJ方式运行,在自动闭塞区间内遇机车信号或者LKJ故障时,司机应当报告列车调度员(车站值班员),车站值班员报告列车调度员。列车调度员(车站值班员)不再向该区间放行列车,并通知已进入区间的后续列车立即停车。列车调度员确认该列车至前方站(线路所)间空闲后通知司机,列车按地面信号显示以不超过40km/h的速度运行至前方站(线路所)。该列车到达前方站(线路所)后,列车调度员方可通知后续列车恢复运行。

(2)按LKJ方式运行的动车组列车遇机车信号或者LKJ故障在车站出发时,改按隔离模式运行。

(3)动车组以外的列车,在自动闭塞区间内运行遇机车信号、LKJ(GYK)故障时,司机应当立即报告列车调度员(车站值班员),车站值班员报告列车调度员。列车调度员(车站值班员)不再向该区间放行列车,并通知已进入区间的后续列车立即停车。列车调度员确认该列车至前方站(线路所)间空闲后通知司机,列车按地面信号显示以不超过20km/h的速度运行至前方站停车处理或者更换机车。该列车到达前方站(线路所)后,列车调度员方可通知后续列车恢复运行。

三、CTC故障

1. 列车车次号错误或者丢失

(1)列车调度员发现CTC终端列车车次号错误或者丢失时,应当进行核对确认,重新输入正确的车次号。

(2)车站值班员发现 CTC 终端列车车次号错误或者丢失时,应当报告列车调度员,与列车调度员核对确认后,重新输入正确的车次号。

2. CTC 不能下达列车运行计划

(1)CTC 不能下达列车运行计划时,列车调度员通知电务部门进行检查处理,并在"行车设备检查登记簿"中登记。

(2)列车调度员通知车站转为非常站控。

(3)列车调度员采取电话等方式下达列车运行计划。

3. CTC 不能自动触发进路时

CTC 不能自动触发进路时,列车调度员(车站控制时为车站值班员)应当采取人工触发进路或者人工排列进路方式办理,并通知电务部门进行处理,在"行车设备检查登记簿"中登记。

4. 当 CTC 设备登记停用或者全站表示信息中断未及时恢复时

当 CTC 设备登记停用或者全站表示信息中断未及时恢复时,应当转为非常站控。

5. 调度所及车站 CTC 设备均不能正确显示列车占用状态

(1)调度所及车站 CTC 设备均不能正确显示列车占用状态时,列车调度员应当立即通知已进入区间的列车司机立即停车,通知电务部门进行处理。

(2)CTC 设备不能正确显示列车占用状态故障暂时无法修复,具备放行列车条件时,列车调度员根据电务部门登记的行车限制条件放行列车,通知车站转为非常站控。对已进入区间的列车,列车调度员确认列车至前方站(线路所)间空闲后,通知列车司机逐列恢复运行,指示后列恢复运行前应当确认前列已完整到达前方站(线路所)。司机按信号显示运行,逐列运行至前方站(线路所)。区间空闲后,按站间组织行车。

(3)CTC 设备不能正确显示列车占用状态故障修复后,列车调度员根据电务部门的销记,通知有关列车司机恢复正常行车。

四、信号机、道岔、轨道电路故障

1. 进站(接车进路)信号机故障或者接车进路上道岔失去表示、轨道电路非列车占用红光带

(1)列车调度员(车站控制时为车站值班员)通知设备管理单位进行检查处理,在"行车设备检查登记簿"中登记。

(2)设备故障修复,列车调度员(车站控制时为车站值班员)根据设备管理单位的销记,开放进站(接车进路)信号办理接车。

(3)设备故障暂时无法修复,具备放行列车条件时,列车调度员(车站控制时为车站值班员)根据设备管理单位登记的行车限制条件组织行车。

①进站(接车进路)信号机引导信号能够开放时,在确认接车进路空闲、进路准备妥当后,

开放引导信号办理接车。

②进站(接车进路)信号机引导信号不能开放时,在确认接车进路空闲、进路准备妥当后,列车调度员发布准许越过该信号机的调度命令,司机凭调度命令越过该信号机。动车组列车在进站(接车进路)信号机前停车后,装备LKJ的动车组列车将列控车载设备隔离,按LKJ方式运行,速度不得超过40km/h;未装备LKJ的动车组列车改按隔离模式进站停车。动车组以外的列车按LKJ(GYK)方式运行,速度不得超过20km/h。

2. 出站(发车进路)信号机故障或者发车进路上道岔失去表示、轨道电路非列车占用红光带

(1)列车调度员(车站控制时为车站值班员)通知设备管理单位进行检查处理,在"行车设备检查登记簿"中登记。

(2)设备故障修复,列车调度员(车站控制时为车站值班员)根据设备管理单位的销记,开放出站(发车进路)信号机办理发车。

(3)设备故障暂时无法修复,具备放行列车条件时,列车调度员(车站控制时为车站值班员)根据设备管理单位登记的行车限制条件组织行车。

①出站信号机不能开放时

a. 出站信号机引导信号能够开放时,在确认第一个闭塞分区空闲(CTCS-3级及信号机常态灭灯的CTCS-2级自动闭塞区间对LKJ(GYK)控车的列车和自动站间闭塞区间为确认区间空闲)和发车进路空闲,进路准备妥当后,开放引导信号办理发车。

b. 出站信号机未设引导信号或者引导信号不能开放时,按以下方式办理发车:

在CTCS-3级及信号机常态灭灯的CTCS-2级自动闭塞区段,信号机应当点灯,在确认区间空闲和发车进路空闲,进路准备妥当后,列车调度员发布准许进入区间的调度命令,司机凭调度命令进入区间。装备LKJ的动车组列车将列控车载设备隔离,按LKJ方式运行至前方站进站信号机(线路所通过信号机),按其显示的要求执行;未装备LKJ的动车组列车改按隔离模式运行至前方站进站信号机(线路所通过信号机),按其显示的要求执行;动车组以外的列车按LKJ(GYK)方式运行,运行至前方站进站信号机(线路所通过信号机),按其显示的要求执行。

在信号机常态点灯的CTCS-2级自动闭塞区段,确认第一个闭塞分区空闲(未装备LKJ的动车组列车为确认区间空闲)和发车进路空闲,进路准备妥当后,列车调度员发布准许进入区间的调度命令,司机凭调度命令进入区间。装备LKJ的动车组列车将列控车载设备隔离,按LKJ方式运行,以不超过40km/h的速度运行至区间第一架通过信号机,按其显示的要求执行;未装备LKJ的动车组列车改按隔离模式运行至前方站进站信号机(线路所通过信号机),按其显示的要求执行;动车组以外的列车按LKJ(GYK)方式运行,以不超过20km/h的速度运行至区间第一架通过信号机,按其显示的要求执行。

自动站间闭塞区段,在确认区间空闲后,应当停止使用基本闭塞法改按电话闭塞法行车,确认发车进路空闲和进路准备妥当后,发布调度命令,司机凭调度命令进入区间。装备LKJ的动车组列车(需要将列控车载设备隔离)、动车组以外的列车,按LKJ(GYK)方式运行至前方站进站信号机(线路所通过信号机),按其显示的要求执行;未装备LKJ的动车组列车改按隔离模式运行至前方站进站信号机(线路所通过信号机),按其显示的要求执行。

②发车进路信号机不能开放时

a. 发车进路信号机能开放引导信号时,在确认发车进路空闲和进路准备妥当后,开放引导信号办理发车。

b. 列车由车站开往区间,发车进路信号机未设引导信号或者引导信号不能开放时,在确认发车进路空闲和进路准备妥当后,列车调度员发布准许越过该信号机的调度命令,司机凭调度命令越过该信号机。装备LKJ的动车组列车将列控车载设备隔离,按LKJ方式,以不超过40km/h的速度运行至次一信号机前停车,转回列控车载方式控车;未装备LKJ的动车组列车改按隔离模式,运行至次一信号机前停车,转回列控车载方式控车;动车组以外的列车按LKJ(GYK)方式,以不超过20km/h的速度运行至次一信号机,按其显示要求执行。

(4)出站信号机不能开放时,除按规定交付行车凭证外,对通过列车应当预告司机。装有进路表示器或者发车线路表示器的出站信号机,当该表示器不良时,由列车调度员(车站控制时为车站值班员)通知司机;司机发现表示器不良时,应当及时报告列车调度员(车站值班员)。

3. 线路所通过信号机故障或者进路上道岔失去表示、轨道电路非列车占用红光带

(1)列车调度员(车站控制时为车站值班员)通知设备管理单位进行检查处理,在"行车设备检查登记簿"中登记。

(2)设备故障修复,列车调度员(车站控制时为车站值班员)根据设备管理单位的销记,恢复正常组织行车。

(3)设备故障暂时无法修复,具备放行列车条件时,列车调度员(车站控制时为车站值班员)根据设备管理单位登记的行车限制条件组织行车。

①线路所通过信号机引导信号能够开放时,在确认第一个闭塞分区空闲[CTCS-3级及信号机常态灭灯的CTCS-2级自动闭塞区间对LKJ(GYK)控车的列车和自动站间闭塞区间为确认区间空闲]和进路空闲,进路准备妥当后,开放引导信号办理行车。

②线路所通过信号机引导信号不能开放,列车开往CTCS-3级及信号机常态灭灯的CTCS-2级自动闭塞区间时,信号机应当点灯,在确认区间空闲和进路空闲,进路准备妥当后,列车调度员发布准许越过该信号机的调度命令,司机凭调度命令越过该信号机。装备LKJ的动车组列车将列控车载设备隔离,改按LKJ方式运行,运行至前方站进站信号机(线路所通过信号机),按其显示的要求执行;未装备LKJ的动车组列车改按隔离模式运行,运行至前方站进站信号机(线路所通过信号机),按其显示的要求执行;动车组以外的列车按LKJ(GYK)方式运行,运行至前方站进站信号机(线路所通过信号机),按其显示的要求执行。

③线路所通过信号机引导信号不能开放,列车开往信号机常态点灯的CTCS-2级自动闭塞区间时,在确认区间第一个闭塞分区空闲(未装备LKJ的动车组列车为确认区间空闲)和进路空闲,进路准备妥当后,列车调度员发布准许越过该信号机的调度命令,司机凭调度命令越过该信号机。装备LKJ的动车组列车将列控车载设备隔离,按LKJ方式运行,以不超过40km/h的速度运行至区间第一架通过信号机,按其显示的要求执行;未装备LKJ的动车组列车改按隔离模式运行,运行至前方站进站信号机(线路所通过信号机),按其显示的要求执行;动车组以

外的列车按 LKJ（GYK）方式运行，以不超过 20km/h 的速度运行至区间第一架通过信号机，按其显示的要求执行。

④线路所通过信号机引导信号不能开放，列车开往自动站间闭塞区间时，在确认区间空闲后，应当停止使用基本闭塞法改按电话闭塞法行车，确认进路空闲和进路准备妥当后，发布调度命令，司机凭调度命令越过线路所通过信号机。装备 LKJ 的动车组列车（需将列控车载设备隔离）、动车组以外的列车，按 LKJ（GYK）方式运行至前方站进站信号机（线路所通过信号机），按其显示的要求执行；未装备 LKJ 的动车组列车改按隔离模式运行至前方站进站信号机（线路所通过信号机），按其显示的要求执行。

五、区间通过信号机故障或者闭塞分区轨道电路非列车占用红光带（异物侵限报警红光带除外）

（1）列车调度员（车站值班员）发现及得到区间通过信号机故障或者闭塞分区轨道电路非列车占用红光带的信息时，列车调度员（车站值班员）应立即通知区间内已进入故障地点及尚未经过故障地点的列车司机立即停车，通知设备管理单位进行检查处理，并在"行车设备检查登记簿"中登记。车站值班员应当立即报告列车调度员。

设备管理单位未销记确认可以放行列车前，不得再向该区间放行列车。

设备故障修复，列车调度员应根据设备管理单位的销记，通知有关列车司机恢复正常行车。

（2）当区间通过信号机（闭塞分区非列车占用红光带）故障暂时无法修复，具备放行列车条件时，根据设备管理单位登记的行车限制条件组织行车。待故障地点（发生两处及以上故障时，为运行方向第一故障地点）前的列车运行至前方站（线路所），对区间内已进入故障地点及尚未经过故障地点的列车，列车调度员确认列车至前方站（线路所）间空闲后，通知列车司机故障闭塞分区起止里程及防护该闭塞分区的通过信号机号码，逐列恢复运行至前方站（线路所），指示后列恢复运行前应当确认前列已完整到达前方站（线路所）。列车恢复运行时，司机在该闭塞分区通过信号机（区间信号标志牌）前停车等候 2min 后，以遇到障碍能随时停车的速度，最高不超过 20km/h（动车组列车不超过 40km/h），越过该闭塞分区，按次一通过信号机显示（列控车载设备显示）运行，司机应当加强瞭望。司机在停车等候同时，应当与列车调度员联系，如确认前方闭塞分区内有列车时，不得进入。

区间空闲后，按站间组织行车。

六、站内轨道电路分路不良

（1）当站内轨道电路出现分路不良时，电务部门检测确认后，由电务部门及时在车站、调度所"行车设备检查登记簿"中登记，并在 CTC 终端上进行标注。

（2）列车调度员（车站控制时为车站值班员）办理经由分路不良区段的进路时，执行以下规定：

①办理进路前，列车调度员（车站值班员）应当亲自或者指派其他人员（集控站为车务应急值守人员组织电务、工务人员）确认与进路有关的所有分路不良区段空闲后，方可准备进路，并将分路不良区段的道岔单独锁闭；列车（机车车辆）未全部出清轨道电路分路不良区段前，严禁操纵有关道岔及其防护道岔，不得解除分路不良区段的道岔单独锁闭。

②调车作业时，询问并得到调车作业人员或者司机汇报机车车辆出清道岔轨道电路分路不良区段后，方可扳动道岔，开放信号。

③在轨道电路分路不良的线路上停放车辆时，应当对线路两端信号进行钮封。

④遇有列车（机车车辆）通过后进路漏解锁、光带不消失时，应当确认列车（机车车辆）已通过该区段后，方可对该区段进行人工解锁。

七、列车占用丢失

1. 区间列车占用丢失

（1）区间列车占用丢失报警或列车调度员（车站值班员）发现及得到区间列车占用丢失信息时，列车调度员（车站值班员）应当立即通知已进入区间的后续列车立即停车。车站值班员应立即报告列车调度员。

（2）列车调度员（车站值班员）联系占用丢失的列车司机，询问列车位置及现场情况，通知电务部门检查处理，在"行车设备检查登记簿"内登记。

（3）电务部门未销记确认可以放行列车前，不得再向该区间放行列车。

（4）设备故障修复，列车调度员根据电务部门的销记，通知有关列车司机恢复正常行车。

（5）当设备故障暂时无法修复，占用丢失的列车运行无异常，具备放行列车条件时，根据电务部门登记的行车限制条件组织行车。对已进入区间的后续列车，列车调度员确认列车至前方站（线路所）间空闲后，通知司机逐列恢复运行，指示后列恢复运行前必须确认前列已完整到达前方站（线路所）。司机按信号显示的要求运行，逐列运行至前方站（线路所）。区间空闲后，按站间组织行车。

2. 站内股道列车占用丢失

（1）当站内股道列车占用丢失报警或者列车调度员（车站控制时为车站值班员）发现及得到站内股道列车占用丢失信息时，应当立即停止使用该故障区段。

（2）列车调度员（车站值班员）联系占用丢失的列车司机，询问列车位置及现场情况，通知电务部门检查处理，在"行车设备检查登记簿"中登记。

（3）设备故障修复后，列车调度员（车站值班员）根据电务部门的销记，恢复正常行车。

（4）若设备故障暂时无法修复时，经电务部门检查处理后，根据电务部门登记的行车限制条件组织行车。

八、列车无线调度通信设备故障

1. FAS（固定用户接入交换机）故障

（1）调度台 FAS 均故障

①列车调度员通知通信部门检查处理,在"行车设备检查登记簿"中登记。

②列车调度员指示车务应急值守人员转为车站控制办理行车。

③设备故障修复后,列车调度员根据通信部门在"行车设备检查登记簿"中的销记,恢复设备正常使用和正常行车组织。

（2）车站 FAS 故障

①车站值班员（车务应急值守人员）通知通信部门检查处理,在"行车设备检查登记簿"中登记,报告列车调度员。

②车站值班员（车务应急值守人员）使用 GSM-R 手持终端或者有语音记录装置的自动电话办理行车通话。

③故障修复后,车站值班员（车务应急值守人员）根据通信部门在"行车设备检查登记簿"中的销记,恢复设备正常使用。

2. GSM-R 故障

（1）列车调度员（车站值班员）得到 GSM-R 故障的报告后,应当立即通知通信部门检查处理,在"行车设备检查登记簿"中登记。车站值班员接到报告后应当及时报告列车调度员,列车调度员报告调度所值班主任（值班副主任）。

（2）根据通信部门在"行车设备检查登记簿"中登记的停用内容、影响范围及行车限制条件,按下列规定办理:

①GSM-R 故障导致 CTCS-3 级降为 CTCS-2 级时,按 CTCS-2 级行车。

②GSM-R 故障影响调度命令无线传送功能时,向司机发布调度命令,按规定采用列车无线调度通信设备发布、转达或者采用人工书面交递方式。

③遇无进路预告信息,司机应当报告列车调度员（车站值班员）,列车由正线通过改为侧线接车时,列车调度员（车站控制时为车站值班员）应当提前预告司机。

（3）设备故障修复后,列车调度员（车站值班员）根据通信部门在"行车设备检查登记簿"中的销记,恢复设备正常使用。

3. 机车综合无线通信设备故障

（1）司机报告列车调度员（车站值班员）,车站值班员报告列车调度员。

①若设备故障影响调度命令无线传送功能时,应向司机发布调度命令,按规定采用列车无线调度通信设备发布、转达或者采用人工书面交递方式。

②遇无进路预告信息,司机应当报告列车调度员（车站值班员）;列车由正线通过改为侧线接车时,列车调度员（车站控制时为车站值班员）应当提前预告司机。

③机车综合无线通信设备不能通话时,司机应当立即使用 GSM-R 手持终端报告列车调度员(车站值班员)。如果 GSM-R 手持终端也不能进行通话时,司机应当在前方站停车报告;机车综合无线通信设备或者 GSM-R 手持终端修复(更换)后,方准继续运行。

(2)设备故障修复后,恢复设备正常使用。

4. 列车调度员、车站值班员因无线通信设备故障,均无法与司机取得联系

(1)不得向区间放行列车。

(2)列车调度员(车站值班员)通知通信部门检查处理,在"行车设备检查登记簿"中登记。

(3)通信部门抢修完毕后,列车调度员根据通信部门在"行车设备检查登记簿"中的销记,恢复正常行车组织。

任务二　牵引供电设备故障行车

一、接触网停电

(1)遇接触网停电时,司机应当立即停车并降弓,报告列车调度员(车站值班员)停车原因及停车位置,通知随车机械师(车辆乘务员)、列车长,车站值班员报告列车调度员。

(2)供电调度员发现接触网停电时,应当立即确认停电范围并通知列车调度员。列车调度员(车站值班员)接到接触网停电的报告后,应当立即扣停未进入停电区域的相关列车,对已进入停电区域的列车应当通知司机停车。列车调度员立即通知供电调度员确认停电范围,通知供电部门检查处理,在 CTC 上设置停电标识。

(3)电力机车牵引的旅客列车因接触网停电在区间停车后,司机应当采取保压措施;当长时间停车风压不足时,司机通知车辆乘务员组织客运乘务组拧紧全列人力制动机。

(4)接触网跳闸重合或者送电成功,原因不明时,供电调度员应当立即将接触网跳闸情况、故障标定装置指示地点的里程及限速要求通知列车调度员。列车调度员立即向尚未经过该地点的本线及邻线首列列车发布口头指示列车运行速度不得超过 80km/h 注意运行,限速位置原则上按故障标定装置指示地点前后各 2km 确定。司机应当注意观察接触网设备状态,发现影响行车异常情况时应当立即停车并向列车调度员报告,列车调度员立即通知尚未经过异常地点的后续列车停车,不得再向该区间放行列车,并立即通知供电部门检查处理,列车调度员按供电部门登记的行车限制条件组织行车;无异常时,司机在通过限速地点后立即向列车调度员报告。列车调度员根据本线司机确认本线无异常的报告组织本线后续列车正常运行,根据邻线司机确认邻线无异常的报告组织邻线后续列车正常运行。同时,供电调度员应当立即组织供电人员登乘本线或者邻线列车巡视检查设备。供电人员根据需要及时向列车调度员提出利用动车组列车运送人员处理故障的申请,列车调度员应当及时安排。

二、接触网上挂有异物

(1)司机在运行中发现本线或者邻线接触网上挂有异物时,应当立即采取措施并向列车调度员(车站值班员)汇报异物情况和故障地点;列车调度员(车站值班员)及时通知供电部门检查处理,在"行车设备检查登记簿"中登记;车站值班员报告列车调度员,列车调度员转报供电调度员。

(2)本线接触网上挂有异物时,如异物情况不影响行车,司机按正常行车方式通过。本线降弓可以通过时,司机按降弓方式通过该地点,列车调度员向该线后续列车发布列车运行速度不得超过160km/h降弓通过故障地点的调度命令(不设置列控限速),限速降弓位置原则上按司机汇报故障地点前后各2km确定。本线不能降弓通过时,司机应当立即停车并报告,列车调度员(车站值班员)应当立即通知本线后续列车停车,不得再向该区间放行列车。

(3)邻线接触网上挂有异物时,如司机汇报邻线异物不能降弓通过,列车调度员(车站值班员)应当立即通知邻线尚未经过该地点的列车停车,不得再向邻线该区间放行列车。如司机汇报邻线异物可降弓通过或者异物情况不影响行车,邻线按第(2)款规定执行。

如司机汇报不能确定异物是否影响邻线行车,列车调度员应当立即向邻线尚未经过该地点的首列列车司机发布口头指示列车运行速度不得超过80km/h注意运行,限速位置原则上按司机汇报故障地点前后各2km确定。司机应当注意观察接触网设备状态。根据该司机确认情况,后续处理按第(2)款规定执行。

(4)供电调度员接到报告后,应当立即组织供电人员登乘本线或者邻线列车巡视检查设备并处理。供电人员根据需要及时向列车调度员提出利用动车组列车运送人员处理故障的申请,列车调度员应当及时安排。

供电部门检查处理后,列车调度员按供电部门登记的行车限制条件组织行车。故障处理完毕后,列车调度员根据供电部门在"行车设备检查登记簿"中的销记,恢复正常行车组织。

三、受电弓挂有异物

(1)列车运行途中,司机接到受电弓挂有异物通知时,应当立即降弓、停车,向列车调度员(车站值班员)报告,车站值班员报告列车调度员。需下车检查或者登顶作业时,司机(动车组列车为随车机械师通过司机)及时向列车调度员提出请求。

(2)列车调度员(车站值班员)得到报告后,应当立即通知区间内后续列车停车,不得再向该区间放行列车。列车调度员根据下车检查或者登顶作业的请求,发布邻线列车运行速度不得超过160km/h的调度命令;需登顶作业时,列车调度员还应当通知该供电臂内的列车停车并降弓,与供电调度员办理接触网停电手续,得到供电调度员接触网已停电的通知后,发布准许登顶作业的调度命令。

（3）司机在接到邻线列车运行速度不得超过160km/h的调度命令已发布的口头指示后，下车检查（动车组列车为司机通知随车机械师下车检查）。司机根据准许登顶作业的调度命令和邻线列车运行速度不得超过160km/h的调度命令已发布的口头指示登顶作业（动车组列车为司机通知随车机械师登顶作业）。

（4）异物处理完毕后，司机应当报告列车调度员，列车调度员与供电调度员办理接触网送电手续，通知该停电供电臂内的列车升起受电弓，取消邻线限速，恢复正常行车。需要限速运行时，司机（动车组列车根据随车机械师的通知）限速运行。

（5）司机（动车组列车为随车机械师）现场检查发现受电弓滑板及托架有损伤或者接触网有异状时，应当及时报告列车调度员，列车调度员扣停后续列车，并通知供电部门对接触网设备进行检查处理，根据供电部门在"行车设备检查登记簿"中登记的行车限制条件组织行车。

四、运行途中自动降弓

（1）列车在运行途中，因不明原因降弓时，司机应当立即切断主断路器并停车，同时查看降弓地点公里标，向列车调度员（车站值班员）报告，车站值班员报告列车调度员。列车调度员（车站值班员）应当立即通知区间内后续列车停车，不再向该区间放行列车；列车调度员将降弓情况转报供电调度员。动车组列车随车机械师应当根据故障信息记录，及时向司机反馈故障发生时间等信息，由司机报告列车调度员，列车调度员及时转报供电调度员。

（2）列车调度员根据司机（动车组列车为随车机械师通过司机提出的）下车检查或者登顶作业的请求，发布邻线列车运行速度不得超过160km/h的调度命令；如需登顶作业时，列车调度员还应当通知该供电臂内的列车停车并降弓，与供电调度员办理接触网停电手续，得到供电调度员接触网已停电的通知后，发布准许登顶作业的调度命令。

（3）司机在接到邻线列车运行速度不得超过160km/h的调度命令已发布的口头指示后，下车检查（动车组列车为司机通知随车机械师下车检查）。司机根据准许登顶作业的调度命令和邻线列车运行速度不得超过160km/h的调度命令已发布的口头指示登顶作业（动车组列车为司机通知随车机械师登顶作业）。

（4）经检查处理，列车恢复运行后，司机应当立即报告列车调度员。列车调度员应当立即向本线尚未经过该地点的首列列车发布口头指示列车运行速度不得超过80km/h注意运行，限速位置原则上按司机汇报故障地点前后各2km确定。司机应当注意观察接触网设备状态，发现影响行车异常情况时应当立即停车并向列车调度员报告，列车调度员立即通知尚未经过异常地点的后续列车停车，不再向该区间放行列车，并立即通知供电部门检查处理，列车调度员按供电部门登记的行车限制条件组织行车。无异常时，司机在通过限速地点后立即向列车调度员报告，列车调度员根据司机确认无异常的报告组织后续列车正常运行。

（5）供电调度员接到报告后，应当立即组织供电人员登乘本线或者邻线列车巡视检查设备。供电人员可根据需要及时向列车调度员提出利用动车组列车运送人员处理故障的申请，列车调度员应当及时安排。

五、自动过分相地面设备故障

（1）司机发现不能自动过分相时，应当立即报告列车调度员（车站值班员）；列车调度员（车站值班员）接到报告后，及时通知后续列车注意运行，通知设备管理单位检查处理，在"行车设备检查登记簿"中登记；设备管理单位发现自动过分相地面设备故障时，应当立即报告列车调度员（车站值班员），同时在"行车设备检查登记簿"中登记，写明行车限制条件。

在故障修复前，列车调度员（车站值班员）根据设备管理单位在"行车设备检查登记簿"中的登记，通知司机采用手动过分相。

（2）自动过分相地面设备修复后，列车调度员根据设备管理单位在"行车设备检查登记簿"中的销记，恢复正常行车组织。

任务三　机车车辆设备故障行车

一、动车组列车空调失效

（1）空调失效超过20min不能恢复但列车能够正常运行时，列车长可视情况通知司机向列车调度员提出在前方最近客运站停车的请求，列车调度员安排列车在前方最近客运站停车。列车在停车站安装好防护网、打开部分车门后，列车调度员根据司机的报告，向司机（救援时还包括救援司机）及沿途各站发布打开车门列车运行速度不得超过60km/h（通过邻靠高站台的线路时列车运行速度不得超过40km/h）运行的调度命令。

（2）列车因故停车不能维持运行且空调失效超过20min不能恢复时，列车长应当及时与司机、随车机械师沟通，视情况做出打开车门决定，并通知司机转报列车调度员。

（3）安装防护网、打开车门由列车长组织列车乘务员进行，司机、随车机械师配合。防护网的安装需在列车停车状态下进行，安装位置为运行方向左侧（非会车侧）车门处。防护网安装完毕，打开车门后，由列车长组织列车工作人员值守，直到车门关闭。列车长确认防护网安装牢固、看护到位后报告司机。

（4）需要组织旅客下车或者换乘其他列车时，应当在车站站台进行。必须在站内不邻靠站台的线路或者区间组织旅客下车或者换乘时，需经铁路局集团公司分管运输的副总经理（总调度长）同意。

二、动车组列车运行途中发生车辆故障应急处理

（1）动车组列车运行中出现故障，司机应当按车载信息监控装置的提示，按规定及时处理；需要由随车机械师处理时，司机应当通知随车机械师。经处置确认无法正常运行时，司机应当按车载信息监控装置的提示和随车机械师的要求，选择维持运行或者停车等方式，并报告列车调度员（车站值班员），车站值班员报告列车调度员。

（2）司机发现或者得到基础制动装置故障致使车轮抱死不缓解的报告时，应当立即停车，报告列车调度员（车站值班员）停车原因和停车位置，车站值班员报告列车调度员。列车调度员（车站值班员）应当立即通知区间内后续列车停车，不再向该区间放行列车。司机在接到列车调度员已发布邻线列车运行速度不得超过160km/h调度命令的口头指示后，通知随车机械师下车检查处理。当动车组列车制动系统故障应当切除单车制动力时，随车机械师应当将切除制动力的情况及限速要求通知司机，司机报告列车调度员（车站值班员）后，按限速要求运行；车站值班员接到报告后，应当及时报告列车调度员，列车调度员及时通知本调度区段相关车站值班员，跨调度区段运行时还应当通知邻台列车调度员。

若全列车制动不缓解，司机、随车机械师按故障应急手册或者车载信息系统的提示处理；全列常用制动不施加，司机立即将制动手柄拉到紧急制动位或者按压紧急停车按钮，使动车组紧急停车。动车组停车后，司机复位紧急制动，由随车机械师进行故障处理。司机在开车前应当进行一次完整的制动试验，确认制动系统功能正常。动车组发生制动系统失效情况时，由司机请求救援。

（3）动车组车窗玻璃破损导致车厢密封失效时，列车长或者随车机械师应当通知司机，司机控制动车组列车运行速度不得超过160km/h运行并报告列车调度员（车站值班员），车站值班员报告列车调度员。

（4）当动车组空气弹簧故障时，随车机械师应当通知司机限速要求（CRH2、CRH380A、AL型列车运行速度不得超过120km/h，其余车型列车运行速度不得超过160km/h），司机控制动车组列车限速运行并报告列车调度员（车站值班员），车站值班员报告列车调度员。

（5）当车载信息监控装置提示轴承温度超过报警温度时，司机应当立即停车，报告列车调度员（车站值班员）停车原因和停车位置，通知随车机械师处理，车站值班员报告列车调度员。列车调度员（车站值班员）应当立即通知区间内后续列车停车，并不得再向该区间放行列车。随车机械师检查后，需要限速运行时，通知司机限速要求，司机报告列车调度员（车站值班员）后，按限速要求运行。不能继续运行时，及时请求救援。

（6）当发现或者接到转向架监测故障、车辆下部异音、异状的通知时，司机（列车工作人员）应当立即采取紧急停车措施，司机向列车调度员（车站值班员）报告，车站值班员报告列车调度员。列车调度员（车站值班员）应当立即通知区间内后续列车停车，不再向该区间放行列车。司机在接到列车调度员已发布邻线列车运行速度不得超过160km/h的调度命令的口头指示后，通知随车机械师下车检查处理。随车机械师检查后，需要限速运行时，通知司机限速要求，司机报告列车调度员（车站值班员）后，按限速要求运行。不能继续运行时，及时请求救援。

三、动车组以外的旅客列车运行途中发生车辆故障应急处理

（1）当发现客车车辆轮轴故障、车体下沉（倾斜）、车辆剧烈振动等危及行车安全的情况时，司机应当立即采取停车措施，并报告列车调度员（车站值班员），车站值班员报告列车调度员。列车调度员（车站值班员）应当立即通知区间内后续列车停车，不再向该区间放行列车。司机在接到列车调度员已发布邻线列车运行速度不得超过160km/h的调度命令的口头指示后，通知车辆乘务员下车检查。对抱闸车辆应当关闭截断塞门，排除副风缸中的余风，确认安全无误后，方可继续运行；如车轮踏面损坏超过限度或者车辆故障不能继续运行时，应当甩车处理。

（2）列车调度员接到热轴报告后，应当按热轴预报等级要求果断处理。必要时，立即安排停车检查（司机应当采用常用制动，列车停车后由车辆乘务员负责检查，无车辆乘务员的由司机确认能否继续安全运行）或者就近站甩车处理。

（3）遇客车安全监控系统报警或者其他故障需要列车限速运行时，车辆乘务员应当通知司机限速要求，司机按限速要求运行并报告列车调度员（车站值班员），车站值班员及时报告列车调度员。

（4）遇空气弹簧故障时，列车运行速度不得超过120km/h。

（5）采用密接式车钩的旅客列车，在运行途中因故障更换15号过渡车钩后，列车运行速度不得超过140km/h。

（6）双管供风旅客列车运行途中发生双管供风设备故障或者用单管供风机车救援接续牵引需要改为单管供风时，双管改单管作业应当在站内进行。旅客列车在区间发生故障需要双管改单管供风时，由车辆乘务员通知司机向列车调度员（车站值班员）提出在前方站停车处理的请求，并通知司机以不超过120km/h的速度运行至前方站，列车调度员发布双管改单管供风的调度命令，车辆乘务员根据调度命令在站内将客车风管路改为单管供风状态。旅客列车改为单管供风运行时，应当发布调度命令通知有关铁路局集团公司，按单管供风办理，直至终到站。

案例分析

【典型案例】 站内轨道电路分路不良区段行车挤坏道岔

1．事件概况

×年×月×日×时×分，接触网作业车在×站进行接触网设备隐患消缺作业完后，由调车线途经线路存在分路不良区段返回站内6道时，在未进行现场确认接触网作业车辆是否出清轨道分路不良区段的情况下，施工单位请求对车站道岔进行单操试验，车站应急值班人员认为作业车应该已经出清分路不良区段，遂按要求解锁12/14号道岔，并进行单操试验，将12/14号道岔操至反位，造成接触网作业车挤坏12号道岔，构成一般D3类挤道岔事故。如图8-1所示。

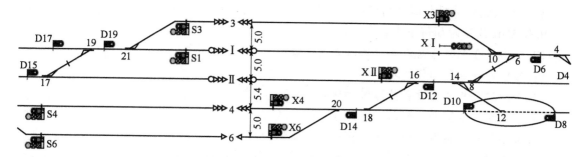

图 8-1 D3 类挤道岔事故示意图

2. 事件原因分析

(1) 车站应急值班人员违反《轨道电路分路不良时办理行车有关规定》和《××铁路局集团公司轨道电路分路不良时安全行车及整治办法》,在未确认接触网作业车出清分路不良的轨道区段的情况下,臆测行车,单操实验 12/14 号道岔,导致 12/14 号道岔中途转换,是事故的直接原因。

(2) 车站维修盯控人员未按规定到现场检查确认接触网作业车是否出清轨道电路分路不良区段,违反了《轨道电路分路不良时办理行车有关规定》的有关规定。

3. 事件评析

(1) 站内轨道电路出现分路不良时,电务部门检测确认后,由电务部门及时在车站、调度所的"行车设备检查登记簿"中登记,并在 CTC 终端上进行标注。

(2) 列车调度员(车站控制时为车站值班员)办理经由分路不良区段的进路时,办理进路前,列车调度员(车站值班员)应当亲自或者指派其他人员(集控站为车务应急值守人员组织电务、工务人员)确认与进路有关的所有分路不良区段空闲后,方可准备进路,并将分路不良区段的道岔单独锁闭;列车(机车车辆)未全部出清轨道电路分路不良区段前,严禁操纵有关道岔及其防护道岔,不得解除分路不良区段道岔单独锁闭。

调车作业时,询问并得到调车作业人员或者司机汇报机车车辆出清道岔轨道电路分路不良区段后,方可扳动道岔,开放信号。

(3) 总结了多次出现的轨道电路分路不良相关事故,基本都是因作业人员在准备进路、确认车辆是否出清时不落实作业标准导致的,因此必须认真对待。

复习思考题

1. LKJ 设备故障时,如何行车?
2. CTC 故障,导致列车车次号错误或者丢失时,应如何处理?
3. 机车综合无线通信设备故障时,应如何处理?
4. 车站 FAS 故障时如何处理?
5. 列车调度员(车站值班员)办理经由分路不良区段的进路时,应执行哪些规定?
6. 区间列车占用丢失时,应如何组织列车运行?
7. 股道轨道电路非列车占用红光带时,应如何处理?

8. 区间通过信号机故障如何组织行车?
9. GSM-R 故障时如何组织行车?
10. 机车综合无线通信设备故障时如何处理?
11. 接触网停电时如何处理?
12. 自动过分相地面设备故障时如何处理?
13. 动车组列车空调失效时如何处理?
14. 动车组列车运行途中发生车辆故障时如何处理?
15. 双管供风的旅客列车运行途中需改为单管供风时如何处理?

项目九

异常情况行车

项目内容

本项目主要介绍站内、区间异常情况的行车,以及列车运行遇特殊情况的应急处置等。

教学目标

◎ **能力目标**

能根据各种异常情况,正确、及时地处置,确保铁路运输畅通。

◎ **知识目标**

了解和掌握站内异常情况、区间异常情况以及列车异常情况下的行车方法。

◎ **素质目标**

培养认真负责、思维敏捷、处事果断的工作作风。

任务一　站内异常情况行车

一、相对方向同时接车及同方向同时发接列车

在车站接发列车工作中,经常会遇到两列车在站内相对方向同时接车或同方向同时发接列车的情况。为保证接发列车作业的安全,车站应根据进站方向的坡度、接车线末端有无隔开设备、闭塞方式及列车性质,确定车站能否办理相对方向同时接车或同方向同时发

接列车。

1. 相对方向同时接车

自车站一端开放进站信号机至列车全部进入接车线警冲标内停妥的时间内,也开放另一端的进站信号机,接入相对方向的列车,如图9-1所示。

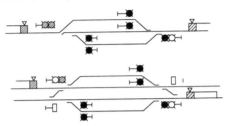

图 9-1　相对方向同时接车

2. 同方向同时发接列车

自车站一端开放出站(进站)信号机至列车全部出站(进入接车线警冲标内方停妥)的时间内也开放另一端进站(出站)信号机,接入(发出)相同方向的列车,如图9-2所示。

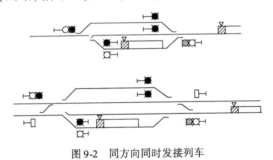

图 9-2　同方向同时发接列车

3. 隔开设备

隔开设备是指将一条进路与另一条进路隔离开,使两条进路的接发列车作业彼此不干扰的设备。隔开设备包括安全线、避难线及平行进路和能起隔开作用的有联锁的防护道岔。

相对方向同时接车时,当一端列车未全部进入接车线警冲标内方,而另一端列车越过接车线末端警冲标,若无隔开设备就有发生冲突的可能;同方向同时发接列车时,当发出列车尚未全部驶出车站,而另一端进站列车越过接车线末端的警冲标,若无隔开设备,就有发生冲突的可能。因此,为保证车站接发列车的效率和作业安全,应根据进站方向的线路坡度、接车线末端有无隔开设备、列车及车站的性质等确定能否办理相对方向同时接车或同方向同时发接列车。

4. 禁止办理相对方向同时接车和同方向同时发接列车的情况

(1)进站信号机外制动距离内,进站方向为超过6‰的下坡道,而接车线末端无隔开设备(仅运行动车组列车的区段除外),如图9-3所示。

列车在超过6‰的下坡道运行时,下滑力超过运行阻力。如果司机不能正确施行制动,列车进站时可能越过接车线末端警冲标。若接车线末端无隔开设备,就有可能与正在进站的对向列车或正出站的同向列车发生冲撞。

进站信号机外制动距离内的坡度为换算坡度,即平均坡度减去曲线阻力的当量坡度。超过6‰的坡度由工务部门提供,在《行规》内公布。

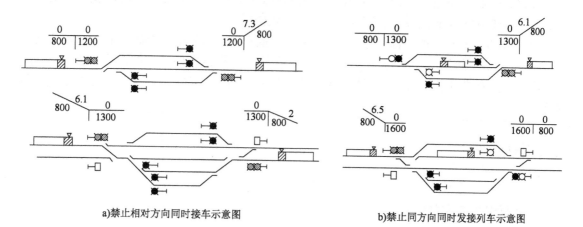

图 9-3　禁止办理相对方向同时接车和同方向同时发接列车示意图

（2）在接、发旅客列车的同时,接入列控车载设备及列车运行监控装置均故障的动车组列车、制动力部分切除的动车组列车、列车运行监控装置或者轨道车运行控制设备发生故障的其他列车而接车线末端无隔开设备。

普速铁路车站应将不能办理相对方向同时接车和同方向同时发接列车的情况纳入《站细》。

5. 不能同时接车和不能同时发接列车的处理

相对方向两列车同时接近车站而不能同时接车时,应先将一个方向的列车接入站内停于接车线末端警冲标内方后,再接入另一列车。在确定先后顺序时,应先接如下列车：

(1) 不适于在站外停车的列车。
(2) 在站外停车后起动困难的列车。
(3) 后面有续行列车的列车。

遇两列车不能同时接发时,普速铁路原则上应先接后发,高速铁路原则上按列车运行计划顺序接发。

二、站内无空闲线路时的接车

车站无空闲线路是指车站正线、到发线及符合接车条件的线路,均有车占用(包括因故障封锁的线路)。

1. 对接入列车的限制

在站内无空闲线路的特殊情况下,只准接入为排除故障、事故救援、疏散车辆等所需要的救援列车、不挂车的单机及重型轨道车。

2. 接车办法

（1）接车前，车站值班员（列车调度员）应确认接车线停留车位置和空闲地段的长度，并通知接车线内停留的机车、重型轨道车司机禁止移动位置。

（2）接车时，不开放进站信号机，也不使用引导接车办法，接车人员应站在进站信号机（或站界标）外方。所接列车在站外停车，由接车人员通知司机接车线路、停留车位置、列车停车地点及其他注意事项，然后接车人员登乘机车，以调车手信号旗（灯）按调车办法将列车领入站内。

三、引导接车

1. 需要引导接车的情况

下列情况，需要引导接车：

（1）进站或接车进路信号机不能使用时，包括：

①进站、接车进路信号机故障或联锁装置失效。

②进站、接车进路信号机施工停用。

③向进站、接车进路信号机联锁范围以外的线路上接车。

（2）在双线区间由反方向开来的列车（包括区间返回列车、补机、退回的列车）而无进站信号机时。

2. 引导接车方法

（1）使用引导信号接车。

当接车进路准备妥当后，按压引导信号按钮，开放引导信号，列车头部越过引导信号机后，引导信号关闭。

（2）普速铁路必须派引导人员接车的情况。

①进站、接车进路信号机未装设引导信号或构不成引导信号时。

②在双线区间由反方向开来的列车而无进站信号机时。

③施工停电时。

引导人员接车时必须取得列车调度员的命令；引导人员应站在引导员接车地点标处（未设者，引导人员应站在进站信号机、进路信号机或站界标外方），显示引导手信号接车，列车头部越过引导手信号，即可收回引导手信号。

（3）高速铁路引导信号无法使用时。

高速铁路引导信号无法使用时，列车调度员应向司机发布调度命令，司机根据调度命令越过该信号机。

3. 引导接车注意事项

引导接车一般是在特殊情况下进行的，此时，如放松有关行车条件及限制，往往留下安全隐患。引导接车注意事项如下：

(1)引导接车前,应确认接车进路空闲,有关道岔位置正确和敌对信号未开放。

(2)进路准备妥当后,应将进路上无联锁的有关对向道岔(高速铁路为无联锁的道岔)及邻线上能进入该进路的防护道岔按规定办法加锁。

(3)列车应以不超过20km/h(高速铁路动车组列车不超过40km/h)的速度进站,并做好随时停车的准备。

(4)列车头部越过引导(手)信号,即可关闭信号或收回引导手信号。

四、无联锁时进路的准备

在无联锁(包括联锁失效)线路上接发列车时,车站值班员除严格按接发列车手续办理外,并应将进路上无联锁的道岔(普速铁路仅需对向道岔)及邻线上防护道岔加锁。进路上无联锁的分动外锁闭道岔无论对向或顺向,均应对密贴尖轨、斥离尖轨和可动心轨加锁。

1. 对向道岔、防护道岔的确认

(1)对向道岔

列车由尖轨向辙叉运行时,该道岔对运行的列车来说称为对向道岔。列车经辙叉向尖轨运行时,该道岔对运行的列车来说称为顺向道岔。当对向道岔位置错误时,可能使列车进入不该进入的线路,与该线内的机车、车辆发生冲突,引起严重后果。

图9-4为某站上行咽喉示意图。上行列车进6道,进路上应加锁的对向道岔为10号、14号、20号、22号、24号。当下行列车由3道发车时,进路上应加锁的对向道岔为12号。

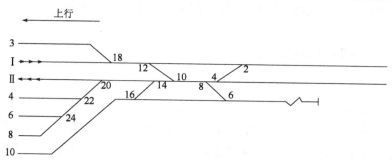

图9-4 某站上行咽喉示意图

(2)防护道岔

能将邻线上的进路与本线上的接发列车进路隔开的道岔称为防护道岔。若其开通位置错误,则可能造成邻线上的机车车辆闯入接发列车进路。由于进路不同,邻线上防护进路的道岔也不同。

在图9-4中,当上行列车进6道停车时,防护道岔为2号、6号、12号、16号;当下行列车由3道发车时,其防护道岔为10号、4号。

2. 加锁办法

(1)对于非集中联锁的车站,道岔的转换是通过转辙机械由人工就地操纵的。在图9-4

中,2/4、6/8、10/12、14/16 均为渡线两端道岔(联动道岔),用双动转辙机械操纵。当联锁失效时,渡线两端任何一组道岔人工加锁后,该联动道岔即不能扳动。因此,扳道人员可根据自己所在位置与道岔的距离,就近对渡线两端任一道岔进行加锁。如 2 号、6 号、10 号、14 号道岔需加锁时,扳道员也可锁闭 4 号、8 号、12 号、16 号道岔。此时,2/4、6/8、10/12、14/16 已全部加锁,可以防止被扳动。当上行列车进 6 道时,此时需加锁的道岔为 2/4、6/8、10/12、14/16、20 号、22 号、24 号道岔。

(2)对于集中联锁的车站,道岔的转换是由电动转辙机带动的。渡线两端道岔是由两组电机单独动作带动的。当改为就地操纵时,需用手摇把单独操纵渡线两端道岔,加锁时也要对防护道岔及对向道岔单独加锁。在图 9-4 中,当上行列车进 6 道时,需加锁的道岔是 10 号、14 号、20 号、22 号、24 号(对向道岔)及 2 号、6 号、12 号、16 号(防护道岔)。

(3)进路上无联锁的分动外锁闭道岔无论对向或顺向,均应对密贴尖轨、斥离尖轨和可动心轨加锁。加锁方法如下:

①对道岔密贴尖轨,应在第一锁闭杆处不超过 0.5m 适当位置加密贴勾锁器并加挂锁。

②斥离尖轨的加锁办法:

a.使用提速道岔顶锁器 A、B 两副进行勾顶。

b.A 副与 B 副分别安装在斥离尖轨的第一牵引点(A 动)和第二牵引点(B 动)前或后枕木盒处、基本轨与斥离尖轨之间,控制斥离尖轨不能任意移动。

③对可动心轨分动外锁闭的道岔,除按上述方法钩锁外,同时应在可动心轨上加密贴勾锁器并加挂锁。

(4)道岔加锁装置包括锁板、勾锁器、闭止把加锁及带柄标志加锁。

五、列车在站内临时停车的处理

列车在站内临时停车,待停车原因消除且继续运行时,应按下列规定办理:

(1)司机主动停车,是指司机发现危及行车或人身安全的情况等原因主动停车时,等停车原因消除后,由司机自行起动列车,列车调度员(车站值班员)不再通知司机开车。

(2)司机以外的列车乘务员或其他人员使用紧急制动装置(紧急制动阀)使列车停车,由车辆乘务员(随车机械师)查明情况消除隐患后,通知司机开车,列车调度员(车站值班员)不再通知司机开车。

(3)列车调度员(车站值班员)因设备故障、自然灾害等原因通知司机在站内临时停车的,在停车原因消除后,由列车调度员(车站值班员)通知司机开车。

(4)因其他原因临时停车,由列车调度员(车站值班员)组织司机、随车机械师(车辆乘务员)共同查明原因,恢复运行条件后,由列车调度员(车站值班员)通知司机开车。

上述(1)(2)(4)项在临时停车后,司机应立即向列车调度员(车站值班员)报告,并说明停车原因。上述情况车站值班员均应及时报告列车调度员。

任务二　区间异常情况行车

一、双线区间反方向行车

我国铁路规定双线区间按左侧单方向行车,这个运行方向称为正方向。相应的闭塞设备、列车信号机(区间信号标志牌)等行车设备也是按此设置的,对行车安全有可靠的保证。同时,列车在各自的线路上运行时,互不干扰,能够保证通过能力,发挥最大的效益。

1. 反方向行车的时机

(1) 整理列车运行

在双线区间,列车应按左侧单方向运行。仅限于整理列车运行,方可使列车反方向运行。反方向行车改变了线路正常运行方向,对运输安全、效率都有不利影响。

(2) 旅客列车遇特殊情况

旅客列车在正方向区间的线路封锁、发生自然灾害、因事故中断行车以及高速铁路正方向设备故障严重影响列车运行秩序而反方向自动站间闭塞设备良好等特殊情况下,经调度所值班主任(值班副主任)准许,方可反方向运行。旅客列车反方向运行应严加限制。

2. 反方向行车要求

(1) 必须有调度命令

在双线区段,正常情况下列车按左侧正方向运行;当需要反方向行车时,为使司机及有关人员掌握行车方式变化,列车调度员应当发布调度命令,使有关人员按规定作业,确保行车安全。

(2) 列车按站间间隔运行

反方向行车的列车按照站间间隔运行。

(3) 确认区间空闲

列车调度员(车站控制时为车站值班员)在发车前必须确认反方向运行的线路上无迎面列车运行,区间空闲。

3. 动车组列车反方向运行速度

(1) 在 CTCS-3 级区段,CTCS-3 级列控系统列车运行速度不得超过 300km/h,CTCS-2 级列控系统列车运行速度不得超过 250km/h;

(2) 在 CTCS-2 级区段,在 250km/h 线路上列车运行速度不得超过 200km/h;在 200km/h 线路上列车运行速度不得超过 160km/h。

二、列车被迫停车时的处理办法

列车在区间被迫停车是指列车在区间因线路中断、接触网停电、动车组(电力机车)停在分相无电区、制动失效及其他机车车辆故障等原因,导致列车不能按信号显示(行车凭证)继续向前运行的情况。但列车在区间因作业需要、信号(包括地面信号和车载信号)显示停车信号或显示不明、接到停车的通知而停车以及发现线路上有行人、异物等而临时停车,不属于列车在区间被迫停车。

1. 列车乘务员、车站值班员、列车调度员的处理

(1)列车在区间被迫停车不能继续运行时,司机应立即使用列车无线调度通信设备通知两端站(列车调度员)及车辆乘务员(随车机械师),报告停车原因和停车位置,根据需要迅速请求救援。

需要防护时,列车前方由司机负责,列车后方由车辆乘务员(随车机械师)负责,无车辆乘务员(随车机械师)时由列车乘务员负责。配备列车防护报警装置的列车应首先使用列车防护报警装置进行防护。单班单司机值乘的列车防护作业办法执行铁路局集团公司的规定。

(2)如遇自动制动机故障,动车组以外的旅客列车司机应通知车辆乘务员立即组织列车乘务员拧紧全列人力制动机,以保证就地制动;其他列车司机应立即采取安全措施,并向车站值班员(列车调度员)报告,请求救援。

(3)对已请求救援的列车,不得再行移动,并按规定对列车进行防护。

(4)车站值班员(列车调度员)接到司机通知后,应将区间内列车运行情况通知司机,并立即使用列车无线调度通信设备转告区间内有关列车。在停车原因消除前不得再放行追踪、续行列车。

(5)需组织旅客疏散时,车站值班员得到列车调度员准许后,扣停邻线列车并通知司机,司机通知有关作业人员办理。

2. 妨碍邻线的处理

列车被迫停车可能妨碍邻线时的处理:

(1)司机应立即用列车无线调度通信设备通知邻线上运行的列车,并通知两端车站列车调度员。

(2)司机与车辆乘务员(随车机械师)分别在列车头部和尾部附近邻线上点燃火炬(高速铁路除外);自动闭塞区间还应对邻线来车方向短路轨道电路。配备列车防护报警装置的列车应首先使用列车防护报警装置进行防护。

(3)司机亲自或指派人员沿邻线一侧对列车进行检查,如发现妨碍邻线时,应立即派人按规定防护;如发现邻线有列车开来时,司机应鸣示紧急停车信号。

(4)列车调度员(车站值班员)接到列车被迫停车可能妨碍邻线的通知后,应立即通知邻线有关列车停车,在原因消除、确认不再妨碍邻线前不得向邻线放行列车。

3. 被迫停车的防护

列车被迫停车后,应使用响墩对列车进行防护。响墩设置方法:每组为3枚,其中2枚扣在来车方向的左侧钢轨上,1枚扣在右侧钢轨上,彼此间隔20m。

(1)已请求救援的列车,应在救援列车开来方向(不明时,从列车前后两个方向)距停留车列不少于300m处放置响墩,如图9-5所示。在仅运行动车组列车的线路上,列车在区间被迫停车后已请求救援时,由随车机械师在救援列车开来方向,距离列车不小于300m处人工进行防护,不再放置响墩防护。

(2)一切电话中断后发出的列车(持有红色许可证通知书的列车除外),应在停车后,立即从列车后方按线路最大速度等级规定的列车紧急制动距离位置处防护。如该线路最大速度为120km/h,则制动距离为800m,防护距离应不少于800m,如图9-6所示。

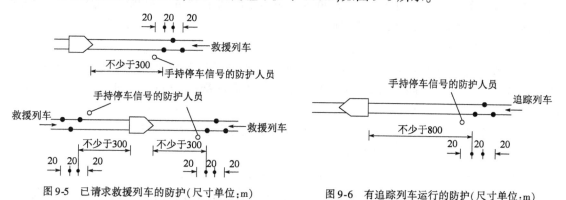

图9-5　已请求救援列车的防护(尺寸单位:m)　　图9-6　有追踪列车运行的防护(尺寸单位:m)

(3)列车被迫停车后,如妨碍邻线行车时,为防止邻线列车开来发生冲突,应在邻线上放置响墩防护。在不能确认来车方向时,应从两端进行防护。如果能够确认来车方向,可仅对来车方向进行防护。由于邻线运行的列车没有停车准备,放置响墩的距离不应少于线路最大速度等级规定的列车紧急制动距离。妨碍邻线的防护如图9-7所示。

(4)列车分部运行,机车进入区间挂取遗留车辆时,因其已知停留车地点,能提前减速及停车,因此,在车列前方不少于300m处放置响墩防护,如图9-8所示。

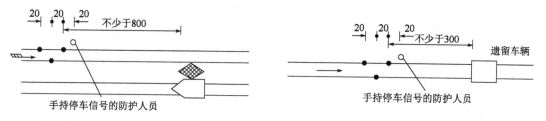

图9-7　妨碍邻线的防护(尺寸单位:m)　　图9-8　分部运行时机车挂取遗留车辆的防护(尺寸单位:m)

(5)防护人员设置的响墩待停车原因消除后可不撤除(运行动车组列车的区段除外)。

4. 分部运行的处理

(1)列车在区间内发生断钩、制动主管破裂、脱轨、坡停等情况被迫停车,必须分部运行时,应按下列要求办理:

①司机应立即将被迫停车的原因及需要分部运行的要求报告列车调度员(车站值班员)。

②组织和指挥有关人员做好遗留车辆的防溜工作,并按规定做好防护。

③遗留车辆应派人看守。

④记明遗留车辆辆数和停留位置。

⑤牵引前部车辆开往前方站。在自动闭塞区间,在运行中仍应按信号机的显示运行。在半自动闭塞区间或电话闭塞法行车时,分部运行的前部车列运行至接车站进站信号机前,必须在进站信号机外停车(司机已报告前方站或列车调度员列车为分部运行时可直接进站),将情况通知车站值班员后再进站。

⑥机车牵引的前部车辆整列进入车站后,列车调度员确认(得到车站值班员的报告),发布调度命令封锁区间。

⑦救援列车到达或返回车站,列车调度员确认(得到车站值班员报告)遗留车辆全部取回、区间空闲后,发布调度命令开通区间。

(2)遇以下情况不准分部运行:

①经采取措施可整列运行时(如发生坡停后,派救援机车以双机牵引或后部补推的方式运行至车站,或在区间因车辆故障停车后,可由车辆乘务员对车辆进行临修后继续运行等)。

②遗留车辆未采取防护、防溜措施时(停留车辆可能溜逸,酿成事故)。

③遗留车辆无人看守时(可能损坏车辆、货物)。

④司机与两端站及列车调度员均无法取得联系,不准分部运行。

⑤遗留车辆停留在超过6‰坡度的线路上时,即使采取防溜措施,也存在车辆溜逸的风险,因此也不准分部运行。

5. 列车退行的处理

(1)在不得已情况下,列车必须退行时,车辆乘务员或随车机械师(若无车辆乘务员或随车机械师时,由指派的胜任人员)应站在列车尾部注视运行前方,发现危及行车或者人身安全时,应立即使用紧急制动阀(紧急制动装置)或者使用列车无线调度通信设备通知司机,使列车停车。

(2)列车退行速度不得超过15km/h。未得到后方站(线路所)车站值班员准许,不得退行到车站的最外方预告标或者预告信号机(双线区间为邻线预告标或者特设的预告标)的内方。

(3)车站接到列车退行的报告后,除立即报告列车调度员外,根据线路占用情况,可开放进站信号机或者按引导办法将列车接入站内。高速铁路动车组列车若需退行至站内,列车调度员应发布调度命令。

(4)下列情况列车不准退行:

①按自动闭塞法运行时(列车调度员或者后方站车站值班员确认该列车至后方站间无列车,并准许时除外)。

②在降雾、暴风雨雪及其他不良条件下,难以辨认信号时。

③一切电话中断后发出的列车(持有红色许可证通知书1的列车除外)。

挂有后部补机的列车,除上述情况外,是否准许退行,执行铁路局集团公司的规定。

6. 动车组列车在区间被迫停车后必须返回后方站时

动车组列车在区间被迫停车后必须返回后方站时,按下列规定处理:

(1)普速铁路车站值班员确认动车组列车至后方站间已空闲后,经列车调度员同意,通知司机返回。司机根据车站值班员的通知,在动车组列车运行方向(折返)前端操作,运行速度不得超过 40km/h,按进站信号机显示进站。

(2)高速铁路列车调度员确认动车组列车至后方站间已空闲,发布调度命令,司机根据调度命令,在动车组列车运行方向(折返)前端操作,列车改按隔离模式运行,运行速度不得超过 40km/h。

任务三　列车运行遇特殊情况的应急处置

一、列车冒进信号机

(1)当列车冒进信号机时,司机应立即停车报告列车调度员(车站值班员),列车调度员(车站值班员)应及时采取措施,组织有关行车工作;同时,为了防止挤岔后移动造成脱轨或与其他作业发生冲突等情况,冒进后不得擅自动车。如果列车冒进进站或接车进路信号机时,列车调度员(车站值班员)应立即通知已进入区间的后续列车停车,不再向该区间放行列车,以便对冒进列车进行处置。

(2)当列车冒进进站(接车进路)、出站(发车进路)信号机时,列车调度员(车站控制时为车站值班员)得到报告后,在确认列车具备动车条件时,按以下规定处理:

①当列车冒进进站(接车进路)信号机时,列车调度员(车站控制时为车站值班员)在确认接车进路准备妥当和列车运行条件具备后,使用列车无线调度通信设备通知司机进站。

②当列车冒进出站(发车进路)信号机时,列车调度员(车站控制时为车站值班员)应在具备条件后,布置列车后退。但对出发或通过列车,列车调度员(车站控制时为车站值班员)根据实际情况,可在确认发车进路准备妥当、第一个闭塞分区空闲(自动站间闭塞区段为区间空闲)、列车运行条件具备后,使用列车无线调度通信设备通知司机继续运行。

二、列车运行晃车

(1)在列车运行途中,司机发现晃车时,必须立即采取减速运行的措施,确保本列运行安全,本列运行无异常情况后恢复常速运行。为保证后续列车运行安全,司机应立即向列车调度员(车站值班员)报告,以便对后续列车采取措施。车站值班员接到司机有关晃车的报告时,应及时报告列车调度员。

(2)列车运行速度为160km/h以下时发生晃车,有可能是线路设备、环境中出现对行车安全影响较大的不利情况,为确保后续列车运行安全,应立即通知区间内后续列车停车,不再向该区间放行列车,由工务部门上道检查,并确定放行列车条件。

(3)列车运行速度在160km/h及以上时发生晃车,采取后续首列运行速度不得超过120km/h运行的方式,进一步确定是否是由于固定行车设备异常引起的晃车。如果后续首列不晃车,可以采取逐级逐列提速方式恢复行车;如果后续首列或者在逐级提速过程中,再次发生晃车,有可能是由于固定行车设备异常引起的,此时应立即通知区间内后续列车停车,不再向该区间放行列车,通知工务部门进行检查、处理,确定列车放行条件。在逐级逐列提速过程中,如列车运行速度达不到逐列提速的速度等级时,应依次后推(经工务部门检查、处理时除外),直至达到相应的速度等级方可提速或恢复常速。

三、列车停在接触网分相无电区

(1)电力机车牵引的列车、动车组停在分相无电区时,司机应立即降弓,同时应报告列车调度员(车站值班员)。列车调度员(车站值班员)立即通知区间内的后续列车停车,并不再向该区间放行列车,以便列车运行调整和后续救援工作。

(2)由于电力机车、动车组有两个或多个受电弓,当停在分相无电区时,可以根据具体的停车位置、本身的设备条件、牵引供电设备状况等,确定是否可以采用换弓、退行闯分相等方式自救。当具备自救条件时,司机应准确报告电力机车(动车组)停车位置,由列车调度员、供电调度员、机车调度员(动车司机调度员)共同根据电力机车(动车组)类型、停车位置、牵引供电设备状况等确定自救方案,组织自救。

(3)当不具备自救条件时,可根据是否具备向中性区送电条件,进一步确定救援方案。

①当具备向中性区远动送电时,可在该分相后方接触网供电臂办理停电后,由列车调度员向供电调度员办理向中性区远动送电手续,通知停在该分相的列车升弓,待该列车驶出分相区后,再通知供电调度员恢复原供电方式并向后方接触网供电臂送电,恢复后续列车正常运行。

②当不具备向中性区远动送电时,此时只能利用机车或动车组进行救援。救援前,相关人员按规定对列车进行防护。司机确认列车前、后方接触网无电区长度并向列车调度员报告。列车调度员根据前后无电区长度以及列车运行情况,确定具体救援方案。

四、异物侵限报警时的行车

自然灾害及异物侵限监测系统异物侵限子系统通过现场监测设备对上跨铁路的道路桥梁等处所进行实时监测,一旦监测到有异物侵入限界时,异物侵限子系统会发出异物侵限灾害报警信息,并联动触发信号系统,使报警地点所在的轨道电路显示红光带。

1. 异物侵限子系统灾害报警信息时的处置

（1）列车调度员接到异物侵限子系统异物侵限灾害报警信息后，应当立即通知区间内已进入报警地点及尚未经过报警地点的列车立即停车，不再向该区间放行列车，同时向调度所值班主任（值班副主任）汇报，值班主任（值班副主任）应当立即通知设备管理单位赶赴现场检查处理。

（2）在设备管理单位检查人员到达报警地点前，列车调度员通过视频监控系统查看现场情况，如有异常情况或者不能确认时，应当经设备管理单位检查处理并具备放行列车条件后，方可组织列车运行。如无异常情况时，按下列规定办理：

①列车调度员确认报警地点次一个闭塞分区空闲后，对区间内已进入报警地点及尚未经过报警地点的列车，口头通知司机逐列恢复运行，以遇到障碍能随时停车的速度（动车组列车运行速度最高不得超过40km/h，其他列车运行速度最高不得超过20km/h）越过报警点所在闭塞分区，指示后列恢复运行前应当确认前列已完整越过报警点次一个闭塞分区并得到前列无异状的报告。

②司机在报警地点所在闭塞分区通过信号机（区间信号标志牌）前停车等候2min后，以遇到障碍能随时停车的速度（动车组列车运行速度最高不得超过40km/h，其他列车运行速度最高不得超过20km/h）越过该闭塞分区，按次一通过信号机显示（列控车载设备显示）运行。司机应当加强瞭望，一旦发现异常情况立即停车，并报告列车调度员；如无异常情况，司机确认列车完全越过报警点次一个闭塞分区后应及时报告列车调度员。司机在停车等候的同时，应与列车调度员联系；如确认前方闭塞分区内有列车时，不得进入。

③区间空闲后，在报警地点所在闭塞分区红光带取消前，按站间组织行车。

（3）经设备管理单位现场检查处理，列车调度员根据设备管理单位在"行车设备检查登记簿"中登记的行车限制条件组织列车运行。具备条件时，列车调度员根据设备管理单位允许取消报警地点所在闭塞分区红光带的登记，使用临时行车按钮取消异物侵限灾害报警红光带。

（4）在故障未修复前，设备管理单位应派人在现场看守，并及时地向列车调度员报告现场情况，在报警地点所在闭塞分区红光带取消后，列车调度员应当下达列车运行速度不得超过120km/h注意运行的调度命令，限速位置为报警点所在闭塞分区，司机应当加强瞭望。

（5）故障修复后，列车调度员将自然灾害及异物侵限监测系统中复原按钮解锁，使系统恢复到正常状态，恢复正常行车组织。

2. 异物侵限子系统一路电网断线报警时的处置

异物侵限子系统一路电网断线报警时，属双电网的一路供电中断，根据系统设置，异物侵限子系统会发出异物侵限传感器故障报警信息，自然灾害及异物侵限监测系统不向列控系统发送灾害报警信息，属于电网断线故障引起的，不影响正常行车。列车调度员接到异物侵限子系统一路电网断线报警信息后，应按正常组织行车，并立即通知设备管理单位检查处理。

3. 异物侵限子系统故障导致系统不能反映现场情况时的处置

（1）列车调度员发现异物侵限子系统故障（如调度监控终端黑屏、灰屏、死机、通信中断等）导致系统不能反映现场情况时，应当立即通知设备管理单位，并在"行车设备检查登记簿"中登记；设备管理单位发现异物侵限子系统故障时，应立即报告列车调度员，并在调度所"行车设备检查登记簿"中登记。

（2）异物侵限子系统故障未修复前，设备管理单位应派人在现场看守，并及时向列车调度员报告现场情况，列车调度员应下达列车运行速度不得超过120km/h注意运行的调度命令，限速位置为监测点所在闭塞分区；司机应当加强瞭望。遇有异物侵限时，现场看守人员应当立即通知列车调度员，列车调度员通知司机停车。

（3）在看守人员未到达异物侵限监测点前，列车调度员应下达列车运行速度不得超过120km/h（异物侵限监测点为隧道口时，列车运行速度不得超过40km/h）注意运行的调度命令，限速位置为监测点所在闭塞分区，司机在该处注意列车运行。

五、列车碰撞异物

1. 本线列车运行

当列车运行中碰撞异物影响行车安全时，为确保本列运行安全，司机应立即采取停车措施，并向列车调度员（车站控制时为车站值班员）报告碰撞异物地点、碰撞异物情况及停车地点；动车组列车司机还应通知随车机械师对列车进行检查。车站值班员接到司机的报告后应报告列车调度员。为防止后续列车再次发生碰撞，同时考虑到发生碰撞的列车不能正常运行等情况，列车调度员（车站值班员）应立即通知本线已进入区间的后续列车停车，并不再向该区间放行列车。需下车检查时，司机（动车组为随车机械师通过司机）向列车调度员申请邻线列车运行速度不得超过160km/h，司机在接到列车调度员已发布相关调度命令的口头指示后，下车检查（动车组列车为司机通知随车机械师下车检查）。

（1）经检查列车可以继续运行时，本列恢复运行，其中动车组列车司机按随车机械师的要求运行，司机及时向列车调度员报告检查情况。如检查列车未发现异常情况，由于原因不明，为确保后续列车运行安全，列车调度员向后续首列发布列车运行速度不得超过160km/h的口头指示，限速位置按碰撞异物地点前后各2km确定。后续首列列车司机在运行时应加强瞭望，确认线路和接触网有无异常情况，在通过限速地点后立即向列车调度员报告；列车调度员在得到司机无异常的报告后，再组织本线后续列车恢复正常运行；如果有影响行车的异常情况时，列车调度员根据司机报告的具体情况，采取扣停后续列车或组织后续列车限速运行的措施，通知有关部门按规定上道检查处理。

（2）如经下车检查确认不能继续运行时，司机及时请求救援，并按规定进行防护。

2. 邻线列车运行

（1）异物侵入邻线影响邻线列车运行安全时，为防止邻线列车运行发生意外，列车调度员或车站值班员在接到报告后，应立即通知邻线尚未经过该地点的列车停车，不再向邻线该区间放行列车，并通知有关部门按规定上道检查处理。

（2）碰撞异物情况不明，不能确定是否影响邻线时，列车调度员接到报告后，应立即向邻线尚未经过该地点的首列发布列车运行速度不得超过160km/h的口头指示，限速位置按碰撞异物地点前后各2km确定。

邻线首列列车司机应加强瞭望，确认线路和接触网有无异常状态，在通过限速地点后立即向列车调度员报告,列车调度员在得到司机无异常的报告后,组织邻线后续列车正常运行。如果有影响行车异常情况时,列车调度员根据司机报告,扣停后续列车或组织后续列车限速运行,及时通知有关部门按规定上道检查处理。

(3)为防止碰撞异物后对固定行车设备正常使用带来影响,工务、电务、供电部门应利用天窗时间对碰撞异物地点前后2km范围内的设备进行重点检查。

六、列车发生火灾、爆炸应急处理

当发现列车发生火灾、爆炸或接到列车发生火灾、爆炸的通知及报警时,司机应立即停车,向列车调度员(车站值班员)报告。列车乘务员发现火灾、爆炸时,应立即通知司机。为避免因地形限制,导致旅客疏散、救援工作不易开展,停车地点应尽量不在长大隧道内,选择便于旅客疏散的地点。由于火灾爆炸可能影响邻线行车安全,为确保邻线列车运行安全、便于开展救援工作,列车调度员(车站值班员)在接到报告后,应立即通知邻线相关列车及本线后续列车停车,不再向区间放行列车。当现场需要停电时,列车调度员通知供电调度员停电。需要组织旅客疏散时,为防止旅客人身伤害,应在邻线列车已扣停后,再行组织将旅客疏散到安全地带。

(1)重联动车组列车需要解编时,由随车机械师负责引导,司机确认并拉开安全距离。解编后,动车组列车应分别按规定采取防溜措施。

(2)动车组以外的列车需要分隔甩车时,应根据风向等情况而定。一般为先甩下列车后部的未着火车辆,再甩下着火车辆,然后将机车后方未着火车辆拉至安全地段。对甩下的车辆,在车站由车站人员负责采取防溜措施;在区间由司机、车辆乘务员负责采取防溜措施。

案例分析

【典型案例】 无关人员及动物进入高铁防护栅栏内挡停列车

1.事件概况

(1)×年×月×日,G××次列车,×工务段×线路车间×巡养工区作业人员由甲站—乙站间栅栏门进入线路内进行设备检查作业时,未将栅栏门锁好,造成一无关人员从未锁好的栅栏门进入线路挡停列车,构成铁路交通一般D10类事故。

(2)×年×月×日,D××次列车,运行甲站至乙站间K100+200处前,司机发现线路上有羊群(后检查发现是防护栅栏破损导致),采取紧急停车,22时02分列车停在甲站至乙站间K100+170处,未撞上羊群(约20只羊)。司机向列车调度员报告情况后,经检查列车无异状后,于22时12分开车,构成一般D10类事故。

2.事件原因分析

(1)工务部门对防护栅栏门的管理不到位,没有按照规定及时巡检、认真加锁。

(2)无关人员(动物)违规擅自进入高速铁路防护栅栏内部。

3.事件评析

(1)防护栅栏是铁路沿线的重要设施,对保障铁路行车安全和人身安全、保护铁路沿线行车设备起到了十分重要的作用。高速铁路路基、涵洞地段线路两侧和隧道进出口应设置线路防护栅栏。新建或改建铁路工程,凡符合安设防护栅栏条件的,都必须与工程同时设计、同时施工、同时投入使用。新建防护栅栏按工程管理,竣工后由施工单位按验收规定与防护栅栏设备管理单位办理竣工验收交接手续。接管单位应核对竣工文件,验收工程质量,并建立技术资料台账。

(2)防护栅栏应做到封闭严实,安设牢固,联结螺栓应采用防盗螺栓。两侧各2m范围内高出下槛底部的地面应平整,保证防护栅栏相对于两侧地面均达到规定的防护高度。防护栅栏每根立柱外侧应预制内凹的"禁止入内"字样警示标志,在城镇、村庄等人口密集地段,桥下防护栅栏每隔100m应在两侧防护栅栏上悬挂"严禁破坏"警示标志。

(3)工务部是防护栅栏设备管理部门,负责制定防护栅栏管理制度,编制年度修理计划,提出新建及更新改造建议。工务(桥工)段是防护栅栏的设备管理单位,负责防护栅栏的日常维护工作。铁路公安部门负责防护栅栏的治安管理,依法打击破坏防护栅栏等的违法犯罪行为,督促整改防护栅栏设备隐患,指导巡防工作。

(4)为适应铁路运输组织和铁路设备管理的需要,铁路沿线栅栏设有栅栏门或通道。为加强栅栏门或通道的管理,栅栏门须加锁,通道须设门加锁,由使用单位落实管理责任。栅栏门和通道由铁路运输企业统一编号,在外侧设置"非铁路作业人员禁止进入"警示标志及信息标志牌。

(5)因施工作业需要临时拆除防护栅栏时,施工单位必须与属地公安部门和防护栅栏设备管理单位签订安全协议,按规定办理有关手续,在开口处悬挂警示标志,设置临时防护设施,并派专人昼夜看守。施工作业完成后要立即恢复原状,并与有关单位办理验收交接手续。

复习思考题

1. 什么是相对方向同时接车?
2. 车站不能同时接车时如何办理?
3. 什么是列车在区间被迫停车?
4. 区间被迫停车后应如何设置防护?
5. 哪些情况列车不得分部运行?
6. 列车退行有哪些规定?
7. 无联锁的进路上的道岔如何加锁?
8. 车站无空闲线路接车有哪些规定?
9. 什么情况应引导接车?
10. 如何办理引导接车?
11. 什么情况下列车可反方向运行?
12. 列车在车站临时停车应如何处理?
13. 列车冒进信号机后,司机、列车调度员(车站值班员)应如何处置?
14. 列车碰撞异物时,邻线列车如何运行?
15. 列车发生火灾、爆炸时应如何处理?

项目十

施工维修

项目内容

本项目主要介绍铁路施工维修基本要求、施工行车组织、固定行车设备检修及故障处理以及铁路救援等内容。

教学目标

◎ 能力目标

了解铁路施工维修的作用和作业要求,能够正确地组织施工维修情况下有关行车作业。

◎ 知识目标

了解铁路救援,熟悉施工维修时的运输组织方法。

◎ 素质目标

培养责任意识和施工维修安全思想。

任务一 施工维修基本要求

铁路营业线施工是运输组织的重要组成部分,应遵循运输、施工兼顾的原则,规范施工计划管理,加强施工组织和施工期间的运输组织,按计划有组织地进行各项施工,积极推广使用技术先进的施工机具和施工方法,提高施工作业效率和质量。

铁路营业线施工是指影响营业线设备稳定、使用和行车安全的各种作业。铁路营业线施工按组织方式、影响程度分为施工和维修两类。施工分为Ⅰ级、Ⅱ级、Ⅲ级三个等级,维修分为

Ⅰ级、Ⅱ级两个等级。

邻近营业线施工是指在营业线两侧一定范围内、营业线设备安全限界外影响或可能影响铁路营业线设备稳定、使用和行车安全的作业。临近营业线施工分为A、B、C类。

由此可见,施工维修具有作业量大、结合部多、控制难度大等特点。作业量大,即施工和维修作业项目种类繁多,数量庞大,分布面广,作业分散;结合部多,即车务、机务、工务、电务、车辆、房建、客运、货运等专业集中在天窗时间前后2~3h协同作战,设备变化、运输调整、非正常行车组织比较集中,结合部多并相互重叠;控制难度大,即施工作业本身的安全控制因素多,施工期间作业人员、机具、材料等侵限影响邻线行车安全;点前施工准备、点后行车条件的确认影响封锁前后的行车安全等,衍生因素增多,安全压力大。因此,铁路营业线施工必须把确保安全放在首位,坚持"安全第一、预防为主、综合治理"的方针,建设、设计、施工、监理、行车组织、设备管理等单位和部门应严格执行各项规定,确保行车和施工安全。

一、天窗

天窗是指列车运行图中不铺画列车运行线或调整、抽减列车运行线为施工和维修作业预留的时间,按用途分为施工天窗和维修天窗。各条线路天窗时间和位置在编制列车运行图时确定,施工维修时应按照列车运行图预留的天窗条件,满足安全生产、作业标准和质量要求进行安排。天窗时间安排如图10-1所示。

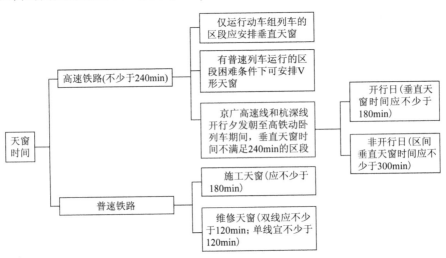

图10-1 天窗时间安排

《技规》规定,凡影响行车的施工、维修作业,都必须纳入天窗,不得利用列车间隔进行(普速铁路特别规定的慢行施工除外)。

二、施工计划

铁路营业线施工计划分为年度轮廓施工计划、月度施工计划、施工日计划和维修计划。其中,维修计划又分为周计划和日计划;按其对行车影响程度的不同分为 A 类计划(涉及动力设备开行、垂直天窗、接触网停电的维修计划)、B 类计划(除 A 类和 C 类以外的维修计划)和 C 类计划(在正线、到发线以外的其他线路上进行的不影响接发列车、不涉及接触网停电的固定行车设备维修计划)。

三、施工方案

施工方案内容应包括施工项目及负责人、作业内容、地点和时间、影响范围及限制行车条件、设备变化和行车方式变化、技术标准、施工方式及流程、施工过渡方案、施工组织、施工安全和质量的保障措施、施工防护办法、列车运行条件、验收安排、指挥体系、应急预案等基本内容。施工方案的组成如图 10-2 所示,制订施工方案的流程图如图 10-3 所示。

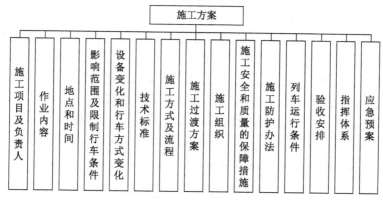

图 10-2　施工方案的组成

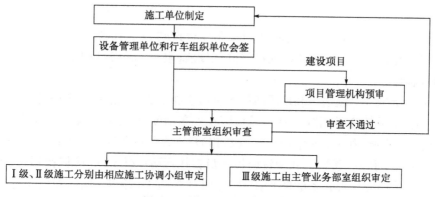

图 10-3　制订施工方案的流程图

四、施工维修的登销记

在列车调度台需要设置"行车设备施工登记簿""行车设备检查登记簿",办理施工维修、设备故障等的登、销记工作,这是列车调度员对行车设备情况进行掌握和交接的重要工具。同样,车站也应设置"行车设备施工登记簿""行车设备检查登记簿",办理施工维修、设备故障等的登、销记工作。

(1)集控站转为车站控制时,列车调度员必须根据"行车设备施工登记簿""行车设备检查登记簿"的登记,与车站值班员办理有关行车设备状态交接。车站转回集中控制时,车站值班员应向列车调度员汇报设备状态。

(2)装备施工维修登销记信息系统时,行车设备施工维修及设备故障的登记和销记工作、设备使用状态或检修状态以及调度部门和车站间行车设备状态的交接,都能通过系统实现。

(3)在调度台办理登记和销记手续时,铁路局集团公司工务、信号、通信、供电、车辆、房建部门须各指定一名本专业具有协调能力、熟悉作业情况的胜任人员,作为作业单位驻调度所联络员;在车站办理登记和销记手续时,由相关单位在车站安排驻站联络员。驻调度所(驻站)联络员办理登记和销记手续,负责向本部门的作业单位(配合单位)作业负责人传达有关命令,了解、掌握施工进度和设备状态。

(4)施工维修作业完毕,确认行车设备达到开通条件,符合施工计划规定的运行速度后,由驻调度所(驻站)联络员在"行车设备施工登记簿"内办理登记,并向列车调度员提出开通申请。在车站办理登记和销记手续时,通过车站值班员向列车调度员提出开通申请。

(5)因施工作业中出现特殊情况,施工作业完毕后行车设备达不到正常放行列车的条件或达不到施工计划规定的列车运行速度时,施工负责人或设备管理单位负责人应确定开通后的行车限制条件,并通知驻调度所(驻站)联络员,由驻调度所(驻站)联络员在"行车设备施工登记簿"内登记行车限制条件;在设备达到正常放行列车条件后,及时销记。

五、联络员、现场防护人员的要求

(1)在运营线施工维修作业时,应在列车调度台设驻调度所联络员或在车站行车室设驻站联络员,施工维修地点设现场防护人员。驻调度所(驻站)联络员和现场防护员施工维修期间不得临时调换。

(2)驻调度所(驻站)联络员和现场防护人员应由指定的、经过考试合格的人员担任。施工维修负责人可指派驻调度所(驻站)联络员负责在列车调度台(车站行车室)办理施工维修登记和销记手续,驻调度所(驻站)联络员向施工(维修)负责人传达调度命令,通报列车运行情况。

(3)驻调度所(驻站)联络员和现场防护人员在执行防护任务时,应佩戴标志,携带通信设备;现场防护人员还应携带必备的防护用品,随时观察施工(维修)现场和列车运行情况。当发现异常情况时,驻调度所(驻站)联络员和现场防护人员及时通报列车调度员(车站值班员)和施工(维修)负责人。

(4)驻调度所(驻站)联络员与现场防护员必须保持通信畅通并定时联系,确认通信良好。一旦联控通信中断,施工(维修)负责人应立即命令所有作业人员下道。铁路局集团公司应制定驻调度所(驻站)联络员、现场防护员及施工(维修)负责人之间的联控办法,明确通信设备管理要求,对联控时机、联控内容、联控对象、联控标准用语及复诵确认等环节进行规范。

(5)现场防护人员应根据施工作业现场地形条件、列车运行特点、施工人员和机具布置等情况确定站位和移动路径,并做好自身防护。

六、施工作业开通和提速的标准

设备管理单位应加强对施工的点前准备、点中控制、点后开通、逐步提速等情况的监护工作,实行开通、提速检查签认制度(开通和提速的标准按表10-1、表10-2执行)。

高速铁路各项施工作业放行列车条件 表10-1

项目		放行列车条件
1. 影响道床路基稳定的施工作业	(1)有砟轨道: ①成段(连续2根及以上轨枕)破底清筛。 ②成段(连续2根及以上轨枕)更换道床。 ③大型养路机械换砟。 ④基床换填。 ⑤平纵断面改造。 ⑥利用小型爆破开挖侧沟或基坑后的线路整修(限于影响路基稳定范围)。 ⑦成组更换道岔(含钢轨伸缩调节器)或岔枕。 ⑧成段(连续2根及以上)更换、方正轨枕	(1)大型养路机械捣固、稳定等作业: ①两捣一稳作业时,开通后限速80km/h至第二次捣固开通时止(其中,第一列限速45km/h,第二列限速60km/h),第二次捣固开通后限速120km/h至第三次捣固开通时止(其中,第一列限速80km/h),第三次捣固开通后限速160km/h至第四次捣固开通时止(其中,第一列限速120km/h),第四次捣固开通后限速200km/h至第五次捣固开通时止(其中,第一列限速160km/h),第五次捣固开通后第一列限速160km/h,其后恢复常速。 ②三捣两稳作业时,开通后限速120km/h至第二次捣固开通时止(其中,第一列限速60km/h,第二列限速80km/h),第二次捣固开通后限速160km/h至第三次捣固开通时止(其中,第一列限速120km/h),第三次捣固开通后限速200km/h至第四次捣固开通时止(其中第一列限速160km/h),第四次捣固开通后第一列限速160km/h,其后恢复常速。 ③五捣三稳作业时,开通后限速160km/h至第二次捣固开通时止(其中,第一列限速80km/h,第二列限速120km/h),第二次捣固开通后限速200km/h至第三次。 ④捣固开通时止(其中,第一列限速160km/h),第三次捣固开通后第一列限速160km/h,其后恢复常速。 ⑤道岔施工后直向、侧向按此标准分别阶梯提速。 ⑥未达到上述捣固、稳定遍数的,应相应降低列车放行速度
		(2)小型养路机械捣固: ①施工作业期间:当日开通后限速45km/h不少于4h(其中,第一列限速35km/h),后限速60km/h至下次天窗结束。 ②施工作业结束后,应安排大型养路机械作业,放行列车条件按"大型养路机械捣固、稳定车作业"办理
	(2)无砟轨道: ①更换无砟道床(含轨道板、道床板、砂浆填充层、底座板、支承层)。 ②CRTSⅡ型无砟轨道轨道板间接缝凿除和浇筑。 ③侧向挡块凿除和浇筑。 ④CRTSⅠ型无砟轨道凸型挡台凿除和浇筑	按经审查批准的施工作业设计文件所确定的列车放行条件,必要时可开行综合检测列车确认
	(3)路基注浆,挖孔桩、旋喷桩施工,路基降水。 ①成段(连续100m以上)更换钢轨或扣件。 ②无缝线路应力放散。 ③成组更换道岔(含钢轨伸缩调节器)轨件。 ④使用冻害垫板一次总厚度大于或等于25mm	按经审查批准的施工作业设计文件所确定的列车放行条件 当日开通后限速160km/h至下次天窗结束(其中,第一列限速45km/h,第二列限速80km/h,第三列限速120km/h)。 恢复常速前必须经精调整修、检测确认、阶梯提速

续上表

项目		放行列车条件
2. 不影响道床稳定的施工作业	(1) 非成段更换钢轨。 (2) 处理胶接绝缘接头。 (3) 更换道岔尖轨、基本轨、护轨、可动心轨道岔辙叉、长短心轨、翼轨、叉跟尖轨。 (4) 焊接钢轨。 (5) 单根更换、方正轨枕。 (6) 成段改道、撤垫板、更换铁垫板、更换和整正轨下胶垫,使用冻害垫板一次总厚度大于或等于10mm、小于25mm。 (7) 大型养路机械维修捣固作业。 (8) 成段更换弹条、轨距挡板	第一列限速不超过160km/h,以后恢复常速
3. 桥隧涵的施工作业	(1) 箱梁支座调高、拨正、更换	在施工作业期间,当日开通后限速160km/h至下次天窗结束(其中,第一列限速80km/h);施工作业结束后,开通后限速160km/h至下次天窗结束(其中,第一列限速80km/h),其后恢复常速
	(2) 其他桥梁的支座调高、拨正、更换: ①翻修、加深隧道内侧沟。 ②翻修、加深隧道中心水沟	在施工作业期间,当日开通后限速45km/h至下次天窗结束;施工作业结束后,开通后限速160km/h至下次天窗结束(其中,第一列限速45km/h,第二列限速80km/h,第三列限速120km/h),其后恢复常速 在施工作业期间,当日开通后限速80km/h至下次天窗结束(其中,第一列限速45km/h);施工作业结束后,开通后限速120km/h至次日天窗结束(其中,第一列限速45km/h,第二列限速80km/h),次日开通后限速160km/h至下次天窗结束,其后恢复常速
	(3) 新建明洞、棚洞的基础施工: ①加厚隧道二次衬砌、增设套衬。 ②模筑混凝土整治隧道拱顶空洞、防水板切割二次衬砌、施工冷缝	在施工作业期间,本线限速45km/h,邻线列车限速160km/h;基础施工结束后恢复常速 在施工作业期间,当日开通后限速120km/h至下次天窗结束;施工作业结束后,开通后限速160km/h至下次天窗结束(其中,第一列限速120km/h),其后恢复常速
	(4) 架空施工中,安装、拆除纵横梁体系的横梁,安装D型便梁的横梁	在施工作业期间,限速45km/h
	(5) 线路架空或加固后桥涵顶进: ①在线路上安装或拆除轨束梁、工字钢纵梁、D型便梁的纵梁、纵横梁体系的纵梁,拆除D型便梁的横梁。	在施工作业期间,限速45km/h;施工结束开通后,以后按限速60km/h(其中第一列限速45km/h)、80km/h、120km/h、160km/h各至次日天窗结束,其后恢复常速
	②拆换隧道仰拱及换填隧道铺底。 ③影响行车安全的其他复杂桥隧施工	按经审查批准的施工作业设计文件所确定的列车放行条件
4. 整锚段更换接触网施工作业	(1) 更换整锚段承力索。 (2) 更换整锚段接触线。 (3) 接触网故障恢复作业后几何参数发生变化、导线损伤或有临时接头时	开通后列车运行速度不得超过160km/h;经对接触网调整后,列车运行速度不得超过200km/h;再经精调、检测车检测合格,恢复正常速度

注:表内未列出的其他施工作业项目,可由铁路局集团公司比照本表类似施工作业确定施工条件和放行列车条件。

普速铁路各项施工作业放行列车条件

表 10-2

项目		施工条件	放行列车条件
1. 影响道床路基稳定的施工作业	(1)成段(连续3根及以上轨枕)破底清筛。 (2)成段(连续3根及以上轨枕)更换道床。 (3)成段(连续3根及以上)更换轨枕(板)。 (4)成组更换道岔。 (5)基床换填。 (6)一次起道量或拨道量大于等于40mm的成段起道或拨道。 (7)利用小型爆破开挖侧沟或基坑(限于影响路基稳定范围)	封锁施工	(1)大型养路机械捣固、稳定车作业： ①两捣一稳作业时，开通后限速60km/h至第二次捣固开通时止(其中，第一列限速35km/h，第二列限速45km/h)，第二次捣固开通后限速80km/h至第三次捣固开通时止(其中，第一列限速60km/h)，第三次捣固开通后限速120km/h至第四次捣固开通时止(其中，第一列限速80km/h)，第四次捣固开通后恢复常速。 ②三捣两稳作业时，开通后限速80km/h至第二次捣固开通时止(其中，第一列限速45km/h，第二列限速60km/h)，第二次捣固开通后限速120km/h至第三次捣固开通时止(其中，第一列限速80km/h)，第三次捣固开通后恢复常速。 ③道岔施工后直向、侧向按此标准分别阶梯提速。 ④未达到上述捣固、稳定遍数的，应相应降低列车放行速度。
			(2)小型养路机械捣固： 开通后限速45km/h不少于4h(其中，第一列限速35km/h)，后限速60km/h至第二次捣固开通时止，第二次捣固开通后限速80km/h至第三次捣固开通时止(其中，第一列限速60km/h)，第三次捣固开通后限速120km/h至第四次捣固开通时止(其中，第一列限速80km/h)，第四次捣固开通后恢复常速
			(3)人工捣固： ①施工期间，当日开通后限速45km/h不少于4h(其中，第一列限速15km/h，第二列限速25km/h)，后限速60km/h至下次天窗结束； ②施工结束，开通后限速45km/h不少于4h(其中，第一列限速15km/h，第二列限速25km/h)，以后按限速60km/h、80km/h、120km/h各不少于24h捣固后阶梯提速，其后正常
2. 不影响道床稳定的施工作业	(1)成段(连续100m以上)更换钢轨。 (2)无缝线路应力放散。 (3)成段(连续100m以上)调整轨缝，拆除接头并插入短轨头。 (4)成段(连续100m以上)修整轨底坡	封锁施工	开通后第一列限速45km/h，第二列限速60km/h，第三列限速120km/h，其后恢复常速
	(1)使用冻害垫板一次总厚度超过40mm。 (2)长大隧道宽轨枕垫砟。 (3)道口大修(若影响道床稳定，比照第一大项办理)	封锁施工	开通后第一列限速35km/h，第二列限速45km/h，第三列限速60km/h，其后恢复常速

续上表

项目		施工条件	放行列车条件
3. 桥隧涵施工作业	(1)更换或拨正钢梁、混凝土梁。 (2)抬高或降低桥梁。 (3)拨正、更换T梁支座或翻修支撑垫石,砂浆厚度超过50mm。 (4)整孔更换明桥面桥枕。 (5)明桥面移动桥枕。 (6)翻修、加深隧道内中心或横向排水沟	封锁施工	在施工作业期间,当日开通后限速45km/h至下次天窗结束;施工作业结束后,开通后限速60km/h不少于24h(其中,第一列限速45km/h),再限速80km/h、120km/h各一列后恢复常速

任务二　施工行车组织

　　为加强施工组织领导,铁路局集团公司、站段应成立施工协调小组。
　　Ⅰ级施工由铁路局集团公司分管运输副总经理、有关分管副总经理担任施工协调小组正、副组长,成员由行车组织、设备管理、建设、设计、施工、监理、安监等有关部门和单位负责人组成。
　　Ⅱ级施工由铁路局集团公司施工办主任(副主任)、施工主体项目业务部室主任(副主任)担任施工协调小组正、副组长,成员由行车组织、设备管理、建设、设计、施工、监理、安监等有关部门和单位主管人员组成。
　　Ⅲ级施工:①在车站和车务负责行车组织的动车段(所)登记的Ⅲ级施工,由车务段(直属站)分管副段长(副站长)担任施工协调小组组长,施工主体项目专业的设备管理单位分管副段长担任施工协调小组副组长(建设项目由建设项目管理机构分管负责人担任施工协调小组副组长),成员由行车组织、设备管理、建设、施工等有关单位成员组成。②在调度所登记的Ⅲ级施工,由施工主体项目专业的设备管理单位分管副段长担任施工协调小组组长(建设项目由建设项目管理机构分管负责人担任施工协调小组组长,施工主体项目专业的设备管理单位分管副段长担任施工协调小组副组长),成员由行车组织、设备管理、建设、施工等有关单位成员组成。③在机务段(包括机辆段、机车检修段)、车辆段、非车务负责行车组织的动车段(所)登记的Ⅲ级施工,由机务段、车辆段、动车段分管副段长担任施工协调小组组长,由施工主体项目专业的设备管理单位分管副段长担任施工协调小组副组长(建设项目由建设项目管理机构分管负责人担任施工协调小组副组长),成员由行车组织、设备管理、建设、施工等有关单位成员组成。
　　施工协调小组的主要职责:
　　(1)负责组织相关部门和单位协调解决营业线施工、运输、安全等问题,做到运输、施工统筹兼顾,确保行车、人身和施工安全。
　　(2)负责并参加施工现场的组织协调工作。检查施工前的准备工作,检查各项安全措施的落实,掌握施工进度,维护施工期间的运输秩序,协调解决施工有关部门临时发生的问题。

(3)负责施工现场的安全监控工作。按专业分工对施工期间运输、施工进行安全监控,协调解决影响安全的相关问题。

(4)负责组织召开施工预备会和总结会。

(5)Ⅰ、Ⅱ级施工协调小组负责审定相应施工等级的施工方案、施工过渡方案、施工安全措施等。

(6)需要由施工协调小组讨论决定的其他情形。

一、施工特定行车办法

遇有施工又必须接发列车的特殊情况时,可按以下施工特定行车办法办理:

(1)车站采用固定进路的办法接发列车。施工开始前,车站应将正线进路开通,并对进路上所有道岔按规定加锁(集中联锁良好的道岔可在控制台上进行单独锁闭)。铁路局集团公司应规定有关道岔密贴的确认及具体的加锁办法。

(2)引导接车并正线通过时,准许列车司机凭特定引导手信号的显示,以不超过60km/h的速度进站。

(3)准许车站不向司机递交书面行车凭证和调度命令。但车站仍按规定办理行车手续,并使用列车无线调度通信设备(其语音记录装置应作用良好)将行车凭证号码(路票为电话记录号码、绿色许可证为编号)和调度命令号码通知司机,得到司机复诵正确后,方可显示通过手信号。列车凭通过手信号通过车站。

二、封锁施工时的行车

(1)封锁施工前,通过施工地点的最后一趟列车前进方向为不大于6‰的上坡道时,列车调度员可根据施工负责人的请求,在调度命令中注明该次列车通过施工地点后即可开工(按自动闭塞法行车时可安排施工路用列车跟踪该次列车进入区间),列车到达前方站后,再封锁区间。上述调度命令应抄交司机,该列车不得后退。

(2)封锁施工时,施工负责人应确认已做好一切施工准备,按批准的施工计划(临时封锁区间抢修施工时除外),亲自或者指派驻站联络员在车站行车设备施工登记簿中登记,按规定向车站或者通过车站值班员向列车调度员申请施工。

(3)封锁区间施工时,车站值班员根据封锁或者开通命令,在信号控制台或者规定位置上揭挂或者摘下封锁区间标志牌。列车调度员应保证施工时间,并及时地向施工区间的两端站、有关单位及施工负责人发出实际施工调度命令。施工负责人接到调度命令,确认施工起止时间,设好停车防护后,方可开工,并保证在规定时间内完成。

(4)施工单位及设备管理单位应严格掌握开通条件,经检查满足放行列车的条件,且设备达到规定的开通速度要求,办理开通登记后,通过车站值班员向列车调度员申请开通区间。如因特殊情况不能按时开通区间或者不能按规定的开通速度运行时,应提前通知车站值班员,要求列车调度员延长时间或者限速运行。

(5)施工时,除本项施工外的车列或者列车不得进入封锁区间。进入封锁区间的施工列车司机应熟悉线路和施工条件。

三、路用列车开行

路用列车是指为铁路内部自用而开行的列车。路用列车按用途主要有以下几种:
(1)以非运用车编成的专列,如回送入厂的列车、试验列车、除雪车、救援列车等。
(2)回送封存车的列车。
(3)进、出封锁区间为运送施工作业人员及各种路用器材而开行的列车。
(4)为施工而开行的按列车办理的线路作业机械。
(5)为由区间内收集路用器材而开行的列车。

1. 路用列车开行的条件

(1)高速铁路施工维修作业需要开行路用列车时,路用列车开行方案必须纳入施工、维修日计划。

(2)向调度所提供"自轮运转特种设备运行、作业计划表",必须注明发站、到站、编组、运行径路、作业地点及转线计划并经主管业务部门审核批准。未提供"自轮运转特种设备运行、作业计划表"或内容不全的,禁止进入高速铁路运行。

(3)路用列车进入高速铁路运行必须装备 LKJ(GYK)、机车综合无线通信设备,未装备 LKJ(GYK)或设备故障的禁止进入高速铁路运行。

(4)在 GSM-R 区段,路用列车司机及有关人员应配备 GSM-R 手持终端,开车前将联系号码报告列车调度员和相关车站值班员。施工路用列车有关人员间应相互通报联系方式,并进行通话试验。

2. 行车凭证

(1)路用列车在非封锁区间运行时,仍按该区间的行车闭塞法行车。

(2)路用列车进入封锁施工区间时,不办理行车闭塞手续,以调度命令作为进入封锁施工区间的凭证。命令中应包括列车车次、停车地点、到达车站的时刻等有关事项,需限速运行时在命令中一并注明。

(3)当普速铁路调度电话中断时,遇有急需封锁区间抢修线路、桥涵或隧道等处的紧迫施工,路用列车进入封锁区间的行车凭证为发车车站值班员的命令。

3. 施工路用列车接发

(1)路用列车装备 LKJ(GYK),但未装备列控车载设备,需要按地面信号的显示运行。在常态灭灯的区段,接发施工路用列车时,信号机应点灯。

(2)路用列车在车站开车前需进行自动制动机简略试验时,由施工负责人指派胜任人员负责。

4. 路用列车安全

（1）天窗内所有影响施工路用列车运行的施工维修作业必须在施工路用列车通过后方可进行，并且必须在施工路用列车返回前结束。

（2）施工路用列车进入封锁区间的规定：

①施工单位应指派胜任人员携带列车无线调度通信设备值乘，并在区间协助司机作业。路用列车或施工机械进入施工地段时，应在防护人员显示的停车手信号前停车，再根据施工负责人的要求，按调车办法，进入指定地点。

②在区间推进运行时，必须安装简易紧急制动阀，施工单位指定胜任人员登乘列车前端，认真瞭望，及时与司机联系，必要时使用简易紧急制动阀停车或通知司机停车。

③在同一封锁区间，原则上每端只开行一列路用列车，如超过时，其安全措施及运行办法执行铁路局集团公司的规定。

（3）路用列车由封锁区间进站时，司机必须得到列车调度员（车站控制时为车站值班员）的同意后，方可进站。

（4）施工作业完毕，驻调度所（驻站）联络员必须确认施工作业车全部到达车站后，方可申请办理开通。

5. 区间装卸作业

列车在区间装卸作业时，装卸车负责人应指挥列车停于指定地点。装卸车完毕后，装卸车负责人应负责检查装卸货物的装载、堆码状态，确认限界，清好道沿，关好车门，通知司机开车。

四、轻型车辆及小车的使用

轻型车辆是指由随乘人员能随时撤出线路外的轻型轨道车及其他非机动轻型车辆。小车是指轨道检查仪、钢轨探伤仪、单轨小车、吊轨小车等。

1. 轻型车辆及小车的使用原则

（1）轻型车辆仅限昼间封锁施工时使用，由于其本身重量轻，可由随乘人员或使用人员随时撤出线路，因此不按列车办理，不发给行车凭证。

（2）在夜间或降雾、暴风（雨、雪）时，仅限于消除线路故障或执行特殊任务时使用轻型车辆。为了确保行车安全，此时开行的轻型车辆必须有照明设备及停车信号装置等备品，并应按列车办理。

（3）轻型轨道车过岔速度不得超过15km/h，区间运行速度不得超过45km/h，并且不得与重型轨道车连挂运行。轻型轨道车连挂拖车时，不得推进运行。

（4）小车不按列车办理。在昼间使用时，可跟随列车后面推行。夜间仅限于封锁施工时使用。在列车运行速度160km/h以上的区段禁止利用列车间隔使用小车。

（5）在双线地段，单轨小车应面对来车方向在外股钢轨上推行。

（6）开行轻型车辆及使用小车时，在任何情况下，均不得影响列车的正常运行。

2. 使用轻型车辆、小车的手续

为了避免与对向列车或尾随列车发生冲突,使用轻型车辆时,必须取得车站值班员对使用时间的承认,填发轻型车辆使用书(在区间用电话联系时,双方分别填写,见表10-3),并必须保证在承认使用时间内将其撤出线路以外。

轻型车辆使用书　　　　表10-3

使用日期	车种	使用区间	上下行别	起讫时间	使用目的	负责人	承认号码	承认站车站值班员
月　日		自　站 　　千米 至　站 　　千米		自　时　分 至　时　分				
注意事项								

(规格 88mm×125mm)

使用各种小车时,负责人应了解列车运行情况,按规定进行防护,并保证能在列车到达前撤出线路以外。在车站内使用装载较重的单轨小车及人力推运的轻型车辆时,必须与车站值班员办理承认手续。

3. 使用轻型车辆及小车必须具备的条件

(1)必须有经使用单位指定的负责人和防护人员。

(2)轻型车辆具有年检合格证。

(3)必须有足够的人员,能随时将轻型车辆或者小车撤出线路以外。

(4)必须备有防护信号、列车运行时刻表、钟表及列车无线调度通信设备。

(5)轻型车辆应有制动装置(其他非机动轻型车辆根据需要安装);牵引拖车时,连挂处应使用自锁插销,拖车必须有专人负责制动。

(6)在有轨道电路的线路或者道岔上运行时,应设置绝缘车轴或者绝缘垫。

4. 区间使用轻型车辆及小车的防护

利用列车间隔在区间使用轻型车辆及小车时,应在车站登记,并设置驻站联络员,按下列规定防护:

(1)轻型车辆运行中,必须显示停车手信号,并注意瞭望。

(2)在线路上人力推行小车时,应派防护人员在小车前后方向,按线路最大速度等级的列车紧急制动距离位置显示停车手信号,随车移动;如瞭望条件不良,应增设中间防护人员。

(3)在双线地段遇有邻线来车时,应暂时收回停车手信号,待列车过后再行显示。

(4)轻型车辆遇特殊情况不能在承认的时间内撤出线路,或者小车不能立即撤出线路时,在轻型车辆或者小车前后方向按线路最大速度等级规定的列车紧急制动距离位置以停车手信号防护,自动闭塞区段还应使用短路铜线短路轨道电路。在设置防护的同时,应立即使用列车无线调度通信设备报告车站值班员或者通知列车司机紧急停车。

(5)小车跟随列车后面推行时,应与列车尾部保持大于500m的距离。

五、确认列车开行

1. 确认列车开行要求

（1）高速铁路仅运行动车组列车的区段，天窗结束后开行动车组列车前，应开行确认列车，确认列车开行必须纳入列车运行图。

（2）其他区段，天窗结束后首趟列车不准为动车组列车。

（3）扰动道床不能预先轧道的线路、道岔施工区段，施工开通后第一趟列车不准为旅客列车。

2. 确认列车组织

（1）确认列车应由工务、电务、供电部门各指派专业技术人员随车添乘，但有相应地面、车载监测设备的电务、供电部门可根据需要添乘。

（2）随车机械师负责开启和关闭操纵端司机室后车厢站台侧门，供添乘人员上下车。随车机械师关闭车门后应及时通知司机。

（3）司机在确认行车凭证和开车时间，车门关闭后，即可起动列车。

（4）添乘人员必须服从司机的管理，不得干扰司机的正常操作。

3. 确认信息反馈

（1）所有参加确认的人员应按规定的时间、确认事项和内容报告确认情况。

（2）确认信息报告程序及时间。

①异常情况：影响列车运行的确认信息由添乘人员通过司机随时向列车调度员报告；同时，添乘人员应向铁路局集团公司专业调度报告。

②正常情况：添乘人员在添乘到达确认区段终点后及时分别向铁路局集团公司专业调度汇报。

任务三　固定行车设备检修及故障处理

一、固定行车设备的检修

为避免施工、维修作业和行车相互干扰，确保行车和人身安全，规定影响设备使用的检修均纳入天窗进行。

（1）在车站（包括线路所、辅助所）内及相邻区间、列车调度台检修行车设备，影响其使用时，事先应在"行车设备施工登记簿"中登记，并经列车调度员（车站值班员）签认或者由扳道员、内勤助理值班员取得车站值班员同意后签认（检修驼峰、调车场、货场等处不影响接发列车的行车设备时,签认人员在《站细》中规定),方可开始。

(2)正在检修中的设备需要使用时,应经检修人员同意。检修完毕,检修人员应将其结果在"行车设备施工登记簿"内登记。

(3)对处于闭塞状态的闭塞设备和办理进路后处于锁闭状态的信号、联锁设备,严禁进行检修作业。

二、固定行车设备故障时的处理

车站信号楼(行车室)和列车调度台应设"行车设备检查登记簿",用于列车调度员(车站值班员)掌握固定行车设备状态和进行设备交接。

(1)车站值班员发现或者接到行车设备故障的报告后,应立即通知设备管理单位相关人员,并在"行车设备检查登记簿"中登记。

(2)列车调度员发现或者接到调度台行车设备故障的报告后,应立即通知设备管理单位相关人员,并在"行车设备检查登记簿"中登记。

(3)设备管理单位应在"行车设备检查登记簿"中签认,尽快组织修复。对暂时不能修复的,应登记停用内容和影响范围,并注明行车限制条件。

(4)沿线工务人员发现线路设备故障危及行车安全时,应立即连续发出停车信号和以停车手信号防护,同时,还应迅速通知就近车站和工长或者车间主任,并采取紧急措施修复故障设备;如不能立即修复时,应封锁区间或者限速运行。

(5)车站值班员接到区间发生故障的报告后,应立即通知有关列车停车,并报告列车调度员。必要时进入该区间的第一趟列车由工务部门的工长或者车间主任随乘。列车在故障地点停车后继续运行时,应根据随乘人员的指挥办理。

三、线路发生故障时的防护办法

(1)应立即使用列车无线调度通信设备通知车站值班员或者列车司机紧急停车,同时在故障地点设置停车信号。

(2)当确知一端先来车时,应急速奔向列车,用手信号旗(灯)或者徒手显示停车信号。

(3)如不知来车方向,应在故障地点注意倾听和瞭望,发现来车,应急速奔向列车,用手信号旗(灯)或者徒手显示停车信号。

(4)设有固定信号机时,应先使其显示停车信号。

(5)当站内线路、道岔发生故障时,应按规定设置停车信号防护。

四、信号、通信设备故障时的处理

设备维修人员发现信号、通信设备故障危及行车安全时,应立即通知车站,并积极设法修复;如不能立即修复时,应停止使用,同时报告工长、车间主任或者电务段、通信段调度,并在"行车设备检查登记簿"中登记。

五、铁路职工或者其他人员发现设备故障危及行车和人身安全时的处理

铁路职工或者其他人员发现设备故障危及行车和人身安全时,应立即向开来列车发出停车信号,并迅速通知就近车站、工务、电务或者供电人员。

六、高速铁路设备故障时的检修

(1)高速铁路线路实行全封闭、全立交,线路两侧按标准进行封闭。特殊情况下,在天窗时间以外必须进入封闭网对固定设备临时上道检查、故障抢修作业时,由设备管理单位提出申请,在列车调度台或车站的"行车设备检查登记簿"内登记,提出邻线限速条件,并经列车调度员同意后,方可上道作业。设备管理单位人员在检查、故障抢修作业完毕后,确认人员、机具已全部撤至封闭网外后,在"行车设备检查登记簿"内销记。

(2)对处于使用状态的行车设备严禁进行维修作业。

(3)高速铁路处理设备故障需要临时开行路用列车、轨道车时,由设备管理单位提出申请,调度所值班主任(值班副主任)准许,列车调度员发布调度命令。

(4)当设备发生故障,需在双线区间的一线上道检查、处理设备故障时,本线应封锁、邻线列车运行速度不得超过160km/h。设备管理单位应在"行车设备检查登记簿"内登记,提出本线封锁、邻线列车运行速度不得超过160km/h的申请,在得到列车调度员(车站值班员)签认后,方可上道作业,本线、邻线可不设置防护信号。同时,司机应加强瞭望。

(5)抢修作业时,邻线列车接近前,防护人员通知现场作业负责人停止作业。作业机具、材料等不得侵限且严禁摆放在两线间。

(6)故障处理后需要现场看守时,设备管理单位应在"行车设备检查登记簿"内登记,提出本线及邻线行车限制条件,并按规定设置防护。

任务四 铁路救援

当区间发生冲突、脱轨、颠覆等事故,机车车辆等发生故障不能继续运行时,列车乘务员按规定及时报告列车调度员并请求救援;若需要防护时,应按规定采取防护措施。

一、使用机车、救援列车救援

(1)列车调度员接到救援申请时,应按规定下达调度命令,封锁区间。同时,列车调度员要报告值班主任(值班副主任)。

(2)列车调度员接到救援请求后,根据区段内列车运行、救援列车、机车分布等情况,确定使用内燃机车、电力机车或救援列车担当救援,并将救援方案通知车站值班员和请求救援列车司机,以便列车乘务员采取防护设施、车站值班员做好相关准备工作。由于司机是按固定区段担当值乘,担当救援的列车需要跨区段担当救援任务时,司机不熟悉该区段线路、信号、分相等设备情况,列车调度员必须通知机车调度员(动车司机调度员)指派带道人员。

(3)列车调度员应及时下达相应的调度命令。如需要使用救援列车,调度应下达救援列车出动的命令。救援列车(单机)在关系站进入封锁区间前,列车调度员要下达进入封锁区间救援的调度命令。调度命令应指明救援列车进入封锁区间往返的运行车次、被救援列车停车地点、任务及注意事项等。

(4)担当救援的司机接到救援命令后,应当认真确认。若救援命令不清、停车位置不明确时,不准动车。

(5)向封锁区间发出救援列车时,不办理行车闭塞手续,以列车调度员的命令,作为进入封锁区间的许可。

(6)为使列车调度员准确掌握救援进度,安排救援人员和材料,及时做好区间开通后的列车运行计划,救援列车开往封锁区间或由封锁区间返回车站时,车站控制时车站值班员应向列车调度员报告。为使封锁区间对方站掌握有关情况,也应将上述内容通知对方站,如本站和邻站为列车调度员(车站值班员)同一人办理时除外。

如因救援需要现场设有临时线路所,该线路所车站值班员负责与相邻站(所)或列车调度员办理行车手续。车站向线路所开行救援列车时,必须取得线路所车站值班员同意,以便线路所及时做好接车前的准备工作。线路所向区间两端车站发车时,亦必须取得接车站的同意。

(7)在事故调查组人员到达前,相关区间发车站的站长(副站长)应随乘发往事故地点的第一列救援列车到事故现场。必要时,由列车调度员指定该区间一端车站的站长或临时指派的胜任人员尽快赶赴现场。到达事故现场后,应立即了解事故实际情况,随时与列车调度员联系,汇报事故情况,并就地指挥列车有关工作。

列车分部运行时,机车开往区间挂取遗留的车辆,由于处理比较简单,车站站长(副站长)不必前往,由司机进行处理。机车、动车组故障使用单机救援时,由于处理比较简单,车站站长(副站长)不必前往,由司机(随车机械师)处理。

(8)救援列车进入封锁区间后,司机要注意运行,在接近被救援列车或车列 2km 时,严格控制速度。同时使用列车无线调度通信设备与请求救援列车司机进行联系,或以在瞭望距离内能随时停车的速度运行,最高不超过 20km/h,在防护人员处或在压上响墩后停车,按要求进行作业。

(9)使用机车救援动车组时,在机车和动车组间要加装过渡车钩和专用风管,开闭相关塞门。为保证制动主管贯通,要进行制动试验,列车制动主管压力600kPa。

部分动车组当蓄电池电压低于规定值时,会自动抱死车轮,造成动车组无法运行;同时,动车组不升弓取电会影响动车组内空调、照明、电热饮水机等用电设备的正常使用。因此,使用机车救援时,动车组具备升弓供电条件时,允许升弓供电。使用电力机车担当救援,如动车组升弓、机车受电弓与动车组两受电弓间距离不能满足通过接触网分相的要求,在动车组司机需升弓时,应通知救援机车司机,以便救援机车司机在通过分相前通知动车组司机断电并降弓。

使用机车救援动车组连挂作业时,为保证作业人员人身安全,作业人员应根据现场情况申请邻线列车运行速度不得超过160km/h;如妨碍邻线或需组织旅客疏散,应在扣停邻线列车后,方可开始作业。

救援机车司机在救援作业过程中,应严格遵守有关限速规定,保证救援安全,并与动车组司机保持联系;如有异常情况及时采取减速或停车措施,救援运行中尽可能避免实施紧急制动。

(10)使用机车救援动车组,由于安装了过渡车钩或车辆自身等原因需要限速运行时,由随车机械师通过司机报告列车调度员限制速度,列车调度员发布限速调度命令。

(11)在使用机车救援动车组或救援后动车组列车能够恢复运行时,被救援动车组转入或退出隔离模式,列车调度员不发布调度命令,由动车组司机自行转换。

(12)列车因机车车辆故障等情况申请救援后,如在救援前修复了故障设备可继续运行时,被救援动车组列车司机要向列车调度员报告,列车调度员根据司机报告,取消前发救援命令,组织列车恢复运行。司机在未得到列车调度员的准许前,不得动车。

二、动车组救援动车组

(1)列车调度员接到救援申请,要按有关规定下达调度命令,封锁区间。同时,列车调度员要报告值班主任(值班副主任)。

(2)列车调度员接到救援申请,根据热备动车组、备用动车组及区段内动车组列车运行等情况,确定救援动车组。列车调度员要将相关情况及从前部或后部救援通知给车站值班员和请求救援列车司机,以便列车乘务员采取防护设施,车站值班员做好相关准备工作。

司机需要跨区段担当救援任务,由于司机不熟悉该区段线路、信号、分相等设备情况,为了防止发生次生事故,列车调度员必须通知机车调度员(动车司机调度员)指派带道人员。

(3)列车调度员要及时下达相应的调度命令。救援动车组在关系站进入封锁区间前,列车调度员要下达救援列车进入封锁区间救援的调度命令。调度命令应指明救援列车进入封锁区间往返的运行车次、被救援列车停车地点、任务及注意事项等。

(4)担当救援动车组的司机接到救援命令后,应当认真确认。如果救援命令不清、停车位置不明确时,不准动车。

(5)向封锁区间发出救援动车组时,不办理行车闭塞手续,以列车调度员的命令,作为进入封锁区间的许可。

（6）为使列车调度员准确掌握救援进度，安排救援人员和材料，及时做好区间开通后的列车运行计划，救援列车开往封锁区间或由封锁区间返回车站时，车站控制时车站值班员应向列车调度员报告。为使封锁区间对方站掌握有关情况，应将上述内容通知对方站，如本站和邻站为列车调度员（车站值班员）同一人办理时除外。

如因救援需要现场设有临时线路所，该线路所车站值班员负责与相邻站（所）或列车调度员办理行车手续。车站向线路所开行救援列车时，必须取得线路所车站值班员同意，以便线路所及时做好接车前的准备工作。线路所向区间两端车站发车时，也必须取得接车站的同意。

（7）在事故调查组人员到达前，发车站的站长（副站长）应随乘发往事故地点的第一列救援列车到事故现场。必要时，由列车调度员指定该区间一端车站的站长或临时指派的胜任人员应尽快赶赴现场；到达事故现场后，应立即了解事故实际情况，随时与列车调度员联系，汇报事故情况，并就地指挥列车有关工作。

（8）在故障动车组前部救援时，区间闭塞方向与救援动车组运行方向相反，列车进入区间后，列控车载设备会收到停车信号，因此需要将动车组列控车载设备转为隔离模式。救援动车组进入封锁区间后，司机要注意运行，在接近被救援列车 2km 时，以在瞭望距离内能够随时停车的速度运行，最高不超过 20km/h，在距被救援列车不少于 300m 处一度停车，与被救援列车联系确认后进行作业。

在故障动车组尾部救援时，为使救援列车尽快运行至救援地点，列车调度员应提前通知担当救援的动车组司机担当救援任务，在排列列车进路、开放出站信号后，向担当救援的动车组司机发布调度命令。担当救援的动车组司机在收到允许运行的信号和列车调度员发布的调度命令后，方可按完全监控模式进入区间。在行车许可终点停车，与被救援列车联系确认后，按目视行车模式进入前方闭塞分区，以在瞭望距离内能够随时停车的速度运行，速度最高不得超过 20km/h，在距被救援列车不少于 300m 处一度停车，与被救援列车联系确认后进行作业；如行车许可终点距被救援列车不足 300m 时，在行车许可终点停车后，与被救援列车联系确认后进行作业。

连挂作业时，为保证作业人员人身安全，作业人员应根据现场情况申请邻线列车运行速度不得超过 160km/h，如妨碍邻线或需组织旅客疏散，要在扣停邻线列车后，方可开始作业。

（9）在救援过程中或救援后，被救援动车组列车能够恢复运行时，被救援动车组转入或退出隔离模式，列车调度员不发布调度命令，由动车组司机自行转换。

（10）遇动车组发生故障等情况申请救援后，如在救援前故障修复可继续运行时，被救援动车组司机要向列车调度员报告，列车调度员根据司机报告，取消前发救援命令，组织列车恢复运行。司机在未得到列车调度员的准许前，不得动车。

三、启用热备动车组

（1）为给动车组旅客提供更好的服务，避免或减少动车组晚点，动车组故障无法及时修复时应及时启用热备动车组。因各线运行的动车组型号不同，定员人数不同，如热备动车组定员少于故障动车组实际人数时，有条件时，优先使用定员能满足需要的其他动车组组织旅客换乘。

（2）出动热备动车组时，由列车调度员向相关单位发布调度命令。

（3）有关单位在接到调度命令后，应当迅速完成热备动车组出动前的各项准备工作，具备条件后及时发车。

（4）对担当换乘任务的动车组列车应当优先放行，确保及时到位及返回归位。

（5）在站内组织旅客换乘时，应当尽量安排在同一站台的两个站台面进行。

（6）在区间组织旅客换乘时，列车调度员组织担当换乘任务的动车组列车进入邻线指定位置停车。担当换乘任务的列车到达邻线指定位置停妥后，司机向列车调度员报告。列车调度员通过申请换乘的列车司机通知列车长组织旅客换乘。担当换乘任务的列车长确认旅客换乘完毕后通知列车司机，司机得到列车长通知，确认车门关闭，具备开车条件后起动列车，并向列车调度员报告。

案例分析

【典型案例 10-1】 施工防护脱节，现场作业人员挡停列车

1. 事件概况

×年×月×日，6 时 46 分，×铁路局集团公司×站，×工务段在站内进行封锁施工时，施工负责人在未与驻站联络员确认列车运行情况以及驻站联络员和现场防护员联系中断的情况下，指挥 10 名作业人员盲目地在封锁施工范围之外穿越线路，造成通过的 1985 次列车紧急制动，停车后距作业人员仅 100m。

2. 事件原因分析

（1）现场作业人员未严格按照施工封锁范围作业，自我约束意识不足。

（2）施工负责人形同虚设，未严格按照施工管理办法在封锁范围内约束现场作业人员。

（3）现场防护员和驻站联络员安全卡控缺失，基本防护制度未落实。

3. 事件评析

（1）当驻站联络员和现场防护人员在执行防护任务时，应随时观察施工现场和列车运行情况，并保持联系。如果联系中断，现场防护人员应立即通知施工负责人停止作业，必要时将线路恢复到准许放行列车的条件。当驻站联络员与现场防护人员发现异常情况时，应及时通报车站值班员和施工负责人。

（2）施工负责人要严格落实现场管理职责，完善、落实施工防护卡控措施，优化并细化施工方案，加强施工作业劳动安全管理。

（3）所有施工作业人员都要严格执行有关施工作业劳动安全规定，规范施工组织、联络防护、现场监控等程序，突出施工作业防护、安全卡控和联防互控措施落实。

（4）切实增强所有施工作业人员的施工防护安全意识，加强施工作业人员施工安全培训教育工作，每项施工作业前向作业人员讲明施工范围和防护地点，提高施工作业人员的自控、互控能力。

【典型案例10-2】 动车组碰撞施工小车事故

1. 事件概况

×年×月×日×时×分,×铁路局集团公司将原本属于施工范畴的 TEDS 设备安装项目,按照Ⅱ级维修项目组织施工,××车辆段作为 TEDS 设备安装施工单位未按规定编制施工组织方案,施工办违规同意施工。施工前也未按规定组织安全、技术交底,现场施工组织混乱、安全防护不到位,作业人员擅自将运送材料的四轮小车搬上未封锁的出库走行线上,导致动车所 D××次动车组出库运行至走行线 K0+268 处,碰撞施工的运料小车后停车,构成铁路交通一般 C13 类事故。

2. 事件原因分析

(1) 施工管理不到位。将原本属于施工范畴的 TEDS 设备安装项目,违规按照Ⅱ级维修项目下达计划,降低了施工等级。施工办未按规定组织专业处室和施工单位审查施工组织方案,也没有要求施工单位编制施工组织方案。

(2) ××车辆段作为 TEDS 设备安装施工单位,××工务段负责提报施工计划和施工现场防护,但是××车辆段未落实施工主体责任,未组织相关单位研究编制施工组织方案,没有进行技术交底,导致无施工方案、影响范围不清、安全措施缺少以及现场防护不到位等问题发生。

(3) 施工现场盯控不力。安监室作为铁路局集团公司确定的 TEDS 设备安装项目施工协调部门,没有研判出此次临时施工的风险,默认无方案施工进行,没有及时发现并制止作业人员将运料小车搬上未封锁的走行线,现场盯控失去意义。

3. 事件评析

(1) 合理制订施工方案、审核施工维修方案并按规定进行作业,是保证施工安全、有序进行的保证。施工单位于施工前 3 日将施工日计划申请报铁路局集团公司主管业务部(室),主管业务部(室)审核(盖章)后,于施工前 2 日 9:00 前向施工办提报施工日计划申请。施工办应将主管业务部(室)提报的施工日计划申请与月度施工计划(含临时文电批复的)进行核对。

(2) 在进行施工时,施工办要重点检查施工组织方案审核、计划管理、点外作业控制、防护体系设置、防护作业标准落实以及现场施工盯控等重要环节,尤其是多工种、多单位联合作业,需要加强协调组织,明确职责,确保施工安全。

(3) 施工办、调度所以及相关部门(车辆段、工务段、电务段、供电段等)应认真审核涉及的施工组织方案,重点指导各单位制定完善可靠的施工安全措施。

复习思考题

1. 什么是铁路营业线施工?
2. 铁路营业线施工按影响程度如何分类?
3. 什么是"天窗"?
4. "天窗"应如何分类?
5. Ⅲ级施工协调小组成员如何构成?
6. 施工协调小组的主要职责有哪些?

7. 简述施工特定行车办法。
8. 向施工封锁区间开行路用列车应如何办理？
9. 使用轻型车辆及小车时，必须具备哪些条件？
10. 区间使用轻型车辆及小车如何防护？
11. 确认列车开行有哪些要求？
12. 固定行车设备故障时如何处理？
13. 线路发生故障时如何防护？
14. 高速铁路设备故障时的检修有哪些规定？
15. 救援列车进入区间如何运行？

参 考 文 献

[1] 中国铁路总公司.铁路技术管理规程[S].北京:中国铁道出版社,2014.
[2] 中国国家铁路集团有限公司.铁路运输调度规则[S].北京:中国铁道出版社,2022.
[3] 《技规》条文说明编写组.铁路技术管理规程条文说明[S].北京:中国铁道出版社,2018.
[4] 中华人民共和国国务院.铁路安全管理条例[S].北京:中国铁道出版社,2013.
[5] 中华人民共和国铁道部.列车运行图编组规则[S].北京:中国铁道出版社,2008.
[6] 中国国家铁路集团有限公司.货物列车编组计划规则[S].北京:中国铁道出版社,2021.
[7] 中华人民共和国国家质量监督检验检疫总局,中国国家标准化管理委员会.铁路行车组织词汇:GB/T 8568—2013[S].北京:中国标准出版社,2014.
[8] 中国国家铁路集团有限公司.国铁集团营业线施工管理办法[S].北京:中国铁道出版社,2021.